高等学校创业教育系列教材

大学生就业与创业指导

（第2版）

主　编◉刘　平

副主编◉金　环　林则宏　李　坚

清华大学出版社
北京

内 容 简 介

本书依据 2012 年教育部发布的《"创业基础"教学大纲（试行）》的基本内容和教学要求，以及 2015 年国务院办公厅《关于深化高等学校创新创业教育改革的实施意见》的主旨精神，从时代要求出发，总结作者多年来创业实践的经验、教训与感受和从事就业创业教育与指导的心得，广泛汲取中外有关就业创业理论、实践与教育的精髓，通过大量鲜活的案例，探讨和总结了大学生职业生涯选择和创业活动的一般规律和关键问题。

本书可作为普通高等院校"大学生就业与创业指导"课程的教材使用，也可作为各级政府、大学的就业与创业中心、其他创业组织等相关人员的参考用书。

图书在版编目（CIP）数据

大学生就业与创业指导 / 刘平主编. —2 版. —北京：清华大学出版社，2021.10
高等学校创业教育系列教材
ISBN 978-7-302-59317-1

Ⅰ. ①大…　Ⅱ. ①刘…　Ⅲ. ①大学生—职业选择—高等学校—教材　Ⅳ. ①G647.38

中国版本图书馆 CIP 数据核字（2021）第 200935 号

责任编辑：杜春杰
封面设计：刘　超
版式设计：文森时代
责任校对：马军令
责任印制：曹婉颖

出版发行：清华大学出版社
　　　　网　　　址：http://www.tup.com.cn，http://www.wqbook.com
　　　　地　　　址：北京清华大学学研大厦 A 座　　　　邮　　　编：100084
　　　　社 总 机：010-62770175　　　　邮　　　购：010-62786544
　　　　投稿与读者服务：010-62776969，c-service@tup.tsinghua.edu.cn
　　　　质量反馈：010-62772015，zhiliang@tup.tsinghua.edu.cn
印 装 者：三河市天利华印刷装订有限公司
经　　销：全国新华书店
开　　本：185mm×260mm　　　印　　张：16　　　字　　数：365 千字
版　　次：2016 年 9 月第 1 版　　2021 年 11 月第 2 版　　印　　次：2021 年 11 月第 1 次印刷
定　　价：49.80 元

产品编号：088232 01

前　　言

本书自 2016 年 9 月出版以来，受到了众多应用型高校的重视和使用，多次重印。

经过多年的教学实践，我们深深地体会到，从人生职业生涯发展的角度来看，就业与创业二者并不矛盾，也不对立，只是彰显了不同的特点，并且二者是可以相互转换的，有人先就业后创业，也有人先创业后就业，还有人经过多次就业与创业之间的职业生涯相互转换。

为此，本次修订对原书结构进行了较大调整，将通常分设的就业篇和创业篇进行了有机整合（不再将就业与创业割裂开来），并重新划分为再看人生理想、学会人生规划、分析人生环境、描绘人生目标、走向人生成功，共计五章，将就业和创业的相关内容有机融合到相关章节中，使之成为一体，脉络更加清晰，也更为实用。

同时，考虑到各校开设这门课程的学时因素（通常为 32 学时），因此，笔者对本书篇幅进行了一定的压缩，使整个内容更加精练。

本书的修订仍由沈阳工学院的刘平教授主持并担任主编，沈阳工学院的金环和沈阳理工大学的林则宏、李坚担任副主编，窦乐、钟育秀、张赢盈、石佳鹭、孙增、吕葳参与了部分内容的修订。

本书在修订过程中继续体现出以下主要特点。

第一，理论与实践相结合，突出应用性和实践性。本书强化了系统思考，突出了分析方法等实践性较强且又非常实用的内容，同时结合分析人生规划、学业规划的实际案例，可以较好地满足应用型和技能型人才培养的需要。

第二，构建符合面向实践应用的知识和方法体系。在分章编写关于人生理想、人生规划、人生环境、人生目标、制胜战略等重点内容和实用内容时，注重语言的表达方式，争取做到像讲故事一样娓娓道来，使学生易于理解和接受。

第三，在体例上充分考虑案例教学和模拟演练的需要。在每章正文中穿插个案研究、身边的故事等板块内容，以加深对重点问题和难点问题的理解和掌握；同时穿插部分知识链接、专论摘要，介绍当今的一些新趋势和观点，开阔视野；在每章后设有阅读材料，以拓宽学生的知识面，加深对正文内容的理解和认识；根据需要在第一、二、四章后设有实训练习，以提升学生的应用能力，其中"为自己制订人生发展规划"为贯穿整个课程的综合练习；在第一章后附加一个综合案例，服务于整个教学。

本课程是一门素质培养的实用型课程，本教材以"好读、实用、操作性强"为编写宗旨和追求目标，全书突出案例教学、交流研讨和应用训练。

　　写书和出书在某种程度上来说也是一种"遗憾"的事情。由于种种缘由，每每在书稿完成之后，总能发现有缺憾之处，本书也不例外。笔者诚恳希望读者在阅读本书的过程中，指出存在的缺点和错误，并提出宝贵的指导意见，这是对笔者的最高奖赏和鼓励。我们将在修订或重印时，将大家反馈的意见和建议恰当地体现出来，再次感谢广大读者的厚爱！

编　者

2021 年新年于沈抚改革创新示范区

目　　录

第 一 章

再看人生理想

——奠定人生的基石

> 理想是指路明灯，没有理想，就没有坚定的方向，没有方向，就没有真正的生活。
>
> ——列夫·托尔斯泰（俄）

大学，古往今来就被视为知识的殿堂，是受人尊重和敬仰的地方，是文明与文化聚集的摇篮。大学，既是每个学生的梦想，也是每个家庭对孩子的期盼。大学，既是成功者的阶梯，也是走向成功的基石。大学时代是人生发展的重要阶段，而大学生最为宝贵的精神财富，就是拥有崇高的理想。但凡成就一番功业的人，从一开始，就有不同于他人的雄心壮志。可以说，有理想，不一定能成功；但没理想，就一定不会干出什么惊天动地的大事来。

漫漫人生，如逆水行舟，不进则退，唯有不畏艰险，奋力拼搏，方能中流击水，抵达光明的彼岸。科学的理想信念，正是当代大学生乘风破浪、搏击沧海的灯塔和动力之源，也是自身遵循成长成才规律，培养良好道德，实现人生价值的首要条件。

📝 身边的故事

- ❑ 一开学，李雅该上大学二年级了。随着对大学的新鲜感逐渐淡去，她成了校园里的老生，天天都很忙，上课、听讲座、参加社团活动、和同学逛街……但她又不知道自己在忙什么。有时觉得很累，可想到要为毕业后的工作打个基础，就觉得这些付出也许是值得的。有时她又很茫然，甚至有点儿沮丧，因为忙得无头绪，不知道这样的付出对未来的发展有没有作用。

- ❑ 陈茜觉得自己的大学生活很灰色。自己没什么爱好，每天除了学习还是学习，但90分的考试成绩和60分没有什么区别，所以学习没什么动力。偶尔想起未来的发展，让她有些迷茫和焦虑，但觉得那应该是大四时考虑的事情。

- ❑ 王莉是大学三年级的学生。刚进入大学的时候，她对自己四年后的目标就很明确——考研究生。这主要来自父母的意见："在大学扩招的背景下，大学毕业生每年以几十万的速度增加，不读研，怎么能找到好工作？"王莉开始还挺认同，但随着大学生活的深入，生性活泼的她参加了很多社会活动，乐在其中并小有成就。王莉开始觉得继续读研究生并不是她喜欢的，自己更喜欢做与人打交道的工作。可是，对本科毕业生能否找到好工作，王莉对此很怀疑。所以，虽然很痛苦，但她依然每天复习准备考研。

你是否对上面几位同学的故事很熟悉？在大学生中，有人对自己的未来想得很清楚，一步一个脚印地往前走。但是，更多的同学要么对未来没有想法，希望自己在大四时再解决所有问题，一天天堆积焦虑；要么整天忙碌，却如无头苍蝇，不知力该往何处用；还有一些同学看似对未来发展有些想法，但又不能确定，甚至对实现目标缺乏信心。总结以上几种情况，同学们的困惑主要集中在两个方面：我要去哪里？我如何去？

理想对于大学生的意义就体现在：引导大学生做什么人，指导大学生走什么路，激励大学生为什么学，坚定大学生的意志品质。今天的大学生承载的是国家和民族的未来与希望，回忆昨天，审视当下，唤醒上大学的最初理想，才能更好地把握人生的航向。那么究竟什么是理想呢？

第一节　人生理想与人生态度

一、人生与人生观

1. 人生

"人生"一词英文为"life"。中国的词典上大多这样说："人生是指人的生存以及全部的生活经历"，而美国的教科书上却说："人生就是人为了梦想和兴趣而展开的表演"。帕斯卡曾经指出："人生的本质就在于运动，安谧宁静就是死亡。"

有人认为，人生就是人的生命活动和生命历程，它是人的生存和发展的过程，涉及学习、工作、恋爱、友谊等广泛的生活领域，包含着欢乐与痛苦、幸福与悲伤、光明与黑暗、顺利与曲折、友善与敌意、美好与丑恶等丰富而具体的内容。

人生是什么？这是一个重大而又永恒的课题，人生的讨论富含哲理性、深邃性，使之成为文学、影视作品的永恒主题，从生存的角度来讲，人生就是人们在其有限的一生之中，有目的地适应以及创造生活的全部过程；从生理的过程来看，人生是一个从生到死的生命过程；从选择的角度来说，人生就是一个由无数的选择所构成的生命轨迹。

2. 人生观

人生观是人们在人生实践和生活环境中逐步形成的对人生的看法和态度，即"人为什么而活着（人生目的），人生有什么意义（人生价值），该怎样活着（人生态度），该选择怎样的人生道路，应当怎样处理学习、工作、事业、前途、友谊、爱情、荣辱等问题。"由于人们的社会实践、生活境遇、文化素养和所受教育的不同，因而也会形成不同的人生观。

人生观包含人生目的、人生价值、人生态度三个方面，如图1-1所示。

稻盛和夫在《活法》中说过："我想，对这个时代来说，最需要的就是从根本上质问'人为什么活着？'这类似沙漠里洒水那样虚无或者在急流中打桩一样困难的事情。但是，正因为我们处于鄙视劳动、纷乱浮躁的时代，我相信只有单纯且直率的质问才有更深的意义。若不能这样从根本上去尝试思考生活方式，那么，纷乱状态将愈发加深，未来将越来越混沌不清，混乱将在社会上漫布开去——怀有如此紧迫的危机感和焦躁感的人同样应该不止我一个。"

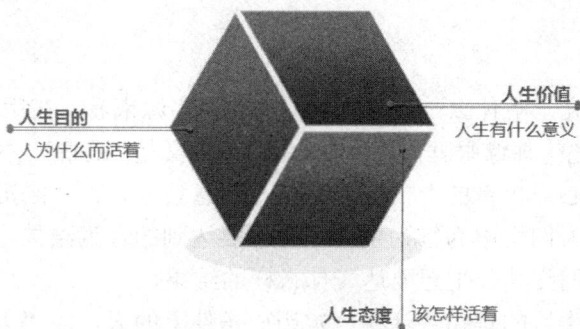

图1-1　人生观的内涵

是的，宇宙浩瀚，人生短暂，每当夜深人静时，我们会不会常常扪心自问："忙忙碌碌一生所为何来？生命到底在追求什么呢？是"人在江湖，身不由己"吗？人为什么活着？"

个案研究

2006年9月1日，珠海平沙一中初三女生刘某某于秋季开学首日在家中自缢身亡。女孩年仅15岁，成绩优异，在开学的当天还被评为"最佳文明学生"。为什么在花样年华选择这样的不归路？父母在整理她的遗物时发现了女孩在自杀前写给父母、老师和同学的遗书，遗书的部分内容说明了她自杀的原因："我根本就不知道活着是为了什么。"

个案研究

一位14岁的少年，是三好学生、班长。一天他看了一个电视节目，记者现场采访一个偏僻乡村的放牛娃。记者问他："你在这儿放牛做什么？"放牛娃回答说："让牛长大！"

"那牛长大以后呢？"

"卖钱，盖房子。"

"有了房子又做什么？"

"娶媳妇，生娃。"

"生了娃呢？"

"让他也来放牛呗！"

没有想到，这几句简单的问答，却诱发了这个少年的死亡念头。他在日记中写道："看了电视，我想到了自己——我为什么读书？考大学。考上大学又为了什么？找一份好工作。有了好工作又怎样？找一个好老婆。然后呢？生孩子，让他也读书，考大学，找工作，娶媳妇……生命轮回，周而复始。"

"这样的生活没有意义，这样的生命没有价值。"

这位14岁的少年得出了这样的结论。夜里，他服毒自杀了。

二、人生目的与理想

1. 人生目的

我们有必要先探究一下什么是"人生目的"。从字源来看，在甲骨文或小篆中，"目"字像眼睛的形状，外边轮廓像眼眶，里面像瞳孔，其本义是"眼睛"，做动词时意思是"看"；"的"字像箭靶的中心，"目的"二字合起来，其意思便是："瞄准靶子的中心，有的放矢。"后来才逐渐被人们引申为行为主体预计想要达到的行为结果。那么，"人生目的"也就可以理解为是人们终其一生想要达成什么样的结果。

通行的定义：人生目的是指生活在一定历史条件下的人，对"人为什么活着"这一人生根本问题的认识和回答，是人在人生实践中关于自身行为的根本指向和人生追求。它是人生观的核心，它决定和影响着人们走什么样的人生道路（人生规划）、持什么样的人生态度和选择什么样的人生价值标准（人生意义）。

从婴儿在母腹中孕育起，就开始了他人生的旅程。这个旅程的目的是什么呢？对于一个人自身而言，他在降生的那一天并不存在有什么人生目的，他的大脑除先天拥有的不满足的本性以外，并不存在什么意识，也就更谈不上什么人生的目的了。虽然如此，但是，他在未降生以前却被时代赋予了各种各样的目的，例如，望子成龙，望女成凤，报仇雪恨，传宗接代，等等。

有人把人分为三种：先知先觉、后知后觉及不知不觉。80%的人属于不知不觉的沉睡者，觉醒者仅占20%。"觉醒"只是一个阶段性的起点，人可能在任何年龄（青年、中年或老年）才从沉睡中觉醒。觉醒的人会开始思考，首先发现自我之存在，进一步就会认识自我、了解自我，继而寻找人生的意义和目的。

假使人生有目的，那也是在"觉醒"了以后，因为人到这个世界上来，不是自己选择的。对人生目的的讨论虽然残忍，但也非常热门，每隔一阵就会在网络上出现，就会有人加入讨论，而结论却每次都大同小异：不外乎人各有志，人生目的因人而异。而网络上大部分人认为人生的目的是"追求快乐"，小部分人认为人生随遇而安、并无目的。

罗素说，对爱情的渴望，对知识的追求，对人类苦难不可遏制的同情，这三种纯洁但无比强烈的激情支配着我的一生。马克思认为，人生的目的是为了人类的幸福和人们的自我完善。中国幸福学研究认为，人的最终追求是幸福。

而稻盛和夫认为"人类活着的目的和意义是为了提高心地，修炼灵魂"，他说："在生活中为欲望所迷失、困惑，这是人类这种动物的本性，如果放任自流的话，我们就会无止境地追求财产、地位、名誉，乐此不疲。但是，这些都生不带来、死不带去。不断提高自己的人性，修炼自己的心灵，带着比初到人世时有更高层次的灵魂离开这个世界，我认为人生的目的除此以外别无他求。"

以上，是这些名人的观点。那么，人生的目的，究竟是什么呢？

"人生一世，草生一春，来如风雨，去似微尘"，所求为何？不过"快乐"二字。无论是选择一种生活方式、一种职业定位，还是选择人生伴侣与爱好追求，皆是为了实现内心的愉悦和满足。

快乐源自心灵，修炼自己的心灵到一定的境界，自然很容易快乐。有句话说："如果你生命中的云层遮蔽了阳光，那是因为你的心灵飞得还不够高，云层之上，那里的天空永远是碧蓝的。"由此可见，"追求快乐"与稻盛和夫的"修炼心灵"显然并不冲突。

当然，这种追求快乐并不能只为眼前的快活而荒废未来，要追求快乐的最大化和长久化。我们苦心修炼本领，努力工作挣钱是为了追求未来的、长久的快乐（即幸福）。这与中国幸福学"人的最终追求是幸福"的结论是一致的，因为幸福（happiness）本就是持续的、长久的快乐（happy）。

2. 人生理想

"理想"一词，最初来源于希腊语"idia"，意思是人生奋斗目标。我国古代人们把理想叫作"志"。《尚书》中有"射之有志"之句，"志"好像射箭的靶子，它是人们的奋斗目标。《辞海》中说，理想"是同奋斗目标联系的有实现可能性的想象"。

理想，一个抽象的概念，是指人们在实践中形成的，有可能实现的，对未来社会和自身发展的向往与追求，是人们的世界观、人生观和价值观在奋斗目标上的集中体现。

理想不同于幻想。理想一般都有一定的事实依据，只要经过奋斗，就有可能实现，它催人奋进，给人以动力；而幻想则是一种"不着边际的胡思乱想"，它使我们脱离生活，脱离实际，浪费时间，自然于事无益。如果把握不好理想与幻想之间的度，将会模糊了前程的视线。

一个人拥有理想可以指引人生的奋斗目标，提供人生前进的动力。毛泽东16岁外出求学，离别时赠送了父亲一首诗：

孩儿立志出乡关，学不成名誓不还。

埋骨何须桑梓地，人生无处不青山。

正是毛泽东青年时拥有远大的抱负，他才能成为中国的一代伟人，为中国的革命事业奠定了坚实的基础。

诗人流沙河这么赞美理想[①]：

理想是石，敲出星星之火；

理想是火，点燃熄灭的灯；

理想是灯，照亮夜行的路；

理想是路，引你走到黎明。

饥寒的年代里，理想是温饱；

温饱的年代里，理想是文明。

离乱的年代里，理想是安定；

安定的年代里，理想是繁荣。

理想是罗盘，给船舶导引方向；

---

① 摘自百度文库：http://wenku.baidu.com/view/71cd0782ec3a87c24028c4cd.html.

理想是船舶，载着你出海远行。

理想是闹钟，敲碎你的黄金梦；

理想是肥皂，洗濯你的自私心。

理想既是一种获得，

理想又是一种牺牲。

"老骥伏枥，志在千里；烈士暮年，壮心不已。"曹操，一代枭雄，在他观沧海的时候写下这句千古名句。虽然已经年迈，可依然拥有远大的理想，一心想成就千秋霸业。虽然后人对他的评价褒贬不一，可他拥有理想这一点，却是值得我们学习的。"壮心未与年俱老，死去犹能作鬼雄。"陆游，一位伟大的爱国诗人，他的理想就是收复失地，为了这个理想，他奋斗了一生……古人尚且如此，作为新一代的中国大学生又该当如何呢？

大学时间是宝贵的，又是短暂的。许多大学生在毕业前夕说出惋惜的话语："要知道现在这样，悔不该当初……"许多已经在工作岗位的学友发出这样的感叹："现在再想拥有在大学里的时光、环境、乐趣，已经一去不复返喽！"那么，怎样让自己的大学生活更有意义，怎样度过自己的大学时光呢？那就是我们一定要有理想、有目标！

西方有这样一句谚语："对一艘没有航向的船来说，任何风都不会是顺风。"因此，假如我们的人生没有目标、没有方向，我们就永远不会到达理想的彼岸。我们常说，有目标的人穿越困难航行，无目标的人躲避困难漂泊。一个是航行，一个是漂泊，结果可想而知了。如果把人生的两个重要学习阶段进行比较的话，假如说高中是独木桥，那么大学就是一座通往多个方向的立交桥。通过独木桥时，你无须选择和辨认方向，只要脚踏实地，一步一个脚印地坚持走下去，就会到达终点。然而，走到立交桥则不然，你必须选择正确的方向才有机会到达终点。

身边的故事

与企业对接的顶岗实习

某高校在构建适应学生个性化发展需求的"分类培养、分级教学"的多元化人才培养模式[①]的基础上，基于学生的自愿选择，部分学生进入考研学习流程，其余大四学生大部分进行整班制顶岗实习安排。部分专业开展"工学交替"教育改革实践，即学生第六学期进入工厂进行为期半年的顶岗实习，第七学期再回学校进行专业知识的提升学习。

对于顶岗实习，学生持不同看法。

多数学生表示很理解、很支持。

例如，这是很多学生在他们人生的道路中第一次走上工作岗位，体会到了工作的辛苦和不易，当他们第一次拿到工资时，深深地体会到了父母挣钱的艰辛。

反对声也不少。

例如，有些学生过惯了衣来伸手、饭来张口的生活，他们早已习惯了依赖父母为他们

[①] 多元化人才培养模式：主体培养"懂专业、技能强、会合作、善做事"的高素质技术应用型人才；创新培养跨学科复合型人才；拔尖培养理论基础扎实，能升学深造的学术研究型人才。

提供的优越物质环境，当真正来到企业进行顶岗实习时，抱怨声不断，太累、上夜班、站着工作、加班……

面对同样的工作，是什么导致了不同的反响？是心态！

顶岗实习的意义和价值：不在于学到多少书本知识，而在于改变心态，树立正确的价值观，积累经验和提升技能。在我们对毕业生的持续跟踪调查中，企业反映最突出的问题是学生的心态、团结协作、吃苦耐劳、沟通与交流等。

三、人生态度与心态的力量

心态决定思路，思路决定出路；心胸决定格局，格局决定结局。

1. 人生态度

人们通过生活实践会对人生问题形成一种稳定的心理倾向和基本看法，这就是人生态度（the attitude of life），人生态度决定人的活法。人生态度作为人生观的主要内容，是人生观最直接的表现和反映，它要回答"人究竟应该怎样活着"的问题。

伴随心态的是品格和毅力。越王勾践，积极进取，卧薪尝胆，最终复国并吞并了吴国，洗刷了耻辱。

> 有志者，事竟成，破釜沉舟，百二秦关终属楚；
> 苦心人，天不负，卧薪尝胆，三千越甲可吞吴。

如何对待你的父母？如何看待你的学校？如何憧憬你的未来？

——机遇总是垂青有准备的人。

——世上从来不缺少财富，只缺少发现财富的眼光。眼光从何而来？只要你肯用心，遍地都是财富。

出租司机能否给微软的白领上课？我们可能不假思索地就会给出否定的答案。然而，"上海滩第一的哥"臧勤就做到了。微软中国公司全球技术支持部经理刘润在一次乘坐了臧勤开的出租车后，邀请他为微软的 50 名员工讲了一堂课，45 分钟的演讲被掌声打断了 8 次。"神奇的哥"臧勤由此成名，先后又接受了多家企业的讲课邀请。详见阅读材料 1-2。

生活中有很多事情都是这样，人做我也做，为什么别人能做得比我好？除了个别智商特别高的人，更多的人的智商都是差不多的，我想这其中差别就在于我们每个人的情商，情商比智商更重要，态度决定了一切。

2. 两种心态，两种结果

人生态度从正负两个方面可分为积极进取、乐观有为型和消极颓废、悲观厌世型。当然，这两点并不绝对，多数人会在两种态度间相互切换，这跟每个人所处的人生境遇及人生目的有关。

1）积极进取、乐观有为型

（1）用乐观的心态看待世界和生活。

（2）进取心强烈，勇于开拓创新。

（3）人生责任感和社会责任感强烈。

（4）确信人生是美好的、幸福的。

2）消极颓废、悲观厌世型

（1）用阴暗的心理看待社会和人生。

（2）无志气、无激情，不求上进。

（3）缺乏社会责任感和人生责任心。

（4）悲观厌世，觉得活着没有意思。

每个人在前进的路上都会遇到困难和挫折，那么你所遇到的困难究竟是绊脚石还是踏脚石呢？取决于你的脚放的位置，而脚的位置就取决于你的心态和能力。

如果你是积极的、正面的心态，又不断地提高自己的能力，你就可以让你的脚抬得高一些，把你遇到的困难变成你的踏脚石；如果你的心态是消极的，你的能力总是很低，那你的脚就抬不高，那你所遇到的困难就总是绊脚石。

两种心态，两种结果： { 积极的心态：成功、快乐
消极的心态：失败、苦闷

知识链接

古时候，有两个秀才一起去赶考，路上他们遇到了一支出殡的队伍。看到那一口黑乎乎的棺材，其中一个秀才心里立即"咯噔"一下，凉了半截儿，心想：完了，真触霉头，赶考的日子居然碰到这倒霉的棺材。于是，心情一落千丈，走进考场，那个"黑乎乎的棺材"一直挥之不去，结果文思枯竭，果然名落孙山。另一个秀才一开始心里也"咯噔"了一下，但转念一想：棺材，棺材，噢！那不就是有"官"又有"财"吗？好，好兆头，看来今天我要鸿运当头，一定考中。于是心里十分兴奋，情绪高涨，走进考场，文思如泉涌，果然一举考中。回到家里，两个人都对家人说：那棺材真的好灵。思考：那棺材真的好灵吗？

3. 培养积极的心态

心态，是客观事物在人们大脑中反映的一种心理状态；而态度，是心理状态的一种外部表露。例如，我们参加一堂培训课，积极的心态——课很重要；态度——我一定要去参加；行动——及时赶到会场；结果——收获很大。这就是哲学上所讲的因果关系，而现实生活中并不是所有人都有这种积极心态。

世界著名物理学家爱因斯坦有一个成功公式：成功=1%的天赋+99%的汗水。天赋是上帝给你的资源，你愿不愿去开发，能不能开发好，是个心态问题。汗水是付出，你愿不愿付出，也是一个心态问题。成功是因为心态，失败也是因为心态。

成功一定属于心态积极的人，成功永远属于心态积极的人！当代大学生要实现人生理想，同样离不开积极的心态！

培养积极的心态，弱化消极的心态。下面我们来分享一下某企业的文化理念。

知识链接

赢家与输家

赢家是个解决问题的人，输家是个制造问题的人。

赢家总有一个计划，输家总有一个理由。

赢家常说：让我替你做好吗？

输家常说：那不是我的工作。

赢家看每个问题都有答案；

输家则看每个答案都有问题。

赢家说：虽然有点儿困难，但仍可完成。

输家说：虽然可能做得到，但实在太难了！

朋友，做个赢家吧！

第二节　价值观与人生价值

人们在采取行动时，大体上会依次考虑以下三点。

☐　一是该不该做——价值选择（价值观）。

☐　二是能不能做——能力问题（可行性）。

☐　三是怎么去做——方法问题（方法论）。

一、价值观

价值观是人们关于事物有无价值和价值大小的根本观点和评价标准，是一个人对周围客观事物的是非曲直、好坏善恶的评价标准。人类的智慧，可以说是围绕"趋利避害"提升的。"趋利避害"就是价值选择，做任何一件事，可以说利弊并存，问题在于"利"是什么，对谁有利；"弊"是什么，对谁有弊。

价值观对人生选择、人生道路具有重要的导向作用。一个人的价值取向决定了他的奋斗目标，也是人生进步的动力所在。一个人的理想和价值要靠自己的追求来实现。

我们对于职业选择的表面依据是人的职业目标，而深层次的依据就是人的价值观。一个人要想成为职场的顶尖人物，就必须清楚知道自己的价值观，同时确实按照这个价值观来完善其人生。

从企业选人的角度也能够很好地揭示价值观的重要性。为什么麦肯锡的咨询顾问很多并不是出身于管理专业？为什么一些学业上并不突出的学生能够在竞争激烈的应聘中胜过那些学习成绩突出的学生？为什么外企在招聘实习生的面试中总是会有"你最大的成就是什么？""你最大的优缺点是什么？"等看似非常普通的问题？其实这都和价值观有非常密切的关系，因为一个人在职业上的价值观念和他能取得的成就大小是息息相关的。

从价值观的角度来看，职业发展成功还是失败的判别标准就是：你是否得到了你想要的生活。你的职业所带来的生活方式是否符合你的价值观，如果符合，你就会感觉很快乐，哪怕收入会相对低一些；如果不符合，你就会感觉很痛苦，哪怕你拿着看起来很高的年薪。当然，有的人得到的是高薪，但失去的是时间；有的人不能成为一个好领导，但会成为一个好儿子。关键是你得到的正好是你想要的，而你失去的你并不介意，真正的职业追求是圆满和平衡。[①]

知识链接

6 种典型的价值观

① 理性价值观：是指以知识和真理为中心的价值观。具有理性价值观的人把追求真理看得高于一切。② 美的价值观：是指以外形协调和匀称为中心的价值观，他们把美和协调看得比什么都重要。③ 政治性价值观：是指以权力地位为中心的价值观，这一类型的人把权力和地位看得最有价值。④ 社会性价值观：是指以群体和他人为中心的价值观，这些人把为群体、他人服务认为是最有价值的。⑤ 经济性价值观：是指以有效和实惠为中心的价值观，这些人认为世界上的一切，实惠的就是最有价值的。⑥ 宗教性价值观：是指以信仰为中心的价值观，这些人认为信仰是人生最有价值的。

二、人生价值

人生价值是指一个人活着对社会所具有的意义和作用。如果说，人生目的解决了"人为什么活着"这个问题，那么，人生价值则回答了"人活着有什么意义"这个问题。因此，评估人生"价值量"大小，可以理解人生的意义如何，理解人生意义的大小。那么，人生价值该怎样衡量呢？

人生价值包括两个方面：一是个人对社会的责任和贡献；二是社会对个人的尊重和满足。德国诗人歌德给叔本华写的题词中提到："你要欣赏自己的价值，就得给世界增添价值。"爱因斯坦说过："一个人对社会的价值首先取决于他的感情、思想和行动对增进人类利益有多大作用；一个人的价值，应当看他贡献什么，而不应当看他取得什么。"郭鹤年说过："一个人的价值，不是看你这一辈子拥有什么，而是看你能为世界留下什么。"以上观点均认为人生的价值在于你能给世界做出过多少贡献，而不是你曾经拥有多少。

人生价值的实现既需要一定的客观条件，更需要发挥主观能动性，全面提高个人素质。

1. 实现人生价值需要社会提供一定的客观条件

实现人生价值要以一定的社会生产力为基础。生产力发展的水平、程度也制约着人生价值的实现。例如，把蒸汽作为一种动力，人们早就知道了。但是，由于社会生产水平没有发展到需要应用蒸汽作为动力的工业水平，人们的设想便没有得到应用和推广。到了 17 世纪末 18 世纪初，生产力水平发展到了资本主义大工业兴起的时代，矿井排水和纺织业的工具机都迫切需要动力，由此才有了瓦特蒸汽机的发明和应用，同时也使瓦特的人生理想

---

① 郭训武. 大学生职业发展与就业指导[M]. 北京：北京理工大学，2011：23-25.

转变成了现实的生产力，其人生价值得到了实现。

人所特有的劳动创造力是人生价值的源泉。但是，人的创造力的形成和培养依赖于一定的社会条件，同时人的创造力的利用和发挥也需要一定的社会条件。所以，人生价值的实现要有一定的条件，这个条件包括一定的社会经济、政治文化和科技水平等。

对于如何认识我国现阶段实现人生价值的客观条件问题，首先，要用全面的观点看问题。一方面，要看到我国社会还存在对实现人生价值不利的因素，如生产力水平较低，各项制度还不够完善，科学文化水平还比较低等。但更主要的还要看到有利的方面，表现在我国生产力水平发展迅速，政治、经济制度不断完善，科学文化事业迅速发展，社会全面进步，为我们实现人生价值创造了越来越好的客观条件。其次，要用发展的观点看问题，要看到许多对实现人生价值的不利因素正在向好的方面转化和发展。

良好的客观条件对实现人生价值会起到促进作用；反之，则会起到阻碍作用。但这并不能成为实现人生价值的决定性因素。因为外部条件是客观的，我们只能去积极地适应，它不是个人成长、人生价值实现的决定性因素，它们在人生价值的实现中起着怎样的作用，关键还在于个人主观能动性的发挥。

2. 实现人生价值同样需要发挥主观能动性来创造必要的主观条件

良好而必要的客观条件是人们实现人生价值的基本保证，但是在客观条件基本相同的情况下，有的人没有能够实现人生价值，无所作为，虚度人生；而有的人则实现了正确的人生价值，为人民为社会做出了很大贡献，其主要原因之一就是主观能动性发挥不同，自身创造人生价值的能力不同。

在一定的客观条件下，主观能动性发挥得越充分，个人条件就越成熟，个人对社会的贡献就越大，人生价值就具有更大的价值，为此，我们要努力做到以下几点。

（1）要全面提高个人素质，主要包括思想政治素质、道德素质、科学文化素质、心理素质和身体素质，上述素质相互联系，是人的全面发展中缺一不可的有机组成部分。

（2）要在自己的工作岗位上埋头实干，发挥聪明才智，人生的价值终究要通过自己所从事的事业展现出来。问题的关键在于是否有理想，有志气，是否能充分发挥主观能动性，脚踏实地地做好工作。

（3）要有百折不挠、不怕失败的顽强奋斗精神，要正确对待人生道路上的挫折与失败。

三、人生理想目标

人生价值总是与人生理想和人生目标相联系的。理想是人生的奋斗目标，如职业理想、生活理想、长远理想和近期目标（理想）等。理想对人生有重大的影响，越王勾践能"卧薪尝胆"，靠的就是其"复国"的理想。

理想的作用：
- 是方向，是指南针、航标灯；
- 是前进动力，牵引机；
- 是克服困难、战胜逆境的动力源泉。

理想作为思想观念和价值目标，构成人们自觉行动的动机，成为人们行动的精神动力和精神支柱。一个树立了理想的人，坚信自己追求的目标必定会实现，就会激发起为理想而奋斗的勇气和毅力，无论在顺境之时，还是在逆境之中，都能矢志不渝，勇往直前。

理想源于现实，高于现实，是现实的发展方向。由于人们不满足于现实，才需要有理想、有追求，才会为美好的未来去奋斗。

正因为理想是比现实更高远、更美好的目标，它才能激发人们去追求、去奋斗，才能指导现实的发展，对人们的行动产生巨大的鼓舞作用。

理想想要转化为现实，就需要积极发挥主观能动性。理想虽然是人们关于未来的一种设想，不等于现实，但又可以在一定的条件下转化为现实。今天的理想，通过努力就可以转化为明天的现实，如"嫦娥奔月"的飞天梦想。

艰苦奋斗精神是实现理想的重要条件。艰苦奋斗是有志者应有的精神境界。艰苦奋斗，不仅仅是一种艰苦朴素、勤俭节约的生活作风，更重要的是一种自强不息、开拓创新的精神风貌。一切有志者，只有具有艰苦奋斗的精神境界，才能百折不挠、奋勇前行。任何投机取巧，寻找"捷径"或浅尝辄止，都有碍于理想的实现。

你敢怀揣2万元来一次环球旅行吗？24岁南京女孩王泓人就怀揣2万元用了不到一年游历了14个国家。

一个人要使自己的生活过得有意义，就要树立远大的理想。当然，你如果还没有想好应该怎么实行，认为自己的目标定得很大，完成预定目标可能有困难。这时你可以将大目标化解成几个小目标，再将小目标一一完成。用这个方法能使你克服畏惧困难的心理。在完成小目标时，要有自信心，事情不能半途而废，要坚持做下去，要反复地、认真地将一件件小事做好，要调整自己的心态，不断地鼓励自己，相信自己一定能做好一件小事，只要你想认真完成的事，坚信你就会做好它。等你有了完成一件事情的经历以后，还要及时总结经验，进一步增强自信心，向另一个目标进发，全力以赴，想方设法去圆满地完成它。在完成任务时你就会感觉非常快乐。你就会成为一个充满自信、最有作为的人！你们还年轻，要相信自己的能力，相信自己一定是个胜利者！当然所有事情都需要你保持一个平和的心态，不要急于求成，不要好高骛远，要一步步地积累，一点点地努力，要相信厚积薄发！

英国哲学家罗素认为："只有同这个世界结合起来，我们的理想才能结出果实；脱离这个世界，理想就不结果实。"

马克思在他的中学毕业论文《青年在选择职业时的考虑》中说道："如果我们选择了最能为人类谋福利而劳动的职业，那么，重担就不能把我们压倒，因为这是为大家而献身。那时我们所感到的就不是可怜的、自私的、有限的乐趣，我们的幸福将属于千百万人，我们的事业将默默地、永恒地发挥作用存在下去，而面对我们的骨灰，高尚的人们将洒下热泪。"

第三节　创业意识与创业者

每年的7月，大学生们就开始面临着人生又一重大选择。一方面，就业一年比一年困难，竞争一年比一年激烈；另一方面，财富神话在媒体的渲染下极大地诱惑着年轻人的心。

是选择就业，做个或大或小的白领，还是踏上征途，做自己的老板？有人主张大学生创业，有人反对。在网上我们摘录了几个观点。

（1）我刚大学毕业那时，也曾经兴致勃勃想干一番大事业，凭着热情与一时的冲动，就到处借钱来创业，但是由于没有社会经验，不知道人心险恶，吃了很多苦头，也输得差点儿爬不起来。

（2）我认为刚刚毕业的大学生并不适合马上创业，因为创业的艰辛是很难预测的，他们没有足够的社会实践经验，没有广泛的人际关系，没有足够的管理水平，缺乏对前期市场准确的调查和理性的分析等原因，这会导致他们对投资风险估计不足而失败。

（3）大学生创业就算失败了，对他的人生也是一个好的起点！第一次的失败往往会让人刻骨铭心，再从事工作，就会比一般人用心十倍。

其实，创业成功的有之，创业失败的也有之。探讨大学生应不应该创业，远没有探讨哪些人适合创业，哪些人不适合创业，如果想创业应该注意什么和准备什么，如果进行创业应该如何创业等，更有意义和价值。

一、创业观念，迈向创业的第一步

对许多人来说，迈向创业的第一步就是观念上的转变。一个成功的创业者决不能因循守旧、墨守成规，而应该以广阔的眼界来观察国内外变化，以应变、善变的精神去创业。固守传统就业和生活的观念已经落伍，目前在世界范围内正在兴起一股财务自由的生活和工作的新理念，而自主创业正是达成财务自由的有效途径之一。

1. 自主创业的含义与特征

创业既是一种精神，也是一种理念，更是一种行动。然而，各界人士对"什么是创业"这一问题，可谓仁者见仁、智者见智。因此，何谓创业，至今没有统一、标准的定义。在英文中，企业家和创业者是同一个词，即"entrepreneur"，在此基础上，将创业视为"创办自己的企业""自己当老板"，是对创业最直接也是目前最普遍的理解。本书所说的创业是指以企业为载体，以正当获得更多金钱为目标而创办企业的活动，而非从政、从军、从事科学研究，开创个人政治、学术等事业的创业。

同时，本书也不同于一般的创业学教材，并不把创业与创新必然地紧密结合起来；本书把创业定义为外延很宽的广泛概念，因为能成为比尔·盖茨、戴尔、杨致远、张朝阳、马云、陈天桥的毕竟是少数；然而，我们的社会也需要（或者说更需要）大量的自谋职业的创业者，以及能够提供就业机会与职位的中小企业。

2. 日趋严重的就业形势

随着市场经济体制的全球化，大学生就业已经由单一的"统包统分"转变为"双向选择，自主择业"，这一机制不仅赋予用人单位择优录用大学毕业生的权利，同时也赋予大学毕业生选择用人单位的权利。这样做，一方面拓宽了大学生的就业空间，带来了自主选择的机遇；另一方面由于各种因素的综合作用，使得近年来大学生就业压力日趋严峻。

首先，我国有 14 亿人口，是世界上人口最多的国家。2020 年 1 月 17 日，国家统计局发布统计数据显示，2019 年年末中国大陆总人口（包括 31 个省、自治区、直辖市和中国人民解放军现役军人，不包括香港、澳门特别行政区和台湾省以及海外华侨人数）共计 14.05 亿人，比 2018 年年末增加 467 万人，其中城镇常住人口 8.48 亿人，比 2018 年年末增加 1706 万人；乡村常住人口 5.52 亿人，比 2018 年年末减少 1239 万人；城镇人口占总人口比重（城镇化率）为 60.60%；16～59 周岁的劳动年龄人口 89 640 万人，占总人口的比重为 64.0%；60 周岁及以上人口 2.54 亿人，占总人口的 18.1%。2018 年年末全国就业人员 7.76 亿人，其中城镇就业人员 4.34 亿人。全年城镇新增就业 1361 万人，比 2017 年增加 10 万人。2018 年年末全国城镇调查失业率为 4.9%。我国劳动力资源相当于所有发达国家劳动力资源的总和，如此庞大的劳动力规模将持续 20～30 年。以上基本国情决定我国将在一个较长的时间内存在着较为严重的就业压力。

其次，我国高等教育已由精英教育阶段迈过了大众化教育阶段，进入普及化教育阶段，大学毕业生数量骤增。从 1999 年开始，我国高校加快了扩大招生的步伐：当年全国普通高校招生总数达 157 万人，比 1998 年增加了 45 万人，扩招幅度达 40%。2019 年我国各类高等教育在学总规模 4002 万人，高等教育毛入学率 51.6%，我国高等教育进入了普及化教育阶段。

高等教育普及化的直接结果之一，就是高校毕业生人数快速增加。2003 年，我国高校毕业生人数为 212 万人。2020 年，全国高校毕业生人数达到 874 万人，再创历史新高。随着我国经济发展进入新常态，就业总量压力依然存在，结构性矛盾更加凸显，就业创业工作任务仍然十分艰巨。尤其是受 2020 年新型冠状病毒疫情的影响，就业形势更加严峻。

剔除新冠疫情的影响，在社会总需求与往年基本持平的情况下，高校毕业生供给大幅度增加，使劳动力供需矛盾日显突出，出现大学生就业困难境况。

从中长期发展趋势来看，我国高校就业仍将面临巨大的挑战，就业形势不容乐观。主要原因有四个：一是在我国的基本国情下社会经济水平决定大学毕业生就业需求增长有限。二是大学毕业生就业观念陈旧落后，亟待改变。许多大学毕业生对工作期望过高，存在眼高手低的矛盾；一些毕业生仍受计划经济体制的影响，想找铁饭碗工作，只愿到机关、事业单位或公有制企业工作，不愿意或不屑于到民营企业任职，更不要说自主创业。毕业生缺乏职业指导，不善于推销自己，择业自主性不强，依靠学校和父母的思想普遍存在。三是高等院校专业设置和培养计划与社会需求存在一定差距，毕业生不是企业想要和想用的人。四是由美国次贷危机引发的全球金融危机、经济衰退更使严峻的就业形势雪上加霜。

目前，在市场配置资源的模式下，没有谁能带给你"铁饭碗"，人们除了自主择业外，还要有自主创业的观念。自主创业是指不是通过传统的就业渠道谋取职业的发展，而是依靠自己的学识、智慧与发明创造开办自己的企业。自主创业不仅有利于缓解国家的就业压力，在解决自身就业的同时，也能为社会创造新的就业机会，而且还能在创业过程中寻找机会，发挥才干，发掘潜能，促进自我的完善。从这个意义上讲，创业者可以说是"救世主"。

在温州，老百姓把"下岗"称为"站起"。下岗职工周大虎创办的打火机厂，产品运销日、美等多个国家和地区。在温州，下岗没有什么丢脸的，坐等政府和社会帮助才是耻辱。与其"寄人篱下"等待别人安排、恩赐随时可能打碎的饭碗，不如另起炉灶自己创业，自己打造一个饭碗——最理想的饭碗、最铁的饭碗、自己创造的饭碗。

高校扩招后的毕业高峰已经来临，许多大学生还未毕业就面临着"失业"。造成这种局面的原因除了由于扩招带来的供给增加和"适销不对路"等客观因素外，主观因素起着至关重要的作用。就业观念陈旧、工作期望过高、不愿从基层做起，挤热门造成冷门人才缺乏，热衷大城市、发达地区致使小城市、欠发达地区人才短缺，乐于打破脑袋找工作却忽视创造工作，也有些人热衷成为样样通、样样松、八面玲珑的所谓通才而忽视一技之长的重要，其实这些都是不自信的表现，要知道真正拥有一技之长的专才才是目前用人单位真正需要的人，也是从基层脱颖而出的法宝。

以上这些存在于大学生就业选择中的主观意识矛盾影响着目前大学毕业生的就业水平和质量。帮助大学生处理好这些矛盾，树立正确的择业观是解决好大学生就业/创业问题的前提和重要内容。

3. 树立创业意识

创业意识是指一个人根据社会和个体发展的需要所引发的创业动机、创业意向或创业愿望。创业意识是人们从事创业活动的出发点与内驱力，是创业思维和创业行为的前提。需要和冲动构成创业意识的基本要素。创业意识是创业的先导，它构成创业者的创业动力，它由创业需要、动机、意志、志愿、抱负、信念、价值观、世界观等组成，是人进行创业活动的能动性源泉，正是它激励着人以某种方式进行活动，向自己提出的目标前进，并力图达到和实现目标。

创业意识是以提高物质和精神生活的需要为出发点的。这种需要在很大程度上取决于具体的社会历史条件。因此，人的创业意识的激发、产生受历史条件制约，具有社会历史制约性。科学家对人类大脑的研究表明，不同人的大脑潜能几乎是相同的，这表明人人具有创业潜能，这是它的自然属性。但是在社会实践领域中我们发现，人与人创业能力的差异相当大，究其原因，是各种社会因素、历史条件作用的结果，如是否具有创业的社会历史环境和家庭环境，是否具有鼓励和激发创业的教育方式与文化形态，以及相应的创业机制等。当今社会，随着科学技术的进步和劳动生产效率的提高，经济增长对就业的吸纳能力将会不断下降，就业缺口也会不断扩大。鼓励大学生自主创业，既能解决自身就业难的问题，还能为社会拓展就业渠道，更重要的是能满足大学生自我价值实现的需要。因此，现代大学生应强化创业意识，主动适应社会与时代发展的现实需要。

创业意识是创业思维和创业行动的必要准备，因此，每一个希望创业的大学生都必须首先强化创业意识。诚然，创业的道路是艰辛的，其原因主要是难以发现和把握商机以及资金和自身能力不足等。但是没有人是完全不可以自主创业的，只是一些学生因受传统思想影响，不愿走自主创业之路，把找工作寄托在父母及亲友身上，因此，强化大学生创业意识是高校工作的当务之急。教育实践证明，创业意识是可以强化的，而注意进行早期强化创业意识的工作对创造力开发及增强创业能力均会产生良好的催化作用。强化创业意识，可以通过自主创业成功人士的专题报告、具有创业理论与实践经验人士的专题讲座、组织大学生创业设计竞赛、举办校内创业实践市场、组织创业沙龙等多种形式鼓励和培养大学生的创业精神，传承创业技能，提升其创业信心。

专论摘要

树立正确的创业观[①]

1. 认识就业道路的可选择性

要改变计划经济条件下形成的认为只有到一个单位、一个企业才算就业的旧观念。在市场经济条件下，就业的方式具有多样性。打零工是就业，做自由职业者也是就业，如企业策划、自由撰稿、兼课等；特别是自我创业，自己当管理者，不仅自己能就业，还能为他人创造就业机会，因此，大学毕业生对待就业需持乐观态度。

2. 认识创业道路的多样性

不要盲目认为创业高不可攀，别人能白手起家创业成功，我为什么不行？不要认为有钱才能创业，许多创业成功者都是从零起步的，创业思维比金钱更重要。财富就在人的头脑之中，你的头脑就是一个金库，关键看你是否会开启它。创业的路子很多，有投巨资的创业，也有不花钱的创业；有团队创业，也有独立创业。关键是思路是否正确。人们的需求是多种多样的，这种需求达到一定数量就构成了市场。所以，创业的路子也是多种多样的，要学会寻找创业机会，学会开拓市场。

3. 认识创业能力的可塑性

创业者要有一定的能力，一些人认为创业能力是天生的，有的人是老板型，有的人是学者型，有的人是官员型，自己则属于老实巴交的百姓型，不属于创业型，没有这份创业能力。比尔·盖茨算什么型？充其量是个学者型，但是他却是全世界顶尖企业家。人不是生下来就适合做这个或适合做那个，创业能力是由自我学习和环境条件决定的，创业能力是可塑的。创业能力首先表现为一种动机，一种精神，也表现为一种思维能力、决策能力、沟通能力、运作能力、经营管理能力及学习能力，所有这些能力也不是先天的，而是后天教育和培养的结果。因此，创业能力，对于每一个人来说，不是有没有的问题，而是能否正确认识这种能力和自觉开发这种能力。

4. 认识创业的风险性

创业具有一定的风险性，创业的过程就是充满风险的过程。经过一系列的市场调研后，原始的创意可能会被无情地否定；从技术到产品的过程，小试、中试都可能失败；在无情的市场竞争中，产品的营销、对手的竞争等，任何一个环节的失败都可能使企业受挫。任何一种风险都会造成物质和精神上的损失，很多风险和损失都是需要创业者个人来承担。在国内创业的企业中，寿命少于5年的约达61.9%，在10年之内面临淘汰命运的达8成以上。事实上，国内将近6成的创业失败率正说明了创业的艰难度和风险性。创业成功率之所以如此之低，是因为绝大多数的创业者，在初次创业时都没有什么实操经验。

因此，大学生创业要树立正确的创业观，要辩证地看待创业。创业者既要看到创业成功之后的收获、掌声和荣誉；同时也要充分评估创业的风险，实事求是分析自己所具备的创业能力，同时也要做好承受挫折和失败的心理准备。

[①] 辽宁省教育厅. 就业与创业概论[M]. 2版. 沈阳：辽宁大学出版社，2007.

二、创业主体：创业者/创业团队

创业者/创业团队是创业的主体，创业企业是创业的客体。

1. 众说纷纭"创业者"

法国经济学家萨伊（J. D. Say）在《政治经济学概论》中指出，创业者是指将劳动、资本、土地这三项生产要素结合起来进行生产的第四项要素，是把经济资源从生产率较低、产量较少的领域转移到生产率较高、产量更大的领域的人。

管理大师彼得·德鲁克给创业者所下的定义为："创业者就是赋予资源以生产财富的能力的人。"创业者善于创造或发现商机，然后抓住商机，并创办起具有高度发展潜力的企业，其思想和行为与众不同。可见，创业者是以创业财富和获取商业利润为目标，其行为与普通员工的工作有不同之处。

在西方社会中，通常把创业者与职业经理人作为对比概念加以区分。创业者，是指一种开办或经营自己企业的人，他们既是员工，又是雇主，对经营企业的成功与失败负责。职业经理人通常不是他们所管理公司的所有者，而是被雇来管理公司日常运作的人。

创业者可以从几种不同的角度分类。从在创业过程中所处的角色和所发挥的作用来看，创业者可以分为独立创业者、主导创业者和跟随创业者（参与创业者）三种类型；从创业的背景和动机来看，创业者基本上可以分为生存型创业者、变现型创业者和主动型创业者三种类型。当然，还有一些其他的分类方法，如按创业者的人格特质、创业内容、创业主体等分类。

下面简要介绍一下独立创业者、主导创业者与跟随创业者，以及生存型创业者、变现型创业者与主动型创业者。

2. 独立创业者、主导创业者与跟随创业者

同为创业者也有不同的角色和地位，有人适合独立创业，如有一定的资金，有极强的独立性；有人不适合独立创业，如欠缺独立性、性格优柔寡断。有人适合合伙创业，如容易与人相处；有人不适合合伙创业，只适合独立创业，如该人能力很强，但不善与人相处，听不进别人的意见。在合伙创业中，有人适合作主导创业者，有人只适合作跟随创业者。

1）独立创业者

独立创业者是指独自创业的创业者，即自己出资、自己管理企业。独立创业者的创业动机和实践受很多因素影响，如发现很好的商业机会，对工作具有专注的精神、独立性强，失去工作或找不到工作，对目前的工作缺乏兴趣，对循规蹈矩的工作模式和个人前途感到无望，受他人创业成功的影响等，从而激发起独立创业的动机。

独立创业充满挑战和机遇，独立创业者可以充分发挥创业者的想象力、创造力，自由展示创业者的主观能动性、聪明才智和创新能力；可以主宰自己的工作和生活，按照个人意愿追求自身价值，实现创业的理想和抱负。但是，独立创业的难度和风险较大，创业者可能会缺乏管理经验，或缺少资金、技术资源、社会资源、客户资源等某一方面或某几个方面，生存压力较大。

2）主导创业者与跟随创业者

主导创业者与跟随创业者是相连为一体的，即是一个创业团队。带领创业的人，也就是团队的代表就是主导创业者，其他团队成员就是跟随创业者，也叫作参与创业者。1976年，施振荣与林家和、黄少华等五人共同筹集了100万新台币创立宏基，其中施振荣和他太太的股份占50%，其余5人的股份占50%。施振荣为团队代表，即为主导创业者，林家和、黄少华等创业团队成员，即为参与创业者。

一个好的创业团队，应该是一个优势互补的团队，既要有善于技术开发的人，也要有擅长市场开拓的人；既要有善于日常运行管理的人，也要有擅长财务管理的人。在整个团队中，既要有主导创业者，也不能都是主导创业者。主导创业者只能有一个，参与创业者/跟随创业者可以有若干个，这样整个团队才能有效运作。

个案研究

携程网的成功

携程网的成功，除了抓住互联网快速发展的契机，有一个良好的创业团队是关键。携程网的团队成员来自美国甲骨文公司、德意志银行和上海旅行社等，是技术、管理、金融运作和旅游的完美组合。大家共同创业，分享各自的知识和经验，避开了很多创业"雷区"。

知识链接

创业团队①

创业团队是指在创业初期（包括企业成立前和成立早期），由一群才能互补、责任共担、愿为共同的创业目标而奋斗的人所组成的特殊群体（工作团队）。创业团队是团队而不是群体。团队中成员所做的贡献是互补的，而群体中成员之间的工作在很大程度上是互换的。与个体创业相比较，团队创业具有多方面的优势，对创业成功起着举足轻重的作用。

创业团队组建的基本原则有以下四点。

（1）目标明确合理原则。目标必须明确，这样才能使团队成员清楚地认识到共同的奋斗方向是什么。与此同时，目标也必须是合理的、切实可行的，这样才能真正达到激励的目的。

（2）互补原则。创业者之所以寻求团队合作，其目的就在于弥补创业目标与自身能力间的差距。只有当团队成员相互间在知识、技能、经验等方面实现互补时，才有可能通过相互协作发挥出"1+1>2"的协同效应。

（3）精简高效原则。为了减少创业期的运作成本、最大比例地分享成果，创业团队人员构成应在保证企业能高效运作的前提下尽量精简。一般而言，创业团队至少需要管理、技术和营销三个方面的人才。

（4）动态开放原则。创业过程是一个充满了不确定性的过程，团队中可能因为能力、观念等多种原因不断有人在离开，同时也有人在要求加入。因此，在组建创业团队时，应

---

① 摘编自 MBA 智库百科：http://wiki.mbalib.com/wiki/%E5%88%9B%E4%B8%9A%E5%9B%A2%E9%98%9F.

注意保持团队的动态性和开放性，使真正完美匹配的人员能被吸纳到创业团队中来。

创业团队管理的重点是在维持团队稳定的前提下发挥团队多样性优势。创业团队领袖是创业团队的灵魂，是团队力量的协调者和整合者。依据不同逻辑组建创业团队既可能带来优势，也可能带来障碍，对后续创业活动会带来潜在的影响。

3. 生存型创业者、变现型创业者与主动型创业者

1）生存型创业者

生存型创业者大多为下岗工人、失去土地或因种种原因不愿困守乡村的农民，以及刚刚毕业找不到工作的大学生。这是中国数量最大的一拨创业人群。据清华大学的相关调查报告显示，这一类型的创业者占中国创业者总数的90%。一般创业范围局限于商业贸易，少量从事实业，也基本是小打小闹的加工业。

当然也有因为机遇成长为大中型企业的，但数量极少，因为现在国内市场已经不像二十多年前，像刘永好兄弟、鲁冠球、南存辉他们那个创业时代，经济短缺、机制混乱，机遇遍地。如今这个时代，多的是每天一睁眼就满世界找钱的人，少的是赚钱的机会，用句俗话来说，就是"狼多肉少"，仅仅想依靠机遇成就大业早已经是不切实际的幻想了。

2）变现型创业者

变现型创业者就是过去在党、政、军、行政、事业单位掌握一定权力，或者在国企、民营企业当经理人期间聚拢了大量资源的人，在机会适当的时候，自己出来开公司办企业，实际是将过去的权力和市场关系变现，将无形资源变现为有形的货币。在20世纪80年代末至90年代中期，以前一类变现者为多，现在则以后一类变现者居多。

但目前前一类变现者又有了抬头的趋势，而且相当一部分受到地方政府的鼓励，如一些地方政府出台鼓励公务员带薪下海，允许政府官员创业失败之后重新回到原工作岗位的政策，都在为前一类变现创业者推波助澜。然而，这种做法有可能破坏市场经济环境，人为制造市场不公平的竞争。

3）主动型创业者

主动型创业者又可以分成两种情况：一种是盲动型创业者；另一种是冷静型创业者。前一种创业者大多极为自信，做事冲动。有人说，这种类型的创业者，大多同时是博彩爱好者，喜欢买彩票、喜欢赌，而不太喜欢检讨成功概率。这样的创业者很容易失败，但一旦成功，往往就是成就一番大事业。冷静型创业者是创业者中的精华，其特点是谋定而后动，不打无准备之仗，或是掌握资源，或是拥有技术，一旦行动，成功概率通常很高。

还有一种奇怪类型的创业者，也应属于主动型创业的一种特例。除了赚钱，他们没有什么明确的目标，就是喜欢创业，喜欢当老板的感觉。他们不计较自己能做什么、会做什么，可能今天在做着这样一件事，明天又在做着那样一件事，他们做的事情之间可以完全不相干。其中有一些人，甚至连对赚钱都没有明显的兴趣，也从来不考虑自己创业的成败得失。奇怪的是，这一类创业者中赚钱的并不少，创业失败的概率也并不比那些兢兢业业、勤勤恳恳的创业者高。

创业者是能从别人只看到混乱或骚乱的地方发现机会的人。他们是商场上引起变化的积极刺激因素。他们被喻为挑战自我、突破障碍的"奥林匹克选手"，漫长跑道中与痛苦

做斗争的"长跑运动员"，使不同的演奏技巧和声音协调为一个融洽整体的"交响乐指挥家"，不断提高速度和挑战胆量极限的"一流飞行员"。无论这种比喻有多么夸张，创业者都是现代商场中的英雄，因为他们多多少少符合这些比喻。他们以惊人的步伐开创企业，创造新的工作机会。他们挑战未知的领域并不断创造未来。是什么催生了成功的创业者？优秀的创业者又应该具备什么样的素质？具体内容请详看本书创业者的基本素质的有关内容。

三、创新创业教育对职业生涯发展具有积极意义

创业与职业、职业生涯发展有着密切的联系。创业会涉及不同的领域、不同的职业，如果是为他人工作就是就业，例如，在会计师事务所当注册会计师；如果是为自己工作就是创业，例如创办会计师事务所。

在高等学校大力推进的创新创业教育，是贯彻落实党的十七大提出的"提高自主创新能力，建设创新型国家"和"以创业带动就业"发展战略的重大举措，对个人职业生涯发展具有非常积极的意义和作用。

以创新创业教育为重心的我国高等教育改革，既迎合了全球化知识经济背景下的世界高等教育改革趋势，也顺应了我国经济发展方式转变和经济结构调整的趋势，是着力推进改革开放和推进自主创新的时代需要。同时，对于提升高等教育人才培养水平也具有重要意义。

就业指导作为实现大学生充分就业的主要方式，在帮助学生就业中起着一定的作用，但目前的就业指导没有做到长期性与系统性相结合，没有把学生的创新创业能力的培养放到贯穿整个职业生涯规划教育与就业指导的核心位置。

大学生就业指导应当与时俱进，不断创新，坚持"以人为本"的理念，追求"人"的价值关怀，把人的核心能力培养作为中心内容。目前大学生就业指导不仅没有发挥这一功能，而且在操作上也被当作追求"高就业率"的手段和工具，这与以人为本的要求有着一定的差距。

大学生创业教育是指充分挖掘大学生潜能，以开发大学生创业基本素质，培养大学生创业综合能力为目标的教育，使受教育者形成完整的创业基本素质，具有较强的创业意识和良好的个性心理品质，形成综合性的创业能力和知识结构，培养较强的社会适应性和独立生存、发展的本领。大学生创业教育应以提高大学生自我就业能力为目的，尤其注重培养大学生"白手起家"创办小企业的精神和能力，务求使更多的谋职者变成职业岗位的创造者。

创造（creation）、创新（innovation）和创业（enterprise）是一组既有联系又有区别的概念。创造是一个从无到有的过程，创新是对现有事物的更新和改造过程，而创业则是开创某种事业的活动。虽然三者都给予认识主体一种"全新的"感觉，都具有独创性，都含有"创"的成分，但创造强调原创性，创新为"推陈出新"，而创业则注重把创造与创新的东西变成现实，开创出新事业。

创造在于它的原创性，能够孕育前所未有的事物。然而，创造有时并不一定完美，创新能使创造尽善尽美，而创业能使创造和创新落到实处。因此，创造、创新、创业是推动

人类社会发展和进步的永恒动力。一个民族的真正伟大根植于它的创造精神、创新精神和创业精神之中。因此，21 世纪的高等教育应以大学生创业教育为根本，以培养具有创造、创新、创业精神和能力的人才为己任。

第一，大学生创业教育是国际环境的客观要求。如今世界各国为迎接 21 世纪的挑战，掀起了科技与教育竞争的热潮。无论是发达国家还是发展中国家，都在不遗余力地加大科技与教育投入，提高综合国力竞争的基础，以此来确保可持续发展和在新一轮国际竞争中争取主动。因此，实施科教兴国战略，全面推进以培养创新精神为重点的素质教育，是我国在 21 世纪综合国力竞争中争取主动和实现可持续性发展的重大决策。

第二，大学生创业教育是我国现行教育制度的转变需求。大学生创业教育是在普通文化教育和职业技术教育的基础上，提出新的更高的教育要求，即通过注入新的教育内容，寻求新的结合实践活动的途径，培养一代又一代既能动脑又能动手，既有开创精神又有一定创业能力，既能从事一般生产劳动又能从事某种开拓性的创业活动的劳动者。

第三，大学生创业教育适应了社会主义市场经济对人才培养的需求。我国正在建立的社会主义市场经济具有开放性、自主性、竞争性、创新性、法制性。为适应这些特点，要求我国高等教育培养的人才具有宽广的视野，善于捕捉信息；有果断的决策能力，敢想敢干，勇于创新；有经济头脑，注重经济效益，讲究工作效率；同时还要有较强的法制观念，善于社会交往，能正确处理人际关系。这些素质的培养，正是大学生创业教育的着力点。

第四，大学生创业教育是解决当前大学生就业问题的一条有效途径。与传统的就业教育相比，大学生创业教育不是直接帮助大学生去寻找工作岗位，而是重在教给大学生寻找或创造工作岗位的方法。

对于大学生来说，不管是创业还是就业，都应该树立创业意识。因为如今任何工作都是需要创造力的，即便是先就业，也应"以创业的心态去就业"，怀着创业的梦想去就业。虽然，创业者总是少数，但是，了解创业的艰难能使广大的就业者更加珍惜来之不易的就业岗位，从而更加努力工作，更何况创业精神和创业能力的培养必将有助于大学生个人能力的提升和职业生涯的发展。

第四节　成功之路

通往成功之路：
- 制订明确可行的目标；
- 保持正面积极的心态；
- 掌握正确的工作方法。

一、制订明确可行的目标

"请你告诉我，我该走哪条路？"爱丽丝说。

"那要看你想去哪里？"猫说。

"去哪儿无所谓。"爱丽丝说。

"那么走哪条路也就无所谓了。"猫说。

——摘自刘易斯·卡罗尔的《爱丽丝漫游奇境记》

这段对话讲的是人要有明确的目标，当一个人没有明确的目标时，自己就不知道该怎么做，别人也无法帮到你。天助先要自助，当自己没有清晰的目标方向时，别人说得再好也是别人的观点，不能转化为自己的有效行动。

个案研究

1952 年 7 月 4 日清晨，加利福尼亚海岸下起了浓雾。在加利福尼亚海岸以西 21 英里的卡塔林纳岛上，一个 43 岁的女人准备从太平洋游向加州海岸。她叫费罗伦丝·查德威克。

那天早晨，雾很大，海水冻得她身体发麻，她几乎看不到护送她的船。时间一个小时一个小时的过去，千千万万人在电视上看着她。有几次，鲨鱼靠近她时，被人开枪吓跑了。

15 个小时之后，她又累又冻得发麻。她知道自己不能再游了，就叫人拉她上船。她的母亲和教练在另一条船上。他们都告诉她海岸很近了，叫她不要放弃。但她朝加州海岸望去，除了浓雾什么也没看到……

人们拉她上船的地点，离加州海岸只有半英里！后来她说，令她半途而废的不是疲劳，也不是寒冷，而是因为她在浓雾中看不到目标。查德威克小姐一生中就只有这一次没有坚持到底。

摘自：http://wenku.baidu.com/view/173f4820482fb4daa58d4b6c.html.

【点评】

这个故事讲的是目标要看得见，够得着，才能成为一个有效的目标，才会形成动力，才能帮助人们获得自己想要的结果。

1. 制订的目标决定你的发展方向

很久以前，西撒哈拉沙漠中的旅游胜地——比赛尔是一个只能进、不能出的贫瘠地方。在一望无际的沙漠里，一个人如果凭着感觉往前走，他只会走出许多大小不一的圆圈。后来，一位青年在北斗星的指引下，成功地走到了大漠边缘。这位青年成了比赛尔的开拓者，他的铜像被立在小城的中央，铜像的底座上刻着一行字：新生活是从选定方向开始的。

许多人的一生没有明确的方向，他们不知道自己该何去何从，一会儿向东，一会儿向西，一下子试试这个工作，一下子做做那个行业。做得不如意，就马上换一个方向，运气好时就赚一些，运气不好就赔一些，听说哪里有机会就往哪里钻，他们的一生似乎永远没有定向。他们的问题其实很简单，就是他们不知所求的是什么。

人的一生不能没有一个明确的目标和方向。目标与方向主导了我们一生的命运与成就，它是驱使人生不断向前迈进的原动力。若一个人心中没有一个明确的目标，就会虚耗精力与生命，就如一个没有方向盘的超级跑车，即使拥有最强有力的引擎，最终仍是废铁一堆，发挥不了任何作用。

2. 制订目标的高低取决于你的理想和努力

每个人都有自己的理想或个人奋斗目标。一个人"满足"与"不满足"，取决于其人生努力目标的高低与正确与否。有人会说：做人应该要实际一点，脚踏实地，不要好高骛远。这句话说得一点儿没错，同时在另一方面，我们也可以说，所谓的实际或现实，是依据于你的过去而来，但你若一直用过去的人生或经验来限制自己未来的发展和成就，那么你就哪儿都到不了。你的目标必须是你真正在一生中所想要的，并且不懈地去努力实现，而不是在过去的环境和能力的限制下所不得不要的，否则，你生命就如同一辆超级跑车，就在你拉挡位加大油门时，却发现后面拉着一条弹簧链，因拉长而回力大增。

3.　制订目标要切实可行

管理者在和下属制订目标的时候，经常会犯一个错误，就是认为目标定得越高越好，认为目标定得高了，即便员工只完成了 80%也能超出自己的预期。实际上，这种思想是有问题的，持有这种思想的管理者过分依赖目标，认为只要目标制订了，员工就会去达成。

个案研究

有个同学举手问老师："老师，我的目标是想在一年内赚 100 万元！请问我应该如何计划我的目标呢？"

老师便问他："你相不相信你能达成？"他说："我相信！"老师又问："那你知不知道要通过哪个行业来达成？"他说："我现在从事保险行业。"老师接着又问他："你认为保险行业能不能帮你达成这个目标？"他说："只要我努力，就一定能达成。"

"我们来看看，你要为自己的目标做出多大的努力，根据我们的提成比例 100 万元的佣金大概要做 300 万元的业绩。一年：300 万元业绩。一个月：25 万元业绩。每一天：8300元业绩。"老师问："每一天：8300 元业绩。大既要拜访多少客户？""大概要 50 个人。"学生回答道。

老师接着问他，"那么一天要 50 人，一个月要 1500 人，那么一年呢？就需要拜访 18 000个客户。"

这时老师又问他："请问你现在有没有 18 000 个 A 类客户？"他说没有。"如果没有的话，就要靠陌生拜访。你平均一个人要谈上多长时间呢？"他说："至少 20 分钟。"老师说："每个人要谈 20 分钟，一天要谈 50 个人，也就是说你每天要花 16 个多小时在与客户交谈上，还不算路途时间。请问你能不能做到？"他说："不能。老师，我懂了。这个目标不是凭空想象的，是需要用理想和努力来决定目标的高低。"

摘自：http://wenku.baidu.com/view/173f4820482fb4daa58d4b6c.html.

实际上，制订目标是一回事，完成目标又是另外一回事，制订目标是明确做什么，完成目标是明确如何做。与其用一个高目标给员工压力，不如制订一个合适的目标，并帮助员工制订行动计划，共同探讨障碍并排除，帮助员工形成动力。

另外，目标不是唯一的激励手段，目标只有与激励机制相匹配才会形成更有效的动力机制。所以，除了关注目标之外，管理者还要关注配套的激励措施。

最后，合适的目标是员工可以跳一跳能够得着的目标，当员工经过努力之后可以达成目标，目标才会对员工有吸引力，否则，员工宁可不做，也不愿意费了很大力气而没有完成！

明确的目标设定具有一种潜意识的强大能量。因为一旦人有了明确清楚的目标后，潜意识就会自动地发挥它无限的能量，产生强大的推动力，并且能够不断地瞄准和修正，自然地引导我们朝向目标的方向前进。但在进行这种整个的运作过程中，最重要的不仅只是设定一个明确的目标，而是为什么要达成这个目标的"原因"，因为这个原因是让人持续朝着目标前进的原动力。

二、保持正面积极的心态

什么是积极的人生心态？若要每天都保持乐观积极的心态很困难，或者说根本不可能，这是因为"人有朝夕祸福，月有阴晴圆缺"。若要使人在相当长的岁月里，相对保持乐观积极的心态，这个要求还是可以办到的。笔者认为，在人生的每个阶段，都要客观地为自己树立一个能够预期的奋斗目标。比如在中学以前，就以学习能够达到一个什么标准为目标；上大学后，给自己树立一个短期、中期、远期奋斗目标；在择业时，再次为自己确定一个未来人生的奋斗目标。人一定要有责任感，只有在强烈责任感的激发下，人才会为自己不断地确定奋斗目标，在为达到每一个目标而奋斗的过程中，你就会享受到人生的乐趣，并长远地保持积极乐观的心态。

个案研究

（一）

两个水桶一同被吊在井口上，其中一个对另一个说："你看起来似乎闷闷不乐，有什么不愉快的事吗？"

"唉！"另一个回答，"我常在想，这真是一场徒劳，好没意思，常常才装满，随即又空着下来。"

"原来是这样。"第一个水桶说，"我倒不觉得如此，我一直是这样想的：我们空空的来，装得满满的回去！"

（二）

有一位王子，长得十分英俊，但却是一个驼子，起初驼得并不厉害，但他非常自卑，总想着自己是个驼背，于是驼得越发厉害了。

有一天，国王请了全国最好的雕刻家刻了一座王子的雕像，刻出的雕像没有驼背，背是直挺挺的，国王将此雕像竖立于王子的宫前，当王子看到雕像时，他心中产生了一种震撼。

几个月之后，百姓说："王子的背驼得不像以往那么严重了。"当王子听了内心受到了鼓舞。有一天，奇迹出现了，当王子站立时，背是直挺挺的，与雕像一样。

上面第一个故事告诉我们，面对任何事物我们都可能产生两种不同的心态，与其愁苦自怨，倒不如转变一下心情。而现在的你又选择了哪一种呢？

第二个故事告诉我们，正面的思想能够带来积极的效果，而负面的思想只会带来消极的效果。

怎样建立一个积极的心态呢？首先，你要具备自我创造的精神。你必须有一种坚定的意念，把它付诸行动，如果在行动过程中碰到了困难，你要下定决心，排除万难，去改进、去提高，在行动过程中实现自己的价值。其次，要心存感激，学会感恩。在工作和生活中，不能忽视了感激，如果你心存感激，就会珍惜工作和生活，也就会尽可能地做得更好。最后，培养积极的心态还要学会称赞别人。在交往中，适当地赞美对方，增强和谐，会提高工作的绩效，你个人的价值也会得到肯定。

人生的方向是由"态度"来决定的，其好坏足以明确我们构筑的人生优劣。积极的人生态度是成功的催化剂，即使遭遇困难，也可以获得帮助取得成功；相反，消极的、冷漠的人生态度则会最终使自己遭遇失败。好在人生态度不是先天就有，而是后天形成的，消极的人生态度也并非先天的遗传，并非"不治之症"，完全是可以设法加以纠正的。

下面是培养积极人生态度的几种方法。

1.　心情要愉快

早晨起床后，就要努力度过愉快的一天。不要为琐事烦心，提醒自己记住情绪的力量非常强大。如果在愉快、积极的气氛中醒来，加上潜意识的作用，一天的心情都会感到舒畅。若因无谓的事而烦恼，不愉快的心情就会蔓延，应随即注意纠正。

2.　心胸要宽广

走路时不要两眼看着地面，应该抬头挺胸，昂首阔步，切不可妄自菲薄。要祛除孤立的心态，毅然钻出象牙塔，和外界打成一片，这样就会看到充满幸福、亲切、情谊、希望的美好事物。你将会发现，在普通的街道上居然长着一棵漂亮的树；街角的修鞋匠雄心勃勃、充满希望；同学、同事的"伶牙俐齿"听起来也那么顺耳；即使老找你麻烦的上司也有他好的一面，万事都显得那么美好。

3.　不能说没办法

振作精神，不要做"没办法"的人。无论多么困难的工作，都应认真思考出解决的办法。不可推托敷衍，也不可怕麻烦，不要把时间浪费在无谓的担忧上，不要替自己找借口。

4.　能够接受批评

假如无意中做出傻事，也没有必要因此捶胸顿足。失败不要气馁，应该虚心接受别人善意的批评，把它看成一种激励的力量，不应心存芥蒂，产生抵触情绪。

5.　不可随便批评别人

不要故意给人难堪，不可对人吹毛求疵，批评别人要有根据，出发点是帮助别人进步，不可中伤他人。

6.　要与思想积极的人交往

人往往在不知不觉中会受到别人的影响，择友务必慎重。要远离消极的人，使自己常处在积极的气氛中，最应该交的朋友是有干劲、态度乐观、爽朗、处事练达的人。

7. 进行积极的自我暗示

也就是用积极的思想和语言不断提示自己，克服悲观、沮丧和恐惧心情，使精神保持振奋。如当你生病时，可对自己暗示"我相信医生，相信我有抵抗力，疾病是暂时的，我会很快好起来"。正确的态度、乐观的情绪和坚强的意志会使药物发挥较好的疗效，也将调动自身体内的潜力，很快恢复健康。积极的自我暗示，就是要自我鼓励、自我安慰，使心理状态得到自我调整、自我平衡，从而保持积极的心态，绝不要自暴自弃，给自己施加不良影响。

试着按以上的方法去做，相信你的人生一定会出现一种全新的境界，使你走上成功之路。要想保持每天都有积极的心态，首先你就必须有一颗积极的心情，要感觉自己每天都有无限的精力；还需要有崇高的理想，俗话说理想是动力的源泉，要对自己的理想有信心，相信自己一定会成功；同时也要学会知道与面对现实，这也是必不可少的。更重要的是，你要让快乐的种子在你心里成长。世界处处有快乐的事发生，只是当人们心情差时感觉不到而已，只要你每天有快乐的心情，你就会有积极的心态，也就会发现快乐所在。

如果你在生气，实在笑不出来，很简单，你可以这样试一试。当你碰见人的时候，让自己的嘴角往上翘就可以了。你会发现你的生活开始改变了。倒不是你的嘴角往上翘你心中就真的高兴了，是因为你的样子在笑，所以别人也会回敬你笑容。你心中高兴是因为别人也对你笑了。

下面我们继续分享一下某企业的文化理念，看看工作职场的快乐秘诀。

知识链接

感　　激

感谢伤害你的人，因为他磨练了你的心志；
感谢欺骗你的人，因为他增进了你的智慧；
感谢遗弃你的人，因为他教导了你该独立；
感谢斥责你的人，因为他提醒了你的缺点；
感谢中伤你的人，因为他磨砺了你的人格；
感谢绊倒你的人，因为他强化了你的双腿；
感谢使我们更加坚强，
用这样的心态来经营我们自己，
还有谁能伤害我们？

说 的 艺 术

少说抱怨的话，抱怨带来记恨；
多说宽容的话，宽容乃是智者。
少说讽刺的话，讽刺显得轻视；
多说尊重的话，尊重增加了解。

少说拒绝的话，拒绝形成对立；

多说关怀的话，关怀获得友谊。

少说命令的话，命令只是接受；

多说商量的话，商量才是领导。

少说批评的话，批评产生阻力；

多说鼓励的话，鼓励发挥力量。

善　语

当我们发出祝福的话语时，

（积极、赞美、关怀、欣赏、尊重）

美好的事情就会在我们身上发生！

当我们发出诅咒的话语时，

（抱怨、诽谤、批评、讽刺、诋毁）

毁灭的事情就会紧跟而来！

我们不能控制别人跟我们说什么，

但是我们可以决定我们和别人讲什么。

你常讲什么，常想什么，常做什么，

你的人生就会朝什么方向发展！

工作职场的快乐秘诀

碰到问题与挫折时，莫忘提醒自己下列几句话。

（1）每一件不幸事情的背后，都隐含着一份珍贵的礼物，等待我们去收成！

——端视我们是否以积极乐观的态度去面对。

（2）太棒了！这样的事情又让我碰到，我又有学习成长的机会啦！

（3）任何事情发生皆有其目的，且有助于我。

（4）无论身在何处，都要快快乐乐地活着。

（5）这也将过去。

三、掌握正确的工作方法

"工欲善其事，必先利其器。"正确的工作方法是做好工作的重要保证。掌握了正确的工作方法，往往能收到事半功倍的效果。实际工作中，很多人由于没有掌握正确的方法，往往容易出现两种倾向：一种是瞎子摸象，对工作没有全面的把握；另一种是纸上谈兵，眼高而手低，遇到具体事情不知从何处着手。不管是哪种情况，都不利于工作的开展和深入。

有时候，工作中遇到问题，很大程度上并不是事情本身产生的，而是由自身的某种缺陷造成的。很多人不及时地从自身寻找突破口，而是怨天尤人、缺乏行动，结果他们只能被问题所淹没，有的甚至不得不离开自己的工作岗位。如果遇到问题时，我们能积极地从自身寻找原因，寻找能够使自己发展的突破口，寻找正确的工作方法，就会得到积极的效果。

1. 做事要有效率

为了能够高效地应对工作中的问题，首先，你必须收集所有那些"经常唤醒你模糊记忆"的事情，然后着手计划如何一一地解决掉。这看起来似乎极为简单，但在实际操作中，大多数人都难以始终如一地坚持下去。

如果希望出色地管理好所有的工作，那么，你需要做到下面几点。

第一，如果这件事总占据着你的头脑，你的思维就会受阻。任何一件你认为没有完成的事情，都必须置于一个客观可靠的体系中，或者是笔者称之为"工作篮"的工具之中，必须经常回访并且清理它。

第二，你必须明白你的工作到底是什么。你还必须做出判断：需要采取什么行动来推动工作的发展进程。

第三，一旦决定了需要采取的行动方案，你必须在某一个你会经常查阅的体系中安排组织好这些行为的提示信息。

知识链接

检验这种模式的一个重要训练

拿笔记下来目前盘踞在你大脑中的那些最重要的工作或事情。哪一件事最让你心烦意乱？哪一种情况最能够分散你的注意力？哪一个问题令你兴趣浓厚？或者哪一种局面以其他的方式消耗了你大量的注意力？也许，正是某一件"摆在你面前的"工作或者问题需要解决，而且越早处理越好。

现在，请写下为了推动事情的进程，紧接着你需要采取的具体行动是什么。如果你目前除了要马上结束这件事，再无其他的事情要处理，那你现在打算去哪里？打算采取什么行动步骤呢？

你能从这短短2分钟的思考中挖掘出什么有价值的东西吗？如果你同那些在参加研讨会时完成了这个训练的大多数人一样，那么，你就会体验到，至少你的控制力增加了一点，精神放松了一些，注意力更集中了。此外，对于某些长久以来一团乱麻的局面，你似乎也会增加动手解决它的冲动。设想一下，在生活和工作中，这种驱动力放大1000倍时将会是怎样的一番景象。

摘自：http://www.douban.com/note/146487247/.

2. 学会沟通

亚里士多德曾经说："一个生活在社会里、同他人不发生关系的人，不是动物就是神。"人不能离开社会而孤立生存；也不能离开与他人的交往而生存。因此，人和人之间，必须要沟通。

大学里，如何与同学、朋友以及老师相处等问题，已然成为除学习之外的又一人生课题。很多同学善于与人沟通，很快在学校中脱颖而出，担任学生会、社团等团体中的重要角色；还有很多同学由于不善于沟通，在与同学交往中产生各种矛盾；更有甚者，在工作后，难以融入职场中，总认为自己"怀才不遇"而产生自暴自弃的生活态度，感叹命运的不公。可以说，在踏入工作岗位后，你会发现在社会里、在工作中与人相处的能力变得越来越重要，甚至超过了工作本身。微软中国区前总裁唐骏谈到他的成功之道时说：沟通能力让他一步一步走向辉煌。所以，我们更应该好好把握机会，培养自己的交流沟通能力，以便适应将来竞争激烈的社会。

对于如何提高自己的沟通能力，我们可以从以下几个方面着手。

1）认真倾听

苏格拉底曾经说过："自然赋予我们人类一张嘴巴、两只耳朵，就是让我们多听少说。"学会倾听是有效沟通的最重要的技巧。倾听的目的是让对方畅所欲言、表达自己的思想和观点，同时让自己更好地了解对方。在倾听过程中，态度要专注，不要轻易打断对方的谈话，也不要随时插话，要紧跟谈话者的思路，找到想要的答案，并做出客观评价。

2）善于表达

常言道：与君一席话，胜读十年书。要敢于说话，敢于表达。要善于谈话，努力把话说得更简练、更生动、更有水准，使人爱听，让人信服。要善于表达，要求表达的内容清楚明确，表达的方式恰到好处，让人感到神清气爽，心悦诚服。

3）主动结交

在人际交往中，尤其是进入职场后，注意要制造机会，主动与人交谈，消除彼此隔阂，让对方感到信任；并通过初步接触，引起对方注意，给对方留下好印象，进而达到进一步的接触，扩展自己的人脉，有利于职场取胜。

4）勇于处理矛盾

在学生时代，或是在工作岗位上，同学、同事之间难免会遇到摩擦，如何处理人际关系，关系到职场生涯顺利与否。而善于处理问题，可以将大事化小，小事化了。保持良好的人际关系，创造深入交往的氛围。

3. 做好时间的管理

时间管理是为提高时间的利用率和有效性而对时间进行合理计划与控制、有效安排与运用的管理过程。能否有效地实现对时间的管理与个人的生活质量密切相关，它直接影响一个成熟个体的工作、学习、生活的效率。科学合理地管理时间是大学生建立深厚知识基础、获得良好知识储备的重要保证，也是我们不断塑造自我、修正自我以期获得更好成长与发展的基本前提。对大学生而言，如何管理时间是直接影响学业成绩及大学生活质量的重要因素。

据调查，现在大学生存在着目标缺失、发展路径不确定、时间利用的计划性差、显性和隐性的双重浪费时间的现象严重等问题。48%的大学生有较强的时间管理倾向，22%较弱，28%一般。超过半数的大学生不善于根据自己的实际情况有计划地安排每天、每周的日程。55.4%的大学生认为自己不惜时，只有9.1%认为自己能惜时且效率较高。仅有27.4%的学生认为自己善于利用琐碎时间，而37.1%则认为不能。综上可知，现在大学生的时间管理和利用情况不容乐观。

要合理地安排课余时间，首先对自己在近期内的活动有一个理智的分析。分析自己近期内要达到哪些目标，长远目标是什么，自己最迫切需要的是什么，各种活动对自己发展的意义又有多大等。然后做出最好的时间安排，并且在执行计划中不断地修正和发展。当然，我们还应专门制订一份休闲计划，对一些较重大的节假日和休闲项目做出妥当的安排，这样才能使休闲和学习有条不紊地交叉进行，使身心得到有效的放松和调适。

我们可以做的有：第一，抓紧课堂学习和课后复习时间；第二，培养每天在固定时间学习的习惯；第三，根据自己的喜好、课程安排、考试安排做一个月计划，然后再把这个月要做的事合理地分到每一周里，做出周计划，把它们贴在墙上，时刻提醒自己，随时回顾目标；第四，及时在课后整理资料并温故知新；第五，给自己留一些空闲时间做自己喜欢做的事，比如参加课外活动，为学校生活增添一些乐趣，平衡学习与社会实践。

有效的时间管理可以提高学习效率和工作满意度，改善人际关系，还可以减少紧张与焦虑。学会时间管理将会对人的一生产生不可估量的作用，大学阶段重要的不是教给我们多少知识，而是注重培养学习的能力。在有效的时间内完成自己制订的一系列的目标，培养自己合理分配时间的能力。

《中国青年报》曾经刊登一篇章文琼的自述文章《一名海归大学生村官的感悟》。文章以其生动的文字、质朴的情感、绚烂的精神引发热议，这说明无论人们认为当今的社会如何浮躁和功利，高尚的道德情操和无私的奉献精神还是能够引起广泛共鸣的，同时也说明人们对于人生理想和人生价值的命题是普遍关注并认为值得思考的。

章文琼本可以走上另一条完全不同的人生道路，以他留学归国的海归身份，以他上海名企的白领职业，以他百万身家的创业资本，也许他很快就可以过上很多人梦想中的房车生活。但他的人生理想选择了回到家乡，用自己的积蓄、自己的学识、自己的工作经验改变家乡贫穷落后的面貌，当一名普通的大学生村官。尽管经历了挫折，尽管遭受了误解，尽管耗用了宝贵的四年青春，他却在这一方舞台上用激情与智慧为很多人改变了命运，谋取了福祉。他在奉献中收获了人生理想，在付出中创造了人生价值。

每个人都有追逐自己人生理想的权利，但只有当个人理想更多地和国家社会的需要相结合时，才能创造更大的价值，也才能使生命更富有意义。当我们为实现自己的人生理想而不断奋斗时，不能仅仅是向他人与社会索取，也不能仅仅是追求物质生活的富足。相反，只有当我们的事业与成就越来越多地服务于社会时，我们才会真正感受到心灵的充实和安宁。

那么在职场中如何正确地开展工作呢？下面我们继续分享一下某企业的文化理念。

知识链接

十 大 观 念

在精神上要有团结的观念；在计划上要有目标的观念；
在协调上要有合作的观念；在制造上要有成本的观念；
在产品上要有品质的观念；在工作上要有时间的观念；
在人力上要有机动的观念；在职务上要有责任的观念；
在操作上要有安全的观念；在环境上要有整洁的观念。

效率与效果

效率＝实际产出÷实际投入

是一种投入与产出的关系，

例如：到饭店用餐，上菜快速且适当。

效果＝实际产出÷计划产出

是一种事情做到合于预期状况或目标的程度，

例如：饭店所上的菜肴美味又好吃。

说明：如果上的菜不好吃，上得再快，服务再好，也没有用。我们要懂得先做有效果的事，再将有效果的事做得有效率，也就是我们要先做正确的事，再用正确的方法将事做到最好。

如何做好时间管理

（1）分分秒秒都做最有效率的事情；

（2）善用每段零散的时间；

（3）制订详细的工作计划；

（4）又重要又紧急的事先做（亲自做）；

（5）把重要的事变成紧急；

（6）充分授权；

（7）不断行动。

知识链接

管理的意义

等于：透过众人把事情做好！

又等于：把浪费捡回来！

透过＝透过规章制度；

众人＝平常人，一般人，普通人；

把＝安排与控制；

事情＝工作或任务（应用轻重缓急来执行）；

做＝执行（不能光说不练）；

好＝达到目标，维持目标，超越目标。

细节决定成败

世界上，想做大事的人很多，但愿意把小事做细的人很少，

我们不缺少雄韬伟略的战略家，缺少的是精益求精的执行者！

不缺少各类规章制度，缺少的是对规章条款不折不扣地执行！

我们必须改变心浮气躁、浅尝辄止、眼高手低的毛病，

提倡追求完善，把小事做好，并且做到最好（完美）。

不要小看自己的工作

所有正当合法的工作都是值得尊敬的，只要我们诚实地劳动和创造，没有人能贬低我们的价值，关键在于我们如何看待自己的工作。

注意两个误区（两个极端）：

（1）过分夸大心态的作用（力量）。

人有多大胆，地有多大产——违反科学规律/无知者无畏。

（2）忽视心态的作用（力量）。

我是流氓我怕谁。

上升到哲学的层面：

☐　物质和意识。

☐　主观能动性。

☐　内因和外因。

本章思考题

你想做自己喜欢的事，可是你的父母坚持认为你应该从事更有"钱"途的工作。他们让你考研的专业你一点儿都不喜欢。这时你要怎么办？

请回答以下问题：

1．你的人生理想是什么？

2．你为什么选择它作为你的理想？

3．实现这一理想会实现你的哪些人生价值？

4．这一理想对你而言是高是低？能否实现？

5．你将如何实现这一理想？

实训练习

明确价值观练习

选择1：职业价值观分类卡

一种非常有效的明确自己价值观的方法就是使用"职业价值观分类卡"。这个方法是由著名的职业咨询师理查德·诺德尔（1998年）发明的，可以通过职业培训师网站订购。

这些卡片包含了一个人在他的工作中需要重视的事情的全面清单。例如，你在工作中看重安全感？冒险？独立工作？帮助社会？还是对他人的影响？当你看完这个包含五十多条信息的卡片后，你也可以加上对你来说重要但未在卡片中提及的关于价值观的信息。

找个较宽敞的地方，如你的饭桌，这样你就有足够的空间来移动卡片，然后将卡片分成五类——"一直看重的""经常看重的""有时看重的""很少看重的""从未看重过的"。分类的标准是基于你在日常生活中对每种价值观的实践程度。这是你一直看重的事情呢？

还是经常想要表达的或有时会表现出、也许是很少会有的价值观？或者这是你在日常工作和生活中从未看重并且很少有愿望想表达的？当你对价值观进行了慎重考虑之后，也可以将这些卡片从一堆中移到另一堆。

但是做分类时有一个要求：在"一直看重的"卡片组中最多只能放 8 张卡片。你会发现要限制自己在这个最高类别中只选 8 个是很困难的，你可能一开始选的比规定的要多。可以帮助你选择的标准如下：这个价值观是否意味着如果不履行这个价值观，我就不是真正的我了？其他组的卡片没有数量的限制。当你对"一直看重的"分组中代表真实的你的价值观满意时，分类就结束了。简要记录下你最看重的职业价值观。

选择 2：制作一个价值观列表

另外一种明确价值观的练习是创造属于你自己的一套价值观卡片。找一套 40 张的空白卡片或用名片卡的背面。在每张卡片的背面写上一个你很看重的事情，这些事情可以包括成就、职业、金钱、领导职位、旅行和空闲时间等。从你完成的卡片中找出排名前八位的职业价值观。

当你已经明确并按照重要顺序对你的职业价值观进行优化后，接下来该怎么办呢？理查德·诺德尔提出了一个重要的建议，即将你"一直看重的"价值观应用于你正在想办法解决的一个问题或一项决定上。

下面是做的过程。在一页纸的上方，写出你正在考虑的问题，如针对正在做的工作或有关生活的决定或选择（见表 1-1）。实例可能是重新找一份工作，接受一项新任务，换一个地方或与某人结婚。然后按表 1-1 所示填入三组标题内容。

表 1-1 价值观冲突分析

职业或生活决策：＿＿＿＿＿＿＿＿＿＿＿＿＿＿＿＿＿＿＿＿＿＿＿＿＿＿＿＿＿＿＿＿

前八位价值观	价值观匹配（S，C 或 NR）	冲突解决
1.		
2.		
3.		
4.		
5.		
6.		
7.		
8.		

将你的前 8 项职业价值观写在左栏中。现在反问自己，每一项价值观是否与你做的决定相匹配。例如，你正在考虑接受一个工作，你在列表中列出的第一项是安全感，那么这项新工作是否能提供给你足够的安全感呢？如果是，请在中间栏写 S（支持），说明你看中的价值观支持你的决定。一位业绩非常出色的员工在工作中是否会由于第一次犯错就会被炒鱿鱼？如果是，那么在中间栏写 C（冲突），说明你对安全感的价值观要求与这个决定相冲突。又或者这个工作对你来说太令人激动了，很可能会给你带来成功和认可，在这种情况下，你的获益会使你不再对这份工作的安全感看得那么重要了？如果是那样的话，

请填 NR（不相关）。对每个价值观都进行这样的考察。

接下来，看看这个价值项的中间栏填写的内容。对每个填 C 的选项，请在右边的空格中填入你将如何解决决策与价值观之间的矛盾。例如，对于一个无法给人带来安全感的老板，或许你可以找机会调到另一个部门为其他的老板工作。

最后，查看你中间栏的整个内容。如果你填了很多的 C，你能否找到合理的方法来解决这些冲突呢？如果你填了很多的 S，这又会给你提出什么新的问题呢？如："我为什么还没有决定？"如果你写了很多 NR，那又意味着什么？你在认真地做着一项重大的生活或职业决定，但你却说这个决定和你最看重的价值观无关，这又意味着什么？

作为本价值观明确练习的结束语，请完成这句话——"经过这次练习，我发现＿＿＿＿＿＿＿。"

综合案例

一张借条催生的千万富翁[①]

2006 年 11 月 30 日晚上，浙江理工大学举行了一场别开生面的报告会，报告会的主角是一位年仅 26 岁的千万富翁——该校校友吴立杰。吴立杰的创业是从一张借条开始的……

一张借条变成了吴立杰创业的动力

吴立杰从小喜欢画画，2000 年考取浙江理工大学。然而，像不少农村孩子的遭遇一样，他的父母想尽办法也凑不齐他上大学的第一笔学费。眼看就要开学了，可学费还没有着落，最后他的姐姐吴金蝉东挪西凑了 1 万元钱才解了燃眉之急。吴立杰郑重许诺，一定要早日还上姐姐的钱。

吴金蝉说："不用还了。"

吴立杰却说："如果你不要我还的话，我情愿不读书，大学我都不上。姐，借你 1 万元钱，我必须要写借条。"

2000 年 9 月 1 日，吴立杰如期跨入大学的校门。一张沉甸甸的借条变成了吴立杰创业的动力，也预示着他的大学生活从此与众不同。吴立杰说："跨入大学的第一天，我就给自己定了一个目标，我必须要一边读书，一边赚钱。"

吴立杰学的专业是服装设计，日常功课就是画服装图、设计面料和服装款式。他每次都是精益求精，一张不行再画第二张，第二张不行第三张。从大一后半学期开始，吴立杰一边把画图作业交给老师评判，一边悄悄地走出校园，拿自己画的图去和商场里的服装对照。他谋划着要用学到的知识，赚自己的学费，还姐姐的钱。

八张图样激发了吴立杰创业的信心

杭州是一个时尚而休闲的城市，时装店琳琅满目，服装公司比比皆是。凭几张服装图去赚钱谈何容易！吴立杰上大学的第一个暑假几乎是在杭州的街头度过的，带着一包画好的服装图，他跑了无数的服装公司。

[①] 摘编自 2008 年第 2 期首席执行官《80 后吴立杰：歧途梦想换来千万财富》，标题及小标题为编者所加。

这之后，吴立杰改变了策略，由漫天撒网变成主攻一家。他选择了一家在杭州比较有影响的服装公司。

第一次去，被保安拒之门外。第二次去，老板出差不在。第三次去，老板有事太忙。直到第八次去的时候，老板终于发话让他在门庭等候。

吴立杰："最后一等，等到下午6点钟。"

这个人叫方伟明，是这家服装公司的老板，他就是吴立杰要等的人。

方伟明介绍到，我到晚上下班的时候，看他还在等，等了一天。他当时呢，也没拿其他东西，只带了30多张画好的服装样图，我左挑右拣最后选用了8张。

方伟明说："他跑了几趟也很辛苦的，给他一点儿报酬嘛，50元一张图，付了400元钱给他。"吴立杰却感觉一下子好像自己的口袋装了好几万元钱一样，感觉这个钱沉甸甸的。就在吴立杰兴奋不已的同时，对方也觉得400元买了8张图是拣了个大便宜。当时在杭州请一个服装设计师，一年少说也得五六十万元的酬劳。后来公司痛快答应了吴立杰月工资600元的打工要求。这之后，吴立杰用同样的办法，在3家公司做起了兼职。大二时，其月收入达到了2000元。

一个品牌锻炼了吴立杰创业的能力

当然，打工赚钱并不容易。这是一家国外品牌服装在杭州的代理公司，当吴立杰去这家公司打工时，第一次见面老板就给他出了一道难题：法国的一个品牌在国内市场怎么开拓？

这道题难住了吴立杰，他只好返回学校，与同学一起商量对策，并向几位老师请教。浙江理工大学工部部长胡天生说："好多专业老师都很扶持他，因为他自己有这方面的创业激情。"

一周以后，吴立杰带着两个建议再一次来到公司。一个建议是，欧式服装在中国卖，要根据中国人的体型适度缩小。这款西装当时进来时，版型纯粹是欧版，衣服后面是开衩的。吴立杰的意思是，这些开衩全部不要，做成平版的，把这个腰再收一点，就比较合身了。接着，吴立杰又抛出了第二个建议：找专业模特给改版后的服装照相，制成形象画册，向消费者发放。公司欣然同意，并委托他全权操作。

服装公司经理方卫志说："纯粹是义务做的，他是勤勤恳恳的，也就是在学，我知道小吴刚来的时候也没想急于赚钱。"吴立杰回忆说："实际我当初做这本画册目的不是为了赚钱，是为了把我做画册的牌子做出来，因为下次我拿了这本资料，到任何一家公司，都是谈判的一个筹码了。"

一本画册放大了吴立杰创业的效果

接下来发生的事证明了吴立杰的判断。当他拿着做好的画册去其他公司揽生意时，效果立竿见影。吴立杰打工的第一家公司也愿意做一本，并一口答应了吴立杰4万元的开价。方伟明说："4万元钱，我就一口答应他们了，因为这个便宜啊，市场经济嘛，肯定是外边再加个4万都不够。"

那么，市场上两个4万元都做不出来的东西，吴立杰为什么用一个4万元就能做呢？吴立杰介绍说："第一呢我自己亲自去找模特，这样模特可以省掉成本一半；还有设计本身我自己会设计，设计这一块是这本画册上最重要的。这一块，等于我净赚了。"

吴立杰用低价做出了对方满意的画册，而且还从中赚了整整两万元。那天晚上，吴立杰回学校的脚步格外轻松，因为不仅一学期的学费有了着落，而且姐姐的那1万元欠款也终于能还上了。

注册公司奠定了吴立杰创业的成功

2002年年初，吴立杰注册了一家服装品牌策划公司，核心工作就是设计服装、布置店面、为服装公司做形象画册。课堂上的知识和打工得来的经验让吴立杰干这一行如鱼得水。大二后半年，他一共为五十多家服装企业做了形象画册，源源不断的生意让吴立杰迅速身价百万。策划做了两年，赚了将近300万元。

【点评】

吴立杰的成功有以下几个方面值得总结。

首先是自己要有志气和超前的观念。吴立杰上大学姐姐帮着凑了学费，他坚持要给姐姐打借条，这既是压力，让自己清醒，不浑浑噩噩地混大学日子，也成了他日后创业的动力。按照吴立杰的话说，他的创业就是从这张借条开始的。

其次要有坚定的自信和执着的信念。跨入大学的第一天，吴立杰就给自己定了一个目标，要一边读书，一边赚钱。他跑了很多公司，为了敲开一家公司的大门，他第一次去，被保安拒之门外；第二次再去，直到第八次去，等到下午6点钟，终于见到了公司老板，用8张图换回了400元钱，并得到了第一份兼职工作。因为他有强烈的创业激情和信念，很多专业老师都很扶持他，在他遇到难题的时候给予了他极大的帮助。

再者就是要努力掌握创业所需的基本技能。吴立杰很勤奋，画图作业并不是简单地应付了事，每次都是精益求精，一张不行再画第二张，第二张不行第三张，总是画得很多。而且他不满足纸上谈兵，一边把画图作业交给老师评判，一边悄悄地走出校园，拿自己画的图去和商场里的服装对照。他积极参加各种展览和大赛，有几次还在国家级的服装设计大赛中获奖，这都为其日后的创业成功奠定了坚实的基础。

最后就是敏锐的眼光和商业的智慧。成立服装品牌策划公司和做推广用的形象画册都体现了其独到的眼光。在做第一本画册时，其商业智慧更是光彩四溢。他当初做画册的目的不是为了赚钱，而是为了把做画册的牌子做出来。然而，拿着这个成果，就有了与其他公司谈判和赚钱的筹码了。这个思路与微软当年借力IBM成就操作系统霸主如出一辙。

上面这个案例很典型，深刻蕴涵着创业观念的树立和创业者素质的培养对成功创业的重要意义和巨大作用，此外还有很多值得我们深入分析的内容，这也正是本书要与读者分享的精彩内容。

【阅读材料1-1】大学生就业选择中的若干悖论

【阅读材料1-2】给微软讲课的"上海滩第一的哥"藏勤

阅读材料1-1   阅读材料1-2

第二章

学会人生规划

——规划决定成败

夫未战而庙算胜者，得算多也；未战而庙算不胜者，得算少也。多算胜，不算不胜，而况于无算乎？

——孙武

运筹帷幄，方能决胜千里。人无远虑，必有近忧。

——题记

大学不是天堂，不是可以浪费时光、挥霍青春的地方；大学更不是安逸、享受、躲避社会责任和压力的避风港。今天的大学，预演的是明天的竞争与挑战，奏响的是大学生职业生涯规划的乐章。

在毕业时或者在职业选择、应聘受挫时，与其无奈地说出"假如再给我一次上大学的机会……"之类临渴掘井的后悔之言，倒不如从现在做起，审时度势，未雨绸缪，尽早做出自己的生涯、学业规划，为自己的未来绘制发展蓝图。这就是我们常说的："与其等待下雨，不如自己浇花。"

大学生的人生规划包括大学期间以及未来的学习规划、职业规划、爱情规划和生活规划，其中职业规划在人生规划中居于非常重要的地位。在本章第四节将概要讲述人生规划的流程，后续各篇还要分别阐述人生规划相关环节的内容。

第一节　生命中最重要的决定

有句话说得好："要想知道自己 3 年后乃至 10 年后的生活是什么样的，只要回头看一看过去的 3 年自己在想什么，现在在做什么就知道了。"今天的选择决定了未来的生活。

一、选择比努力更重要

在这个世界上，通向成功的道路何止千万条，但你要记住：所有的道路都不是别人给的，而是你自己选择的结果。你有什么样的选择，也就会拥有什么样的人生。你有什么样的职业选择，你就会拥有什么样的职业生涯。

职业规划对于每个人来说都是至关重要的。大学生活是年轻人价值观形成与知识储备的重要时期，是为未来所从事的工作过渡的一段时光，也是做好未来想要从事的职业规划的最好时机。如果能够在大学里就规划好自己的职业生涯，那么就会比别人早迈出一步，距离成功也就近了一步。大学生应该从一踏入大学校门就对自己的大学生活有一个总体设计，为自己的发展设立长远目标。在充分做好大学生活规划的同时，根据自身特点做好职业规划，同时在职业规划的指导下规划好大学生活，确立大学生活每个阶段的具体目标。

那么究竟如何来做职业选择？职业选择的依据是什么？选择要考虑的要点又有哪些呢？

要在本章了解职业选择对象——职业，以及相关的内容——职业生涯，为职业选择奠定基础；同时掌握职业生涯规划的流程与步骤。

📝 身边的故事

给每个学生发一张长纸条，把纸条平均分为10份，每一份从0、10、20一直写到100，先把你现在的年龄之前的部分撕掉，接着把你觉得你可以活到的年龄后面的部分撕掉，之后再把你想退休的年龄之后的部分撕掉。在剩下的部分中，休息、吃饭、娱乐的时间差不多要占到2/3，所以也一起撕掉。最后剩下的这些时间，就是你为了要获得幸福、安逸的生活而努力奋斗赚钱的时间，如图2-1所示。

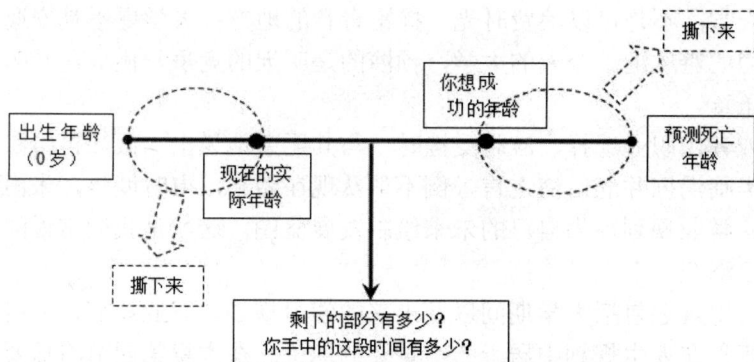

图 2-1　奋斗的时间有多少

那么接下来请思考，你一生需要多少钱？

（1）买房吗？多大？在哪儿买？买几套？

（2）买车吗？

（3）要孩子吗？

（4）要交五险一金吗？

（5）将来要养几个老人？

（6）每个月消费多少？

（7）每个月攒多少？

以上项目一共多少钱？

那么这么多的钱从哪儿来？我们怎么获得呢？

答案是择业，因此选择职业将是我们人生中最重要的一次决定。

从职业规划周期和大学生所处的年龄特点来分析，大学生正处在职业探索期，这个时期主要是通过学校、娱乐活动、自己的生活经历和他人的经验介绍等，经过自我认识、反省，形成对职业的初步认识和职业价值观。

一般来说，这个时期对职业的认识以及职业价值观往往是比较模糊和易变的，甚至是不客观的，容易受到一些临时因素的影响。有很多问题值得去思考，例如，是否能清楚地了解自己的兴趣和爱好？自己的缺点和优点是什么？是否仔细思考过自己所学的专业和自己未来要从事的职业？是否能给自己一个恰当的定位？是否能合理地安排自己的大学生活？

所以，找出症结所在，对我们的大学生活有个详尽而又合理的规划，你会发现大学生活中原来有这么多的事情值得我们去做，我们的大学生活原来是如此的丰富多彩。你也会更加了解自己的兴趣和爱好所在，从而能更好地合理安排时间和生活，对未来所从事的职业也会有清楚的了解与认识，从而更好地规划自己的未来。

然而现今，众多资深人力资源总监在其工作经历中，一般都会产生一种感触，也是最让他们感到遗憾的一个现象：那就是很多人有着非常好的素质，甚至有的还是名校的毕业生，却因为不懂得去规划自己的职业生涯，在工作多年后依然拿着微薄的薪水，为了一份好一点的工作而奔波。很多这样的人，他们只要稍微修正一下自己的职业方向，就能够在职业发展道路上走得更加从容。

在今天的市场环境中，职业生涯早期失败的人大多都有一个共性，那就是最初的时候不知道自己应该在哪个领域开始自己的职业生涯，几年过去了，稀里糊涂地换了几家公司，回过头来才发现，只是积累了不同行业、不同职能方向不成功的丰富经验。一段时间以后突然发现，多种多样的工作经验并没有给自己带来沉甸甸的收获，反而造成了自己缺乏专长、缺乏核心竞争力的局面，最关键的就是他们永远都难以结束低薪长跑，白白浪费了上天赋予他们的才智。

各种有趣的职场现象还有很多。有的人进了国有企业，进了政府机关，却因没有得到太大发展而一直非常矛盾，想离开又不愿失去既得利益，转换成本越来越大，勉强得来一官半职也很是没什么意义，始终处在矛盾当中，自己的激情在无聊的事务中慢慢消磨。

也有的人盲目地相信考证和考研，希望借助证书增加自己在职场的砝码。有人成功了，为数不少的人却越读越穷，所获得的薪酬远远达不到自己的期望。如果把考证和考研比作投资的话，至少投资收益率是不高的。

我们身边总有这种从一工作就抱怨不断却委曲求全的人存在，他们或者从一开始就没有为自己的职业做过规划，要么只接受过短期的职业指导，等有了一份自己可以接受的工作之后就"适可而止"，任由无聊和无奈一天天侵蚀自己日渐颓废的心。

有太多的人不了解该如何去规划自己的职业生涯，包括不少刚刚毕业的大学生，他们对这样的问题更是全然没有概念，甚至有的人 30 岁、40 岁还在为自己的职业发展感到迷茫，而且看趋势还会继续迷茫下去。

📖个案研究

法学新生的大学之路

刚上大一的秦丽本来应该度过多姿多彩、充满兴奋和惊喜的新生生活，然而她却变得沉默、焦虑。原因是她听说自己所学的法学专业就业情况不是特别乐观。于是，她产生了转学其他专业的念头，可又不知道自己该向哪个方向发展。反反复复的思想斗争让她非常痛苦。

是走技术路线还是管理路线

陈斌是计算机专业的大学生，在专业成绩方面比较优秀，具有一定的创新能力、分析问题和解决问题的能力，同时又有很强的人际协调能力和领导能力。他在选择职业时遇到的难题是：走技术路线还是走管理路线？他为此摇摆不定。

我的职业方向在哪里

侯倩是一个开朗活泼的女孩。她在本科时学的是会计学专业，因成绩优异、综合表现出色而被保送本专业的研究生。同学们都很羡慕她，觉得侯倩将来一定会有一个很好的职业前途。可侯倩自己却很不开心，她不喜欢自己的专业，但又不知道自己适合做什么。侯倩的职业方向在哪里？

为什么我的面试总不成功

求职的学生能过简历关就已经不容易，而面试这一关更是充满了挑战。要面对面地呈现自己，这不仅是对心理素质的考验，也是对交流技能的挑战。有的学生屡战屡败，戏称自己为"面霸"。小马目前面临的就是这样的尴尬，4个机会已经砸了，这第5个……

📝 身边的故事

职业迷茫，下一步如何走

设想一下：你正在遭受或将会遇到下列情形吗？

（1）刚从大学毕业，准备好想找的工作又找不到，不知道该选择什么职业好。没有想要去找的工作，不知是否能找到适合的。

（2）刚入职的金融从业人员，发现自己是听从父母的安排才求学择业的。他闷闷不乐，自己在过别人要求的生活，自己的角色在哪里呢？

（3）35岁的技术研发人员，看到公司经营方向调整，同事们一个接一个被辞退。他完全被公司内部紧张的气氛所笼罩，不清楚自己应当为可能发生的事做些什么准备。

（4）38岁的主管，因为升职无望，职业停滞而郁郁寡欢，为了实现自己和家庭的需要，他的出路在哪里？

（5）工作了20年的机械师，因公司裁员而失业，他对获得职业成功和对自己能力的信心开始动摇。

上述案例反映出在大学阶段大学生进行职业生涯规划是何等重要。学习和制定职业生涯规划可以帮助大学生树立明确的职业目标，可以为大学生找到目标和实现目标的方法，还可以有效地管理目标。因此，职业生涯规划是一门影响学生一生的课程和一项极为重要的、惠及学生未来发展的工作。同学们在进行职业生涯规划的过程中，就是在经"赢"你自己的大学！

事实上，只要我们拥有了一定的职业生涯规划的理念和技巧，就可以使自己的职业生涯不断增值，达到自己所期望的境界。

二、明确目标的价值

- ❑ 世界上只有3%的人有自己的目标和规划，并且将它明确地写出来。
- ❑ 还有10%的人有目标和规划，但却将它留在自己脑子里。
- ❑ 剩余87%的人都随波逐流，不知道自己该去向何处，自己的生活完全被人掌控着。

以下这个故事被很多人讲过很多遍，可以用来说明拥有清晰目标的重要性。

这一年，一群意气风发的天之骄子从美国哈佛大学毕业了，他们即将开始他们的职业生涯。他们的智力、学历、环境条件都相差无几。在临出校门前，哈佛对他们进行了一次关于人生目标的调查。结果是这样的：

27%的人，没有目标；

60%的人，目标模糊；

10%的人，有清晰但比较短期的目标；

3%的人，有清晰而长远的目标。

25年后，哈佛再次对这群学生进行了跟踪调查。结果是这样的：

3%的人，25年间他们朝着一个方向不懈努力，最终几乎都成为了社会各界的成功人士，其中不乏行业领袖、社会精英。

10%的人，他们的短期目标不断地实现，成为各个领域中的专业人士，大都生活在社会的中上层。

60%的人，他们安稳地生活与工作，但都没有什么特别成绩，几乎都生活在社会的中下层。

剩下27%的人，他们的生活没有目标，过得很不如意，并且常常在抱怨他人、抱怨社会、抱怨这个"不肯给他们机会"的世界。

其实，他们之间的差别仅仅在于：25年前，他们中的一些人知道他们的目标，而另一些人则不清楚或不很清楚。

无独有偶，有人在1953年对美国耶鲁大学应届毕业生进行了一份"你毕业后的目标是什么"的问卷调查，统计结果有3%的学生有明确的目标，97%的学生基本上没有明确的目标。20年后，有人去追踪所有参加了问卷调查的学生现状，结果令人吃惊，3%的人拥有的财富总和比97%的人财富总和还要多得多。20年前仅是目标的有和无，20年后却形成了如此大的差异。

相信不少人在第一次看到这个故事的时候都会有所触动，也会尝试着来确立自己的目标，但事实是为数不少的人越想越糊涂，到最后也没能明白自己的目标到底是什么。这说明大家大都知道目标对于自身发展的重要性，只是他们不知道如何来确立自己的目标，无论是人生还是职业方面的。

✐ 身边的故事

大多数人的盲目并非认为职业规划不重要，而是因为：

——他们不知道如何去做；

——他们觉得这样做太麻烦；

——他们对自己确定的目标和计划没有信心；

——他们将目标制订得过于长远，这使立刻看到成果变得不可能，从而导致他们丧失了勇气。

通过人生规划的学习与训练，人们能够认识到成功的人生需要目标与规划，能够选择并制订个人的职业生涯发展目标及行动计划，并能够确立适合自身发展的清晰目标并贯彻执行，规划职业生涯这件事情本身就是个人综合素质的一个反映。

三、如何规划和管理自己的职业生涯

职业生涯的规划与管理是职业人士所面临的首要问题，它是对个人职业发展的远景规划和资源配置。然而绝大多数人忽视或者仅仅在表面上关注这一问题，他们希望在工作中一切都能得到满足，于是总是"这山望着那山高"，多次追求发展机会的结果却只是不断地失去发展机会。职业生涯的规划与管理，就是具体设计及实现个人合理的职业生涯计划。

个人职业生涯规划与管理是一生的任务，要在掌握职业生涯一般理论及自我定位职业选择的基础上，进行人生全部职业生涯长期目标和阶段目标的制订与发展路线的选择。无论你现在所处的人生阶段是什么，都会重新思考自己的经历，成就对将来职业生涯发展的影响，并预见性地思考自己将来的职业目标、生活目标及发展策略等。

一个人至少能从人生规划和职业生涯管理中获得：准确定位职业方向；以既有的成就为基础，确立人生的方向，找到奋斗的目标；突破并充实自我；重新认识自己的价值并使其增值；发现新的职业机遇；增强职业竞争力；收获比较完美的职业生活与家庭生活。

1. 大学生是职业生涯规划的最主要群体

根据萨伯的职业生涯发展理论，大学生处于职业生涯的探索阶段，且正好跨越了该阶段的过渡期（18～22岁）和试验承诺期（22～24岁）两个时期。在这两个时期，大学生的个体能力迅速提高，职业兴趣趋于稳定，逐步形成了对未来职业生涯的预期。而在完成了职业学习和职业准备后，大学生毕业后则会走上初次就业岗位，正式开启职业生涯。故此，在试验承诺期内，许多大学生往往需要就自己的未来职业生涯做出关键性的决策。所以，大学期间是职业生涯规划的黄金阶段，对大学生个人的未来职业走向和职业发展具有十分深远的影响。

从本质上讲，自主创业也是人生职业生涯的有机组成部分，只是比较独特，具有一定的特殊性，为此，从狭义上讲，我们往往把它从职业生涯中单列出来。本书将职业生涯规划与创业规划有机融合构成人生规划的主体内容，同时结合大学学习生活对大学生进行人生指引，提升并强化大学生人生规划、职业生涯规划的能力。

通过上述课程的学习与训练，有助于全面提高大学生的综合素质，避免学习的盲目性和被动性；规划个人的职业生涯，可以使职业目标和实施策略了然于胸，并便于从宏观上予以调整和掌控，能让大学生在职业探索和发展中少走弯路，节省时间和精力；同时，职业生涯规划还能对大学生起到内在的激励作用，使大学生产生学习、实践的动力，激发自己不断为实现各阶段目标和终极目标而不断进取。此外，从实际操作角度来讲，通过正确掌握和运用求职技巧，还可以提升大学生就业的自信心和竞争力。

2. 端正对职业生涯规划的认识

要想有个成功的职业生涯，光靠学习职业生涯规划的书籍是远远不够的。你至少要自己做到以下四点。

（1）职业生涯规划不可能一蹴而就，从士兵到将军，是一个很漫长的过程，即职业生涯规划或管理是终身的，并且需要一些运气与机会。

（2）你必须认识你自己，不光是靠那些测试工具，更重要的是定期反省，注意收集外界的信息回馈，有计划地用实践证明来测试你自己。

（3）努力实践，多接触外界，多交朋友，寻找能促进自己职业生涯发展的条件。

（4）不存在"放之四海而皆准"的职业生涯战略。不同的时代、不同的环境与机遇，使得不同人的职业生涯发展轨迹带有不同的特点，不要盲从他人或盲从某些书籍。

第二节　职业与职业生涯

一、职业的概念及内涵

1. 职业的概念

职业是参与社会分工，利用专门的知识和技能，为社会创造物质财富和精神财富，获取合理报酬，作为物质生活来源，并满足精神需求的工作。

职业（career）一词，不同于工作（job），它是指一种事业。职业，至少包含了两个方面的含义：其一，职业体现了专业的分工，没有高度的分工，也就不会有现代意义上的职业观念，职业化意味着专门从事某项事务；其二，它体现了一种精神追求，职业发展的过程也是个人价值不断实现的过程，职业要求个人对它的忠诚。

在德语中，职业一词为"beruf"，乃是"天职"之意，它意味着职业应当是个人毕生为之不懈奋斗的目标。就这点而言，职业本身包含着职业精神和职业道德的内容，它是一种具有高尚性的事业。因此，职业问题不是简单的工作问题，职业生涯规划和发展，也不仅仅是寻找一份满意的工作而已。

职业对其从业人员来说具有以下三种意义。

（1）职业是人们谋生的手段。人们通过职业为社会奉献劳动，社会按照一定的标准付给劳动者报酬，这些报酬成为劳动者及其家庭成员生存和发展的主要经济来源。

（2）职业是人们与社会进行交往的一种主要渠道，它使个人以一定的社会角色进入社会，以较为固定的内容形式同外界进行着交往，而不至于被社会所抛弃，它是个人为社会做贡献的途径。

（3）职业是一个人实现人生价值的主要场所，能够使个人的某些才能得到发挥和发展。每一个人都有自己的理想，理想的实现需要一定的机遇和物质条件，而职业则给每一个从业人员提供了一个施展才华的机会。

因此，职业是对人们的生活方式、经济状况、文化水平、行为模式、思想情操的综合反映，也是一个人的权利、义务、权力、职责，从而是一个人社会地位的一般表征。在通常情况下，人人都应当有一定的职业，当然，人们不一定一生要固定在一种职业上。

2. 职业的内涵

职业的内涵包括以下五组关系。

第一组关系是个人与他人的社会关系，即社会分工。比如某人要穿牛皮鞋，不能从养牛做起。实际上，在养牛、杀牛、制皮、设计鞋样、制作皮鞋、销售皮鞋的各个环节中，都需要有不同的人参与其中，每个人都做一部分工作，最终才能满足消费者穿皮鞋的需求。

第二组关系是职业与专门知识技能的关系，即必备技能。每一种职业都要具备专门的知识和技能。例如，会计得会做账，编程员得会编程等。

第三组关系是知识技能与财富的关系，即创造财富。利用专门的知识和技能去做什么？能去创造财富。有的人创造物质财富，有的人创造精神财富，有的人是直接创造财富，有的人是间接创造财富。

第四组关系是创造财富与报酬的关系，即获得合理报酬。什么叫合理报酬？劳动者创造出来的财富，一部分上缴给国家，一部分留在企业，一部分由劳动者自己消费，各部分比例由法律规定，或者由利益各方商定。

第五组关系是获得报酬与需求的关系，即满足需求。一个人通过获得报酬而满足在物质生活和精神生活上的需求，物质生活需求的满足是指通过使用资金去购买生活上的必需品；精神上的需求，包括喜悦感、团队认同感、实现自我价值以后的满足感等。如果人们的需求得不到满足，就会"跳槽"到其他公司，或"改行"从事其他职业。

二、我国职业分类

《中华人民共和国职业分类大典》（以下简称《大典》）是由劳动和社会保障部、国家质量技术监督局、国家统计局联合组织编制的，编制工作于1995年初启动，历时4年，1999年初通过审定，1999年5月正式颁布。《大典》将我国职业归为8个大类，66个中类，413个小类，1838个细类（职业），突破了以往按行业部门分类的模式，突出了职业应有的社会性、规范性、稳定性和目的性特征。8个大类分别如下。

第一大类：国家机关、党群组织、企业、事业单位负责人，其中包括5个中类，16个小类，25个细类。

第二大类：专业技术人员，其中包括 14 个中类，115 个小类，379 个细类。

第三大类：办事人员和有关人员，其中包括 4 个中类，12 个小类，45 个细类。

第四大类：商业、服务业人员，其中包括 8 个中类，43 个小类，147 个细类。

第五大类：农、林、牧、渔、水利业生产人员，其中包括 6 个中类，30 个小类，121 个细类。

第六大类：生产、运输设备操作人员及有关人员，其中包括 27 个中类，195 个小类，1119 个细类。

第七大类：军人，其中包括 1 个中类，1 个小类，1 个细类。

第八大类：不便分类的其他从业人员，其中包括 1 个中类，1 个小类，1 个细类。

随着社会经济的发展和科技的进步，客观反映经济发展和科技进步的职业结构也发生了相应的变化，一些新职业不断涌现。为及时反映这些新职业的发展变革，2004 年 8 月起，原劳动和社会保障部建立了新职业信息发布制度，对职业分类与职业标准开发实行动态管理，并通过信息发布制度，系统介绍了新职业名称、定义、主要工作内容以及从业人员状况等情况。同时，定期组织专家对《大典》进行增补修订，并及时颁布《大典》增补本。《大典（2005 增补本）》收录了 77 个新职业，《大典（2006 增补本）》收录了 82 个新职业，《大典（2007 增补本）》，是在保持《大典》基本结构和分类原则不变的情况下，收录了 2007 年发布的 31 个新职业，主要是现代服务业、制造业等领域的新职业。

知识链接

职业与职位

职业分类只是划分了职业的种类，而职位的分类则在职业内部划分出了不同的工作岗位。职位是以"事"为中心，是具体工作任务、责任和权利构成的统一体。职位分类是用人单位把内部众多工作岗位划分成若干种类和等级的分类方式。职位分类给每个职位分别确定了岗位职责、完成任务所需人员的任职资格和条件。对于求职者来说，只有在充分了解不同职位所要求的不同任职资格和条件的前提下，衡量自身的实际情况，正确地进行自我评估，才能实事求是地确立合理的职业期望。

专论摘要

专注于高附加价值的工作，让你的薪水翻番

如果你希望在 5 年内、3 年内甚至 1 年内使你的薪水加倍，必须先使你的生产力加倍，然后薪水加倍的美梦才可能成真。

如何使生产力加倍呢？美国生涯规划与时间管理专家 Brian Tracy，集 20 年实务工作经验与研究，发现了使生产力加倍的 7 个工作秘诀。

1. 全心投入工作

不要浪费时间，不要把工作场合当成社交场合，把头完全埋进工作里，如果你能长期实践这个秘诀，就能使你的生产力加倍。

2. 工作步调快

养成一种紧迫的习惯，一旦投入工作，维持一种快速的节奏，一次专心做一件事，并且用最快的速度完成。一件工作完成之后，立刻进入下一件工作。养成这种习惯后，你会惊讶地发现，一天所能完成的工作竟然是如此的惊人。

3. 专注于高附加价值的工作

要记住，工作时间的多寡不见得与工作成果成正比例。精明的老板和上司，他们关心的是你的工作数量及工作品质，工作时间并非其关切的重点。因此，聪明的员工会想办法找出对达成工作目标及绩效标准有帮助的高价值活动，然后投入最多的时间与心力在这些事情上面。投入的时间越多，每分钟的生产力就越高，工作绩效也越高，自然会赢得上司的赏识与重用，加薪与迁升也就必然在望。

4. 熟练工作

当你找出最有价值的工作项目后，就要通过不断的学习、应用、练习，直到熟练所有工作流程与工作技巧。当你工作越纯熟，工作所需的时间就越短，你就可以比经验不足的同事更快完成相同的工作。

5. 集中处理

一个有技巧的工作人员会把许多性质相近的工作活动，如收发 E-mail、写信、填写工作报表、填写必忘录等，集中在同一时段来处理。这样比分开处理会节省一半以上的时间，同时也能集中注意力，提高工作效率。

6. 简化工作

尽量简化工作流程，将许多分开的工作步骤加以整理变成单一任务，以减少工作的复杂度。另外，也要学会运用授权或是外包的方式，避免花费时间去做低价值的工作。

7. 比别人工作时间长一些

早一点起床，早一点出门去办公室，避开早上的交通高峰时间；中午晚一点出去用餐，继续工作，避开中午排队用餐的人潮；晚上在单位稍微留晚一些，直到交通高峰时间已过，再回家。如此一天可以比一般人多出 2～3 小时，而且不会影响正常生活的生活步调。善用这些多出来的工作时间，可以使你的生产力加倍，进而使你的薪水加倍。

资料来源：http://www.p5w.net/job/zcjy/201011/t3312451.html.

三、职业生涯

1. 职业生涯概念

职业生涯（career），其早期的概念是沙特列（Shartle）提出的。他认为，职业生涯是指一个人在工作生活中所经历的职业或职位的总称。

关于职业生涯的三种主要观点如下。

（1）第一种观点认为职业生涯是指个体一生从事职业活动和承担工作职务的连续发展过程。也就是说，它是一个人从首次进入工作岗位一直到退休离开职业舞台，其全部工作活动和职业经历按时间顺序接续而成的一个总的行为连续过程。

（2）第二种观点认为职业生涯其核心含义就是个体一生随年龄增长而对职业问题所

产生的一系列心理活动过程，其中既包括价值观念、职业意识、职业态度等的养成与变化，又包括职业知识与能力以及发展取向等的形成与发展。

（3）第三种观点指出要充分体现职业生涯的内涵，就必须从"客观"和"主观"两个方面去考察，表示职业的行为连续过程及其特征，是职业生涯的"客观"外在表现；表示职业的心理活动过程及其特征，则是职业生涯的"主观"内在表现。

职业生涯具有以下显著特点。

（1）可规划性。虽然职业生涯的发展过程中充满了许多偶然的因素，但是从长远来看，职业生涯的发展是可以规划的。

（2）不可逆转性。职业生涯发展的不可逆转性是因为人的自然成长和发展过程的不可逆转性，经历过了就不能再来。

（3）差异性。每个人个体状态不同，所从事的职业不同，职业生涯也会有很大的差异性。

（4）阶段性。与人的自然生长规律相一致，职业生涯的发展具有阶段性。注意职业生涯发展的阶段性，高质量地完成各阶段的任务对职业生涯的持续发展非常重要。

（5）发展性。职业生涯是一个人一生连续不断的发展过程。随着时间的推移，不管你自己是否愿意，每个人都会以不同的程度在这个过程中成熟起来。有明确目标和强烈进取精神的人会成熟得快一些、好一些，否则就成熟得慢一些、差一些。

知识链接

成功人士的职业经历

时间不能逆转，重新选择也只能是假设。一旦下定决心，就不要再去想另一种选择的结果，成功者的选择各不相同。后天的努力是实现选择的手段，一个好选择，如果缺乏后天的努力，就会毫无意义，而一个似乎不太理想的选择，配以百分之百的努力，也能闯出一片天地。

毕竟，人生有太多的选择，只要能为选择的目标持之以恒地努力，你就能拥有有意义的人生。

2. 职业生涯影响因素

影响职业生涯的因素（见表2-1）可分为四组：第一组为环境因素；第二组为人际因素；第三组为教育/培训因素；第四组为个人因素。第一组包含的因素人们无法控制，而后三组中所包含的因素以遗传和后天经验为基础。一个人在某种程度上可以选择自己的经验、兴趣、技能。解决职业生涯问题和进行职业生涯决策是一个复杂的任务，但只要有时间、动机和努力，就能发展技能，提高自己的认知能力，明确自己的兴趣、价值观、技能，了解职业知识，认识职业世界，从而提高职业生涯的决策技能并学会控制自己的职业生涯。

表2-1　职业生涯影响因素

S=性别	L=一般的学习和教育
E=一般经济状态	A=后天习得的特殊技能
B=家庭背景，种族	P=生理特征

续表

C=机遇	G=认知或特殊天赋能力
F=朋友，同伴群体	T=气质和个性
M=婚姻状况	I=兴趣和价值观

（1）第一组：环境因素。环境因素是指社会的政治经济形势、社会文化与习俗、职业的社会评价及其时尚等，这些大环境因素决定着社会职业岗位的数量与结构，决定着其出现的随机性与波动性，也决定着人们对不同职业的认定和步入职业生涯、调整职业生涯的规划。家庭是人们生活的重要场所，人们的价值观、行为模式都会受到家庭生活和家庭成员潜移默化的影响。每个人的成长环境决定他们的价值观和行为模式，而这些对他们的职业选择倾向、就业机会都大有影响。有的人还从家庭中自觉或不自觉地习得某些职业知识或技能。在个人职业生涯发展过程中，不可避免地也会受到某些被称为机遇的偶然性因素的影响，有时候这些因素的作用是巨大而难以抵制的。

（2）第二组：人际因素。朋友、同龄群体、配偶的工作价值观、工作态度、行为特点等不可避免地会影响到个人对职业的偏好、选择从事某一类职业的机会和变换职业的可能性等方面。

（3）第三组：教育/培训因素。一个人通过接受教育或培训，形成了自己特有的知识结构、能力和才干，对人的职业生涯有着巨大的影响。获得不同的教育程度的人在职业选择与被选择时，具有不同的能量，从而影响其职业生涯规划。人们所学专业及职业种类，对其职业生涯有着决定性影响。

（4）第四组：个人因素。就像世界上没有两片完全相同的树叶一样，在这个世界上也没有两个完全相同的人。人的差异可以体现在许多方面，包括性格、能力、爱好、气质等，这些个人因素是影响职业生涯的核心因素。社会上任何一种职业对从业人员都有其特定的要求，正如个体存在差异一样，各项职业也存在着差异，要想将工作做好，就必须规划好个人与职业的匹配。做到人岗最佳组合，就能最大限度地调动一个人的积极性，充分挖掘和发挥他们的潜能，提高工作绩效，有利于个人的职业生涯发展。

知识链接

关 于 性 别

虽然男女平等的观念已普遍被现代社会所接受，但"性别因素"仍然起着重要的作用。事实上，很少有人能完全漠视性别问题。因此每个人（尤其是女性）都必须合理地考虑自己的职业期望，以便充分发挥自己的性别特色，使自己获得成功。

职业生涯影响因素如何作用举例（见表 2-2）。

表 2-2　职业生涯影响因素如何作用举例

个人职业生涯	影响因素如何作用
高中时理科成绩优秀（14~17 岁）	对理工科产生了浓厚兴趣
从工科院校毕业后成为一名机械工程师（22 岁）	喜欢面对解决技术问题的挑战
经几次提升至管理岗位（22~28 岁）	开始厌倦，需要更多刺激，想自由支配时间

续表

个人职业生涯	影响因素如何作用
回到大学读工程学博士学位（28 岁）	喜欢学术研究：表现出色
获得博士学位后在一家制药公司研究开发部任职（32 岁）	热爱工作，期盼令人激动的未来
因经济波动而被解雇（35 岁）	希望得到更多安全感和职业发展，开始对在大学教书感兴趣
当上了助教（35 岁）	转向理论研究
科研项目获得政府资助（36 岁）	多方寻求对自己研究的支持
转到另一所大学就职（39 岁）	感到这是一次正确的调动
试用期满，被晋升为副教授（41 岁）	产生了著书立说的愿望
出版第一本书（44 岁）	
晋升为教授（45 岁）	对纯做理论研究感到厌倦，想把理论付诸实践
成为活跃的咨询顾问（48 岁）	
成为系主任（52 岁）	发现管理工作占去了自己用在"最喜爱"事情上的时间
重新专职从事教学（60 岁）	
出版了第二本书（64 岁）	
从大学退休（70 岁）	

3. 职业生涯发展阶段

一个人一生所从事的职业按先后顺序可分为早期生涯、中期生涯和晚期生涯三个发展阶段。在这三个时期中，又可以将一个人的职业生涯分为四个阶段：探索阶段、创立阶段、维持阶段和衰退阶段。下面主要介绍几种典型的职业生涯阶段划分及主要角色与任务。

第一种典型划分是斯蒂芬·罗宾斯的五阶段划分法（见表 2-3）。

表 2-3 斯蒂芬·罗宾斯的职业生涯五阶段

职业生涯阶段	主 要 任 务
探索期	受环境影响，想象和缩小职业选择范围，并朝着一定方向发展
建立期	找到第一份工作，学习如何工作，第一次体验在现实中的成功和失败，不断发生错误，不断从错误中吸取教训，改进工作表现
职业中期	效绩水平持续改进，或保持稳定，可能出现需付出巨大代价的错误，自身能力再评价，成功地接受转换阶段的挑战，或变换工作、生活方式
职业后期	以自己多年日积月累并经过多次经历的判断力，以及与其他人共享其知识和经验的能力，向组织证明其存在的价值。减少工作流动，放松、愉快地安心于现有工作
衰退期	对早期阶段持续获得成功的人尤为艰难，战胜失落感

第二种典型划分是 Levinson 的职业生涯七阶段论（见表 2-4）。

表 2-4 Levinson 的职业生涯七阶段

年 龄 阶 段	职业生涯阶段	主 要 任 务
16～22 岁	建立基础阶段	建立个人独立性及自信心，学习基础知识及技能的阶段
22～29 岁	进入成年阶段	选择自己的生活方式，建立工作目标，面对第一次事业成功或失败的阶段

年 龄 阶 段	职业生涯阶段	主 要 任 务
29～32 岁	改变适应阶段	个人的事业逐渐成熟，许多人通过更换工作来调整生活方式，确定和强化个人的价值及生活方向
32～39 岁	事业前进阶段	工作是个人生活的最主要项目，工作能力达到最高峰，但常常遇到家庭的压力和重新适应社会变化的困难
39～42 岁	中年危机阶段	有些人回顾以往不如意，但并非每个人都将此视为危机，有些人将目标及生活方式重新再调整，做一些新尝试
43～50 岁	开放发展阶段	大部分人的事业已达顶峰，能力和事业心已获充分展现，是重新调整工作兴趣的阶段
50 岁至退休	维持回忆阶段	此阶段许多人继续发展，增进自我了解，但有些人却开始衰退

第三种典型划分是职业规划利用职业发展阶段，将职业生涯划分为六阶段（见表2-5）。

表2-5　职业生涯阶段角色、主要任务

职业生涯阶段	角　　色	角 色 描 述	职业生涯发展的任务
（一）成长阶段	学生求职者	个人承担学生与求职者角色。个人的自我观念通过家庭与学校中的关键任务的影响而形成与发展起来，对社会经济、政治、文化等因素和家庭境况与家庭成员对自己造成的压力与期望进行大概的评估。这一阶段的主要任务是接受适当的教育或培训，以开发与学习"职业梦想"所需要的习惯与技能	① 在学习、业余爱好、各种活动中，在参加有关气质、能力的测试与咨询中，自我洞察自己的需要与兴趣，发展与发现自己的才干、知识与能力 ② 从人际交往与领导反馈中，锻炼角色领悟能力，对自己的存在与存在状况做出判断，做出初步的职业生涯方向选择 ③ 查找有关职业和工作角色的信息，做出有倾向的学习计划 ④ 寻找试验性工作和兼职工作的机会，测试"我适合干什么"的决策等
（二）进入工作领域阶段	应征者	角色由求职者转变成组织的新成员，真正进入了组织，并获得第一份工作，经过一段培训期，与组织订立"心理契约"，彼此接受为社会化的组织成员	① 学会工作，学会衡量组织所提供的信息（如工作环境、职业种类、待遇等）与自己的"职业梦想"是否匹配 ② 学会处理梦想与现实不相吻合时带来的种种问题 ③ 学会与第一个上司或培训者、受训者相处，建立初步的人际关系网 ④ 尽快熟悉组织文化，尽快了解内情，一定程度上采用"圈子内"独特的语言、符号与行为模式等
（三）早期职业确立阶段	储备人员	本阶段的角色是组织中的正式成员，承担起一项工作的责任，发挥并发展自己的能力，为提升或进入其他职业领域打下基础。经过一段工作后，根据个人需要是否被满足来决定是否在这个组织中干下去，或者寻求个人需要与组织需要的更好配合，并在工作中开阔对职位和组织的视野	① 寻求保护人，并与之建立良好关系 ② 学会应对第一项工作带来的成功感或挫折感 ③ 根据领导与同事对自己工作的反映，根据组织提供的职业通路与发展机会，评价自己的工作能力，并且评估自己所选职业是否正确 ④ 学会应对各种复杂的人际关系 ⑤ 调整态度与价值观，努力使之与工作相适应，如果调整失败，决定是庸庸碌碌混下去，还是转到新的工作领域，等等

续表

职业生涯阶段	角　色	角 色 描 述	职业生涯发展的任务
（四） 职业生涯中期阶段	同事	有些人可能会成为管理者或者咨询顾问；有的人可能仍然一直保持着原来的工作，典型的如医生、教师。对许多人来说，可能是在原来的职位上继续自己的专业钻研，保持技术权威地位；对于另一些人来说，可能要被提升，承担更大的责任，可能要被组织转换到另一横向职业领域，有的离开组织。而且在大约35～45岁，会发生职业生涯危机	① 处理自我发展、家庭发展带来的压力，并使之与工作协调起来 ② 在自己选择的职业领域内继续学习，保持住自己的职位 ③ 发展自己的职业绩效标准，有自己的独立见解，相信自己的决策 ④ 重新估价自己与保护人的关系，判断是否有必要摆脱依附状态，并准备成为他人的保护人 ⑤ 意识并评估自己的职业锚及其对自己未来前途的意义 ⑥ 就是否进行新的职业选择做出决定，等等
（五） 职业生涯后期阶段	指导者、资助者	一般在 40～60 岁。美国著名职业生涯研究专家施恩将这一阶段分为领导人角色与非领导人角色来研究。在非领导人的情况下，个体也被认为对组织做出过贡献，或者是作为咨询人员，或者因为他是接近决策层的成员。也有的人被视为"朽木"，但是他仍然留在组织里。如果是领导人，他的个体的技能用于为组织的长远利益服务，挑选和发展骨干成员	对于非领导角色而言： ① 坚持技术上的竞争力，保留自己的技术权威地位 ② 学会成为一名良师，学会怎样教徒弟 ③ 发展所要的人际和群体技能 ④ 扩大、加深兴趣和技术的广度和深度 ⑤ 应对比较有能力的年轻成员对自己带来的职位威胁 ⑥ 培养必须应付子女独立或/和配偶死亡带来的家庭问题的能力 ⑦ 了解如何合理安排生活，避免被工作所控制 对于领导角色而言： ① 学习整合别人的努力，扩大自己的权威影响 ② 学会行使权力的技巧与技能 ③ 学会处理组织内部或组织与环境之间的矛盾与冲突 ④ 从主要关心自我，转到更多地为组织的长远利益服务 ⑤ 学会承担保护人角色，挑选与发展接班人 ⑥ 处理好与家庭的关系，应付家庭各种变故，甚至要树立良好的公众形象，等等
（六） 衰退和离职阶段	退休者	个体需要学会适应权力和责任逐步收缩的现实。由于不在管理职位上，一些领导者要适应不再为人尊崇的现实	① 在兴趣、家庭、社会活动等方面寻找新的满足源 ② 学会如何利用既有的技术或职业知识继续自己的"职业后生涯" ③ 学会接受权力、责任、被尊崇日渐衰减的新角色规范 ④ 评估一生的工作，结束职业生涯

以上职业生涯阶段的划分，各有其特点。对于不同的人，有其不同的作用。因为，人生发展极为复杂，有的是高中毕业，有的是大专毕业，有的是本科毕业，有的是研究生毕业，其学历不同，参加工作的时间就不同。参加工作的时间不同，其职业生涯阶段的划分

也就不同。即使是同等学历、同年毕业，每个人在工作中的发展速度也不一样。故职业生涯阶段的划分，宜粗不宜细。这里对职业生涯进行阶段划分，也只是提供一个粗线条的轮廓，每个人可根据自己的具体情况划分自己的生涯阶段。

从上述几种职业生涯阶段划分中可以看出，职业的选择是一个发展的过程。在这个过程中，每一个步骤都与前后步骤有着密切的联系，共同决定着未来职业的发展趋向。同时人是作为一种生物存在着的，他有着自己独特的生命特征，因此职业选择的趋向必须依赖于个人的年龄和发展，不同年龄和发展阶段的特征都与职业生涯的选择和发展是一种相互依赖、相互作用的过程。每个人都是作为不同的个体存在的，不同的个体之间的个性、能力、兴趣不同，当他们即使是面对同一环境时所获得的现实机会也是有很大差异的，因此，当一个人在做出职业选择的时候就必须在个体特征和现实机会之间取得平衡。

第三节　职业生涯规划与创业规划

人生只有一次，不要浪费在没有快乐、没有成就感的领域。

——李开复

大学生活本应是绚丽多彩并难以忘怀的，在这里可以尽情释放心中的激情、追逐心中的梦想。然而，近些年来，大学生中出现了各种问题，其生存状态越来越受到社会的广泛关注。大学生能否实现自己的理想，度过有价值的大学生活，这不仅仅关系大学生个人，它还关系整个社会的人才培养及其素质的提高。

首先来看一封一位即将毕业的大学生写给李开复老师的信。信的大意是这样的："就要毕业了。回头看自己所谓的大学生活，我想哭，不是因为离别，而是因为什么都没学到。我不知，简历该怎么写，若是以往我会让它空白。最大的收获也许是……对什么都没有的忍耐和适应……"

这封信反映的虽是个例，实际上却道出了不少即将毕业的大学生的心声。大学期间，有一部分学生浑浑噩噩、虚度光阴，还有一部分学生始终找不到自己的方向。临毕业，当一次又一次地被用人单位婉言拒绝时，才突然发现，自己的前途那么渺茫，想说后悔却为时已晚……

一个人真正的人生是从什么时候开始的呢？是从"觉醒"之后有意识地探求人生目的的时候开始的，是从有了自己的人生规划开始的。所以，有价值的大学生活一定是有所规划的生活。

📝 身边的故事

某高校针对学生对于未来人生规划进行的一项调查研究显示：

有的学生感叹，自己对现实感到迷茫、彷徨，不知道该干什么，现在还未想好。

有人失望，有人逃避。

有些人认为，其实个人理想这个东西，不是想就可以实现的，他们觉得应该顺从人生的自然发展，走一步算一步，计划没有变化快，以前的计划总被变化拖垮。

有人认为一步一个脚印，立足于现实，有人认为人往高处走，水往低处流，因此立志做个人上人。

有些人理想宏大，想开一个集娱乐、餐饮、宾馆为一体的大型连锁企业，或是创办一个服装连锁品牌，推向世界，或是五年内有车有房，10 年有自己的酒店。

有人认为这一点点学历根本不解决问题，必须考研，本校毕业证不够用，应该拿到更多的证书。

有些人的职业规划很具体，汽车保险业、公务员考试、IT 营销、进出口贸易、教育用品辽宁省总代理、律师、教师、几年后出国留学等。

有些人很孝顺、很感人，希望尽自己最大的努力去改变爸爸妈妈的生活，希望爸爸妈妈健康、幸福每一天，给家人买套百平的房子。

思考：你怎么看上述理想？

一、人生规划

世界顶尖潜能大师安东尼·罗宾曾说过："有什么样的目标就有什么样的人生。"每一个成功者，都应该有自己的人生目标，并应该根据主客观环境的变化设计出具体的人生规划。大学生作为最富有激情和潜在成功素质的知识群体，更应该有合理明确的人生规划。

知识链接

比利时的《老人》杂志曾在全国范围内，对 60 岁以上的老人开展了一次题为"你最后悔什么"的专题调查。调查结果十分耐人寻味：

72%的老人后悔年轻时努力不够，以致事业无成；

67%的老人后悔年轻时错位选择了职业；

63%的老人后悔对子女教育不够或方法不当；

58%的老人后悔锻炼身体不够；

56%的老人后悔对伴侣不够忠诚；

47%的老人后悔对双亲尽孝不够；

41%的老人后悔自己未能周游世界；

32%的老人后悔一生过得平淡，缺乏刺激；

11%的老人后悔没有赚到更多的金钱。

1. 人生规划的概念

人生规划的实质就是一种人生的经营战略，就是自己作自己人生的设计师，规划自己人生的远景，绘制自己生命的蓝图，发挥自己的才能，书写自己人生的历史。

一个人的人生规划，就是一个人一生的行动纲领，指引着他前进的方向。一个人若没有对自己人生的规划，不清楚自己的人生目标，那么无论学历有多高，知识面有多广，都可能会感到彷徨，感到不知所措。人生最重要的事，不是你现在站在何处，而是你今后要朝哪个方向走，只要方向对，找到路，就不怕路远。

知识链接

作者对人生规划的图解

人生规划示意图如图 2-2 所示。

到哪里去？（目标）

从哪里来？（在哪里）

怎样去？

图 2-2　人生规划示意图

- 人生规划就是描述一个人打算如何实现自己的目标和使命。
- 为什么需要人生规划：根本原因是资源有限。
- 有规划不一定能成功，但没有规划却很难成功。
- 人生规划没有好坏，只有适合和不适合，适合自己的规划就是最好的规划。

人们经常为周末度假而规划，为一次旅行而规划，为一顿早餐而规划。但是却很少思考自己的一生该如何度过。"凡事预则立，不预则废"，为了使自己走向成功，必须从实际出发，在认真分析内外部环境因素的基础上，通过周密的思考，制订出一个实现人生目标的行动方案，这就是人生规划。如果没有这张导航图，人生之舟就不能或很难到达成功的彼岸。

作为名词，人生规划是由个人准备的一份书面计划，用以描述与本人相关的内外部要素，以及本人所要达到的目标和实现目标的方法与途径等。如果把人生规划当作行路图，我们就能够更好地理解它的意义。事实上，任何一段人生之旅都是从选定方向开始的，没有方向的人生是不可能取得进步的。

假设我们试图决策如何从沈阳到上海旅行，这里有很多可能的路线，走海路、走陆路和空中天上，每条路线所花的时间和成本都不同。旅行者必须做出一些重要的决策，然而在做出决策和制订规划之前必须收集足够的信息。例如，一些外部的因素，如紧急状况下的汽车修理、气候条件、路况等，这些因素是旅行者所不可控的，但又必须在规划中考虑；同时旅行者还要考虑手头的资金、时间以及对高速公路、铁路班次、民用航班的选择等。这些反映在人生旅途之中，就体现在人生规划方面。

作为动词，人生规划是一个决策过程，是指个人在充分分析内外部环境因素的基础上，特别是对本人所拥有或能使用的各种资源（人力资源、市场资源、技术资源、资金资源、原材料资源、信息资源等）充分挖掘的情况下，制订出未来的发展目标、战略和策略的全过程。

人生规划反映在态度上，主要有以下两大倾向。

（1）积极。具体表现为：有远大理想、具体目标、很理性、很具体、很孝顺。

（2）消极。具体表现为：迷茫、玩世不恭、失望、逃避。

"合抱之木，生于毫末；九层之台，起于累土；千里之行，始于足下。"实现崇高的理想，要从"我"做起，从现在做起，从平凡的工作做起。雄心壮志需要有步骤，一步步地踏踏实实去实现，一步一个脚印，不让它有一步落空。

2. 人生规划的意义

人生苦短，转瞬即逝。庄子曰："人生天地之间，若白驹之过隙，忽然而已。"生命是一个不可逆转的单向历程，罗曼•罗兰说："人生不发返程车票，一旦出发了，绝不能返回"，且生命对于每个人都只有一次，谁都不可能重新来过，"花有重开日，人无再少年"。对于这有限的生命，我们必须要好好规划，紧紧把握，否则，几十年时光虚度而过，枉活一世，最终只会追悔莫及。

每一个人降生到这个世界上就是一个独立的生命个体，归根结底自己要为自己的一生负责。在这个世界上，恐怕没有人会像你自己一样关心你的成功，并且，也没有人比你更了解你自己，你这一生究竟想要什么，你究竟具有多大的生命能量，也只有你自己最清楚。

所以，每一个对自己负责任的人，都会认真考虑自己这一生究竟应当怎样度过，怎样才算没有虚度此生，怎样才算活得有价值、有意义。

你的生命掌握在自己手中，你的人生只有你自己负责，规划好你的人生，制订好你的目标，这是你的义务、你的责任、你的权力，任何人没有义务也没有权力干预你或为你负责。如果你没有自己的主见，别人就会为你做主，正如杰克•韦尔奇所说："与其让别人掌握你的命运，不如你自己来主宰"。如果你对自己的未来没有计划，你就会成为别人计划里的一个棋子。记住：没有规划的人终将会被有规划的人所利用。

人生规划的作用有如下五方面。

1）人生规划指明人生的目标和方向

人生有规划，便活得从容，活得无悔。人生目标的不同决定着人生的未来发展与走向的不同，也决定着不同的生存方式。西方有句谚语："如果你不知道你要到哪儿去，那通常你哪儿也去不了"。因此，大学生为自己确定人生规划，其中最重要的就是选择人生的方向，确立人生的目标。清晰的人生目标一旦确立，并付诸实践，生命的能量就开始聚集，人生的轨道就开始转变，成功的可能性就会增大。目标是一切行动的源动力，正是这种为实现目标所产生的欲望，才焕发了我们的激情，激发了我们的潜力。

反之，若没有目标或失去了目标，人往往就会茫然无措，不知所终。我们都有这样的经历：考大学之前，整天都精神振奋，干劲十足，仿佛有用不完的力量。而一旦考上了大学，则忽然一下子就空虚起来，像泄了气的皮球。许多人终其大学四年都没有找到新的目标，导致大学过得很颓废。

2）人生规划为规划者提供行动指南

有了明确的人生规划，我们就会把自己稀缺的时间和精力用到该用的地方去，进而调动所有的能量，挖掘所有的潜力，全力以赴于对人生目标的追求。有了明确的规划，才会有针对性地去寻求机会，创造机会，主动给自己的人生寻找出路，或者待机会来临时，凭借充分的准备，毫不犹豫地冲上去抓住机会。因此，有了明确的人生规划之后，便可以做到"忙得有意义，忙到点子上"。

合理的人生规划，有助于大学生的全面发展，能帮助大学生在将来的社会竞争中获得较大的优势。18 世纪发明家兼政治家富兰克林在自传中曾说："我总认为一个能力很一般的人，如果有个好计划，就会有大作为。"

3）人生规划使规划者的活动有序发展并持续进行

面对纷繁复杂、瞬息万变的当今世界，不能依靠自己的想象任意而为，也不能只凭兴趣大胆妄为，或凭自己的感觉摸着石头过河，这样成功的概率很低。要想取得成功，既要讲究艺术，也要讲究科学。根据个人的需要，制订适合自己的人生规划就是讲究科学的体现。只有这样才能保证你的行动不受外界变化的干扰，更有把握地使你获得成功。

4）人生战略规划使规划者的活动落到实处

一个好的人生规划可以使规划者的各项活动和事务落到实处，具有可行性和可操作性，最终物化为人的具体活动，取得预期的结果。不然，人生目标就可能只是镜中花、水中月，可望而不可即。

5）人生规划的预见性提高了人生的抗风险能力

常言道："人无远虑，必有近忧""不谋万世者，不足谋一时；不谋全局者，不足谋一域"。人生规划可以帮助我们更加深刻地去理解"居安思危"的必要性以及"忧患意识"的预见性，可以让我们更加从容地面对人生的风云变幻，从而提高人生的抗风险能力。

个案研究

施瓦辛格的总统之路

施瓦辛格的成长历程如图 2-3 所示。

（a）童年　　　　（b）健美先生　　　　（c）好莱坞明星　　　　（d）加州州长

图 2-3　施瓦辛格的成长历程

四十多年前，一个十多岁的穷小子，身体非常瘦弱，却在日记里立志长大后做美国总统。如何能实现这样宏伟的抱负呢？经过思索，他拟定了一系列目标。做美国总统首先要做美国州长——要竞选州长必须得到雄厚的财力后盾的支持——要获得财团的支持就一定得融入财团——要融入财团最好娶一位豪门千金——要娶一位豪门千金必须成为名人——成为名人的快速方法就是做电影明星——做电影明星前得练好身体，练出阳刚之气。

按照这样的思路，他开始行动。某日，当他看到著名的体操运动主席库尔后，他相信练健美是强身健体的好点子。于是他开始刻苦而持之以恒地练习健美，他渴望成为世界上最结实的壮汉。3年后，借着发达的肌肉，雕塑般的体魄，在以后的几年中，他囊括了各种世界级的"健美先生"称号。

22岁时，他踏入了美国好莱坞。在好莱坞，他花费了十年时间，利用自身优势刻意打造坚强不屈、百折不挠的硬汉形象。终于，他在演艺界声名鹊起。当他的电影事业如日中天时，女友的家庭在他们相恋9年后，也终于接纳了这位"黑脸庄稼人"。他的女友就是赫赫有名的肯尼迪总统的侄女。

2003年，年逾57岁的他，告老退出影坛，转而从政，成功竞选为加利福尼亚州第38任州长。他的下一个目标就是美国总统。他就是阿诺德·施瓦辛格。从奥地利的偏僻山村，到美利坚的领土，他成功了。从一个不会英语的瘦弱男孩，到拥有强壮身材的健美先生，再到征服世界影迷的好莱坞明星，他成功了。从好莱坞巨星到加州州长，他又成功了。他的经历告诉我们：科学规划，行动有力，就能成功。

2011年1月3日，施瓦辛格卸任了任期达7年的加州州长。当任州长的7年间，他从未领过自己17.4万美元的年薪。他不加税，不削减教育开支和福利，持续治理改善环保，自己贴钱办公，宁愿卖政府的办公楼、监狱、公务车，不拆迁不卖地，不搞房地产开发；还到处为加州农产品做广告。虽然他在任期内，未能解决加州窘迫的财政状况，却将上任留下的近400亿美元的财政欠款缩减为280亿美元。

"I will be back."是施瓦辛格的招牌台词，施瓦辛格还会继续竞选美国总统吗？2008年12月21日，施瓦辛格接受美国"60分钟"电视节目专访。他毫无疑义地表露出自己的政治野心。"如果可以修改宪法，允许外国出生的美国公民参加总统竞选的话，我'绝对'是想成为美国总统的。"

思路决定出路，规划决定未来。人不是走多远看多远，而是看多远走多远。走多远看多远，遇到风险往往措手不及；看多远走多远，则深谋远虑，成竹在胸，遇风险从容应对，妥善化解。因此，徘徊于往昔岁月，纠缠于无法变更的事实，是徒劳而无功的。与此相反，则应该提出"怎样做"，然后集中精力寻找答案，寻找现实与未来之路。

3. 人生规划的理念与制订原则

1）人生规划的理念

（1）人生规划，越早越好。人生规划，也叫生涯规划，在西方已有100多年的历史。在我国台湾地区，生涯规划教育也已融入从小学到大学的教育辅导体系之中。人生规划，制订得越早、步骤越详细，越有可能实现自己的梦想；制定得越早，则为之努力的时间越充足，且形式变化时，也来得及调整人生规划，或者走了弯路，遇到挫折也不怕。

（2）人生规划，什么时候开始都不算晚。并不是每个人很早就能意识到人生规划的重要性，很多人都是抱着"随缘"的心态去生活，因此，东闯闯、西碰碰、南走走、北漂漂。有些人幸运一点，遇上贵人的提携，不自觉沿着一条好的人生道路走，有的人经过跌跌撞撞的人生波折后才明白要停下来进行人生规划，虽然晚了，但也不要气馁，人生道路上的每一个里程碑，都刻着两个字："起点"。今天即是一个好日子，可以马上把你的生命航船转向正确的方向，正所谓"只要开始永远不晚！只要进步总有空间！"

（3）人生规划，勿把"手段"当作"目的"来追求。人生的目的既不是"权"，也不是"钱"，而是"快乐"。"钱"和"权"只是追求"快乐"的一种方式，切不可把"手段"当成"目的"。范蠡深深地明白这个道理。

2）人生规划的制订原则

人生规划的有效制订是在充分了解并掌握相关知识的基础上进行的综合性、创造性工作，同时也是一个相对复杂的过程。人生规划的制订应遵循以下基本原则。

（1）可行性原则。人生规划要有事实依据，要从个人的实际情况和发展需要以及社会的发展需要出发来制订，不能怀揣不着边际的梦想。

（2）长期性原则。人生规划虽然要立足现实，但一定要从长远来考虑，只有这样才能给自己的未来发展设定一个大方向，使自己集中力量紧紧围绕这个方向做出努力，最终取得成功。

（3）清晰性原则。人生规划一定要清晰、明确，能够把它转化为一个个可以实行的行动，人生各阶段的线路划分与安排一定要具体可行。

（4）挑战性原则。人生规划要在可行性的基础上具有一定的挑战性，实现规划要付出一定的努力，成功之后能有较大的成就感。

（5）适应性原则。未来有很强的不确定性，人生是一个不断改变的过程，人生规划制订后，并非是一成不变的。规划需要有一定的弹性，需要在人生的进程中及时评价自己的能力及价值系统，与实际环境相结合，适时地调整人生规划。因此，人生规划要有弹性，以增加其适应性。

二、职业生涯规划

人生规划包含职业生涯规划，但不仅仅是职业生涯规划，人生规划比职业生涯规划范围更广，内容更多。然而，不可否认职业生涯规划是人生规划当中最主要的内容。

1. 职业生涯规划的概念

职业生涯规划，又叫职业生涯设计，是指在对一个人职业生涯的主客观条件进行测定、分析、总结的基础上，对自己的兴趣、爱好、能力、特点进行综合分析与权衡，根据自己的职业倾向，为自己确立职业方向、职业目标，选择职业路线，确定职业发展策略和行动方案。

个案研究

一句"玩笑"，两种人生

辛昊和方英是硕士阶段的同学，两人毕业后到了南方的同一所高校任职，并且还在同一个系里。在迎接新教师的座谈会上，院长殷切地希望年轻人树立人生目标，并为之奋斗。

会后，两人开玩笑，说目标就是当院长了，看谁先当上。

表面是句玩笑，两人心中却已当真。辛昊认真、冷静、做事有计划；方英灵活、圆滑、办事有冲劲。两人性格迥异，决定了不同的人生。

3 年后，方英当上了副主任，辛昊仍是一名普通老师；15 年后，辛昊当上了院长，方英仍是一名副主任。原先职位在上的方英现在成了下属，他承认自己输了，但不明白自己错在哪儿。

自从立下目标后，辛昊便制订了自己的人生规划。前 3 年，他练习普通话，学习讲课技巧，琢磨学生心理，研究课本，3 年后，他讲课在学校已小有名气。第 4～7 年，辛昊专心攻读博士学位。第 8～12 年，辛昊潜心做研究，在国际期刊上发表文章，承担国家级课题，渐渐成为该领域的知名学者。从第 13 年起，辛昊不仅以科研为主、重视教学，还开始加强各方人际关系。第 15 年老院长退休时，人们不约而同地想到让辛昊接班，学术、教学、人际关系样样出类拔萃，不选他选谁？

方英则不同，他一开始就关注仕途，以经营上下级关系为主，3 年后便当上了副主任。可是一上任就感到各方压力，授课水平一般，科研没有成果，处理问题难以服众。当了两年副主任很不顺，看到一些老同学当老板，心中羡慕，也悄悄在外跟人合伙开了间餐厅。不到一年，餐厅倒了，又相继开了面粉厂、美容院、服装店，可是干一样亏一样。瞎忙了 4 年才发现自己不适合经商，还是在高校好。回头再往上走，发现过去的同事都有了大进步，自己必须跟上。一会儿忙教学，一会儿搞科研，生活、工作忙得像锅粥，但什么都干不好。到了第 15 年，方英勉强还是个副主任，但再不有点儿改观，恐怕也快"下岗"了。

职业生涯规划具有以下特征：第一，职业生涯规划具有明显的个性化特征；第二，职业生涯规划是一个包含职业生涯目标的确定、措施的实施及目标实现的全过程。

2. 职业生涯规划的类型

按照规划的时间跨度，职业生涯规划包括短期规划、中期规划、长期规划和终生规划四种类型。

（1）终生规划。整个职业生涯的规划，时间长达 40 年左右，设定整个人生的职业发展目标。

（2）长期规划。5～10 年的规划，主要设定较长远的目标。

（3）中期规划。一般为 2～5 年内的目标与任务。

（4）短期规划。两年以内的规划，主要是确定近期目标，规划近期要完成的任务。

一个人的职业生涯是一个很长期的过程，所以应有一个整体的职业生涯规划，但整个人生职业生涯规划是一个笼统的概念，很难具体实施。例如，你制订一个人生职业生涯规划，要成为一个掌握上亿资产公司的总经理。为了达到这个目标，你就要把这个规划分成几个中期的规划，如什么时候成为一个部门主管，什么时候成为一个部门经理，然后再把这些规划进行进一步的细分，把它分解为直接可操作的具体计划，如为了达到总经理的要求，攻读 MBA 工商管理硕士学位，丰富管理理论知识，从事不同的职业，丰富各个业务流程，等等。

这样我们就可以把整个人生职业生涯规划分成几个长期的规划，将长期的规划再分成几个中期的规划，将中期规划再分成几个短期的规划，一步一步地来实现它。

3. 职业生涯规划的意义

职业生涯规划具有以下意义。

（1）以既有的成就为基础，确立人生的方向，提供奋斗的策略。

（2）突破并塑造清新充实的自我。

（3）准确评价个人特点和强项。

（4）评估个人目标和现状的差距。

（5）准确定位职业方向。

（6）重新认识自身的价值并使其增值。

（7）发现新的职业机遇。

（8）增强职业竞争力。

（9）将个人、事业与家庭联系起来。

专论摘要

大学四年的职业生涯规划

根据职业规划的发展理论，职业规划不是一个人面临就业时的单独事件，而是贯穿于整个生命的全过程。为此，职业规划作为自我发展的观念始终贯穿于大学生活的全过程。职业观的形成也是一个渐进的过程，就业、考研或出国，不是到毕业时才决定的，往往是大学生经过几年准备和努力的结果。

如果不早做准备，在大学四年中没有形成一个明确的择业目标，到了毕业时才做准备，仅仅用一年的时间才去构想未来发展并希望找到一份理想的工作，在就业压力如此之大的今天，困难可想而知。大学四年的职业规划因个人的人生目标不同而有所差异，但总体来说包括四个阶段。

一年级：职业规划试探期

大一，对于刚从高考熔炉中锻炼出来的学生来讲，是一个新鲜而美好的开始，这时候对人生、对未来、对今后的职业思索较少而又不深刻，充其量也只有个模糊的规划，比如以后想做律师，却不会仔细思考做一名律师需要具备什么条件，应该怎样去实现等。但这时候的自我可塑性很强。

处于职业规划试探期的大学生可以认真思考自己的人生目标，从心灵深处明白到底人生在追求什么，从而为树立正确的就业观打下基础。这时候应该初步了解职业，了解自己所学专业的特点、学习要领、以后的发展方向以及与该专业相对应的相关行业的具体特点、从事该行业所必须具备的基本素质和技能、从事该行业需要付出什么及将会得到什么、该行业近几年和以后的就业前景等，具体活动可包括多同师哥、师姐们进行交流，尤其是向大四的毕业生询问就业情况。

大一除完成学习任务之外应多参加学校活动，提高人际沟通能力，增加交流技巧，学习计算机知识，争取通过计算机和网络辅助自己的学习。为可能的转院（系）、获得双学位、留学计划做好资料收集及课程准备，多利用学生手册，了解相关规定。

二年级：职业规划定向期

这个时期在学好本专业的基础知识、培养良好素养的同时，应选择一些对自己未来发展有意义的选修课，以提高自身的基本素质为主，通过参加学生会或科技社团等组织，锻炼自己的各种能力，同时检验自己的知识技能。可以开始尝试兼职、社会实践活动，并要具有坚持性，利用课余时间尽可能多地从事与自己未来职业或本专业有关的工作。

注重培养自己解决问题的能力、组织能力、沟通能力，提高自己的责任感、主动性和抗挫能力，增强英语口语能力，增强计算机应用能力，把自己培养成"懂专业、技能强、会合作、善做事"的高素质技术应用型人才。

三年级：职业规划冲刺期

因为进入专业学习的攻坚期，所以目标应锁定在提高专业技能、搜集工作信息方面，认真参加相关职业培训，尽可能地考取相应的能力资格证书或职业资格证书，并确定自己是否要考研究生。

在撰写专业学术文章时，可大胆提出自己的见解，锻炼自己独立解决问题的能力和创造性；参加和专业有关的暑期社会实践工作，和同学交流求职工作心得体会，学习写简历、求职信，了解搜集工作信息的渠道，并积极尝试，加入校友网络，同已经毕业的校友以及师哥、师姐谈话了解往年的求职情况；希望出国留学的学生，可多接触留学顾问，参与留学系列活动，准备参加雅思、GRE 考试，关注留学考试资讯，向相关教育部门索取简章参考。

四年级：职业规划分化期

即将毕业的大学生会面临多种选择，是继续攻读硕士、博士学位，或出国深造，还是先找工作？是到政府机关、事业单位还是到企业、基层，抑或自办公司创业？这些都是大学生所面临的选择，这个时期大部分学生的目标应该锁定在工作申请及成功就业方面。

这时，可先对前三年的就业准备做一个总结：首先，检验自己已确立的职业目标是否明确，是否与自己所追求的人生目标相一致，前三年的准备是否充分。然后，开始毕业后工作的申请，积极参加招聘活动，在实践中检验自己的积累和准备。最后，预习或模拟面试，积极利用学校提供的条件，了解学校就业服务中心提供的用人公司信息、强化求职技巧、进行模拟面试等训练，尽可能地在充分准备的情况下进行面试演练。

三、创业规划（策划）

为了使创业成功，创业者必须从实际出发，在认真分析内外部环境因素的基础上，通过周密的思考，制订出一个实现创业理想目标的行动方案，这就是创业规划。如果没有这张导航图，创业之舟就不能或很难到达成功的彼岸。

有人说，计划没有变化快，走一步算一步。这是盲目主义的"撞大运"思想。固然，有创业规划不一定就能成功，但是没有创业规划虽然不能说一定不能成功，然而成功的概率却非常小。就像天上掉馅饼，首先是天上要能有馅饼，其次还要能掉到你的头上，最后还不能把你砸晕。有创业规划虽不能保证你必然成功，但却能大大提高你的成功机会。

当然，还有一种值得注意的倾向就是，受创业计划竞赛的影响把创业规划神秘化和复杂化。其实能参加创业计划大赛的毕竟是少数，能拿到创投资金的更是少之又少。几十页甚至上百页的创业计划书也许是为获取创投资金所必须的，但对于大多数甚至是绝大多数的创业者来说，简直就是无法完成的任务，也是没有必要完成的任务。然而，创业规划或者创业策划却是必须的，只是没有必要搞得那么复杂。为此，本章给出了创业规划的基本内容和要求，这是所有创业者都应该掌握的。

同时，本章也给出了创业计划书的模板格式，主要是为了满足有参加创业计划竞赛意愿者的需要，同时也是为了开拓所有读者的视野及获得必要的启发，但并不是每一个创业者都要这样做规划。

1. 创业规划（策划）的含义

人们常常将创业规划称为"闪光的梦想"，对创业者来说，创业规划（策划）确实是企业创业阶段最为重要的文件。潜在的投资者只有在看到一个较为完善的创业规划之后，才可能考虑投资一个新的风险企业。更重要的是，创业规划能使创业者保持对其所要奋斗的事业的把握，考察已经完成和将要完成的任务。创业规划（策划）的具体含义可以参考前面人生规划作为名词和作为动词的含义。

知识链接

自主创业的筹划[①]

自主创业是一个系统工程，需要认真思考和精心策划，才能够有效进行，稳操胜券。

1. 筹划创业的基本条件

进行自主创业，有哪些问题需要认真考虑？许多创业成功人士认为，应该考虑以下几个方面的条件：市场、项目（技术、服务）、资金、团队和良好的人际关系等。如果有了项目和资金，产品或服务有了市场，再加上具有良好执行力的团队和人际关系，具备这样的条件，创业成功就会水到渠成。

2. 筹划创业的基本思路

当具备了创业的必备条件后，如何结合自己的实际，筹划创业大计并付诸行动就是创业成功的关键。先谋而后动，是做一切事情成功的规律。

（1）寻找市场，发现需求。发现需求是第一要务，只有发现需求，才能发现创业目标，这是进行成功创业的前提。可以通过实习、社会调查等途径来获取相关信息。

（2）寻找针对市场需求的项目。围绕市场需求来寻找项目，可以广泛寻求各种专利项目和特色服务项目，在众多项目中进行比较筛选，选出比较适合自己的项目和服务，并进入下一步创业准备。

（3）寻找资金。资金是创业的血脉，可以通过申请政府扶持自主创业的小额贷款等途径解决创业资金问题。如果项目成熟，可以申请风险投资的支持。另外，属于高技术项目

---

① 辽宁省教育厅. 就业与创业概论[M]. 2版. 沈阳：辽宁大学出版社，2007.

可以到"孵化器"中进行试验性创业。这样可以避免资金短缺的问题，待项目成熟了，再申请贷款。在这期间，也要物色创业团队的合适人选，不断积累人脉关系。

3. 筹划创业计划书

在有了创业的基本思路后，可以进一步进行创业筹划，将一系列思路落实到文字上，起草创业计划书。按照创业计划书模式对创业思路进行系统梳理，也是对创业思路的系统思考、检验和完善的过程。这也为参加创业大赛，争取风险投资或小额贷款做了必要的准备。

2. 创业规划的特征与作用

1）创业规划的特征

从内容本质上讲，创业规划具有以下典型特征。

（1）总体性：形象地说，创业规划就是创业者创办企业的发展蓝图，它制约着企业经营管理的一切具体活动。

（2）长远性：创业规划考虑的是企业未来相当长一段时间内的总体发展问题，通常着眼于未来3～5年乃至更长远的目标。

（3）指导性：创业规划确定了企业在一定时期内的基本发展目标，以及实现这一目标的基本途径，指导和激励着企业员工努力工作。

（4）现实性：创业规划是建立在现有的主观因素和客观条件的基础上，一切从现有的起点和基础出发。

（5）竞争性：创业规划也像军事战略一样，其目的是为了克敌制胜，赢得市场竞争的胜利。

（6）风险性：创业规划是对未来相当长一段时间发展的规划，然而环境总是处于不断的变化中，处于不确定的、变化莫测的趋势中，任何创业规划都伴随着风险。

（7）创新性：创业规划的创新性源于创业生存发展的需要，因循守旧的创业规划无法适应时代的发展。

（8）稳定性：创业规划一经制订后，在较长的时期内要保持稳定（不排除局部调整），以利于上下员工贯彻执行，除非环境发生重大变化。

（9）综合性：创业规划是战略与战术、策略与手段、方法与技巧的相结合，一个好的创业规划，如果缺乏实施的力量和技巧，也不会取得好的效果。

从形式上讲，由于创业者的创业思路、创业方式以及创业所涉及的领域不同，创业规划也表现出其各自的独特性。但是，作为创业规划尤其是比较成功的创业规划，还是具有很多共同点的，主要有以下特点。

（1）循序渐进。创业规划的制订往往要经过几个阶段并在每个阶段进行多次修改，循序渐进而成。

（2）一目了然。创业规划应该重点突出创业者和投资者所关心的议题，对关键的问题进行直接明确的阐述，好的创业规划给人的印象往往是意思表达明确，文章脉络清晰。

（3）令人信服。创业规划在内容表达方面应注意运用比较中性的语言，保持客观的态度，力求对规划中所涉及的内容进行不加主观倾向性的评论，尤其不能使用广告性的语言。

（4）通俗易懂。在创业规划的编写过程中，不应该对技术或工艺进行过于专业化的描述或进行过于复杂的分析，而应力求简单明了、深入浅出，对必须引用的专业术语及特殊概念可在附录中给予必要的解释和说明。

（5）风格统一。创业规划的编写如果是由多人协作完成的，那么最后应由一人统一修订成文，力求规划的风格统一，同时对规划中引用数据的来源要给予明确的记录，并统一标明出处。

（6）严谨周密。创业规划是以客观表述拟创企业状况为宗旨的，因此格式必须严谨统一，必须有自己完整的格式。

简而言之，创业规划应该提供一个清晰的容易让人理解的画面，并能够显示出商业投资的机会和风险。

2）创业规划的作用

（1）创业规划指明了创业的目标和方向。创业目标的不同决定着创业企业的未来发展与走向的不同。对希望建立可持续机构，并将其创办的企业看成是自己毕生追求的事业型创业者，可能会不管有人出价多少都拒绝被收购；而对追求迅速盈利的投资型创业者，则不会潜心于构建一家持久经营才能长远获利的公司；同样对那些谋生型创业者，他们只管赚取足够的现金来维持自己的某种生活方式，谋划着不断扩大自己的公司。因此，不同的创业目标决定着企业的不同走向，也决定着创业者不同的生存方式。

（2）创业规划为创业者提供了创业指南。具体包括：认识并关注客户；认清企业在产业价值链中的位置；熟悉企业所在的行业；善于利用外部资源；加强管理团队建设和企业文化建设；关注财务管理和企业的现金流；正确对待技术；等等。值得特别提醒的，一是关注现金流，这是以前被我们经常忽略的；二是不要过分注重技术。在技术人员占主导地位创业企业，往往会陶醉于自己技术的先进性，而对客户需要和消费习惯不注意研究。有很多技术和产品很好的企业却失败的例子，而技术水平一般的企业大获成功的例子也有很多。我们建议刚起步的创业者把50%的精力放在营销上，把30%的精力放在团队建设上，而只把20%的精力放在技术和其他方面上。

（3）创业规划使创业活动有序发展、持续进行。面对纷繁复杂、瞬息万变的市场经济汪洋大海，创业者不能依靠自己的想象任意而为，也不能只凭兴趣大胆妄为，或凭自己的感觉摸着石头过河，这样的成功概率很低。要想取得创业的成功，既要讲究艺术，也要讲究科学。根据创业的需要，制订适合自己的创业规划就是讲究科学的体现。只有这样才能保证自己的创业活动不受外界变化的干扰，更有把握地使创业获得成功。

（4）创业规划使创业活动落到实处。创业规划不仅包括创业的战略规划，也包括策略规划、竞争规划和职能规划，如组织规划、营销规划、生产规划、开发规划等。因此，创业规划不仅告诉创业者做什么，也告诉创业者怎么做，分几个部分、几个步骤、采取哪些措施方法去做等。所以，一个好的创业规划可以使创业的各项活动和事务落到实处，具有可行性和可操作性，最终物化为人的具体活动，取得预期的结果。不然，创业项目可能只是镜中花、水中月，可望而不可即。

（5）创业规划是有效的沟通工具。创业规划将企业的发展潜力、所面临的机会，以及以一种明确的、有效的方式来开发这个机会等清晰地展现出来，发挥着强大的与人沟通的作用，沟通的对象包括内外部的利益相关者。创业规划可以将创业者与内部员工凝聚起来并指导他们的行动，也可以引起外部投资者的兴趣，吸引他们投资，还是向亲朋好友借钱的有力武器。没有可信和有吸引力的创业规划，就不能吸引到优秀的员工和谨慎、精明的投资者。因此，创业规划是获取人力资源、资本和运作资金的有效工具。

第四节　人生规划的基石

同学们在规划自己的人生时，应以自己成才为目标，厘清下列问题。

一、培养一种精神——职业精神

人生在世，谁都想成就一番事业。然而，事业的成功，并非人人都能如愿以偿，问题何在呢？如何做才能使事业获得成功呢？这是每名大学生都非常关心的问题。大学生仅有专业知识是不够的，还需要具备一种精神——职业精神，这是大学生走向职业成功所必需的精神。

美国一所著名的经管学院曾做过一项调查，结果发现，虽然大多数大学生在入学时都想追逐名利，但在拥有最多名利的校友中，有90%是入学时追逐理想，而非追逐名利的人。爱因斯坦是世界著名的科学家，以色列国会曾邀请他回国当总统，被他婉言谢绝。爱因斯坦认为自己的性格适合当科学家，适合搞研究，不适合当总统。如果一定要让他当总统，那可能就是总统当不好，科学研究也搞不出。

爱因斯坦是位伟人，伟人与常人的不同之处就在于他们比常人看得远、看得深，绝不随波逐流，绝不为尘世间的一点名利轻易地改变自己，去做对别人来说也许是梦寐以求的但却不适合自己的事。我们设想一下，假如爱因斯坦当了总统，结果会怎样？极有可能是以色列多了一个无足轻重的总统，而人类却少了一个伟大的科学家。爱因斯坦给我们的启示是，他热爱的并不是庸俗的、一元化的名利，他的名利是他的理想和激情带来的，他的高尚也体现在职业精神上。

1. 职业精神的内涵

职业精神是与人们的职业活动紧密联系，具有自身职业特征的精神。职业作为社会关系的一个重要方面，对社会成员的精神生活和精神传统产生着重大影响。它主要包括下列内容。

（1）职业分工及由此决定的从事不同职业的人们对社会所承担的责任不同，影响着人们对生活目标的确立和对人生道路的选择，以至于很大程度上影响着人们的人生观、价值观和职业观。

（2）人们的职业活动方式及其对职业利益和义务的认识，对职业精神的形成有着决定性作用。一个人一旦从事特定的职业，就直接承担着一定的职业责任，并同他所从事的职业利益紧密地联系在一起。他对一定职业的整体利益的认识，促进其对具体社会义务的文化自觉。这种文化自觉，可以逐步形成职业道德，进而升华为职业精神。

（3）职业活动的环境、内容和方式，以及职业内部的相互作用，强烈影响着人们的情趣、爱好以及性格和作风，其中包含着特定的精神涵养和精神情操，反映着从业者在职业品质和境界上的特殊性。可见，所谓职业精神，就是与人们的职业活动紧密联系，具有自身职业特征的精神，它能够反映出一个人的职业素质。

2. 职业精神的特征

职业精神具有以下特征。

（1）在内容方面，它总是鲜明地表达职业的根本利益，以及职业责任、职业行为上的精神要求。也就是说，职业精神不是一般地反映社会精神的要求，而是着重反映一定职业的特殊利益和要求，它不是在普遍的社会实践中产生的，而是在特定的职业实践基础上形成的。它鲜明地表现为某一职业特有的精神传统和从业者特定的心理和素质，且职业精神往往世代相传。

（2）在表达形式方面，职业精神比较具体、灵活、多样。各种不同职业对从业者的精神要求总是从本职业的活动及其交往的内容和方式出发，适应于本职业活动的客观环境和具体条件。因而，它不仅有原则性的要求，而且往往很具体，有可操作性。

（3）在调节范围上，职业精神主要调整两方面的关系：一是同一职业内部的关系；二是同一职业内部的人同其所接触的对象之间的关系。

3. 职业精神的基本要求

职业精神的基本要求主要体现在以下几个方面。

（1）敬业。敬业是职业精神的首要实践内涵，即社会成员对适应社会发展需要的各类职业，特别是自己所从事的职业的尊敬和热爱。敬业本质上是一种文化精神，是职业道德的集中体现，是从业者希望通过自身的职业实践，去实现自身的文化价值追求和职业伦理观念。敬业与人的存在方式、人的本质、人的全面发展都有着直接的联系，并共同构成职业精神的完整价值系统。从事职业活动，既是对社会承担职责和义务，又是对自我价值的肯定和完善。职业精神所要求的敬业，承载着强烈的主观需求和明确的价值取向，这种主观需求和价值取向构成从业者实践活动的内在尺度，规定着职业实践活动的价值目标。

（2）勤业。古人常说"业精于勤"。职业精神必须落实到勤业上。毛泽东在《纪念白求恩》一文中对"勤业"给予了充分的肯定和高度的评价。他指出："白求恩同志毫不利己专门利人的精神，表现在他对工作的极端的负责任，对同志对人民的极端的热忱。"白求恩同志"以医疗为职业，对技术精益求精，在整个八路军医务系统中，他的医术是很高明的。这对于一般见异思迁的人，对于一般鄙薄技术工作以为不足道、以为无出路的人，也是一个极好的教训。"为了做到勤业，我们不仅要强化大学生的自身责任，端正学业态度，还需要努力全面地提高能力，接受时代的挑战和考验。

（3）创业。我们正在进行的全面建设小康社会的事业是一项全新的事业。在这个意义上，我们仍处在持续不断的创业进程之中，需要继续发扬创业精神。"创新是一个民族的灵魂，是一个国家兴旺发达的不竭动力"，职业发展的动力在于创新。面对世界科技进步日新月异的挑战，面对我国现代化建设提出的巨大需求，我们的大学生必须开阔眼界，紧跟世界潮流,自主创新,不断有所发现,有所发明,有所创造,有所前进。

(4)立业。当人类社会跨入 21 世纪,全面建设小康社会成为我们所要"立"的根本大业。当代大学生应当在这个宏伟大业中确立自己的方向和立脚点,找到自己可以发挥聪明智慧和才干的位置,脚踏实地地一步步做起。歌德曾说过:"仅有知识是不够的,我们必须应用;仅有愿望也是不够的,我们必须行动。"

二、做好一项规划——职业生涯发展规划

当代大学生应该积极顺应时代的潮流,不断地修正自己的人生观、价值观和世界观,充分利用大学的青春时光,正确地认识自己,认清自身的优势,找出自身的弱项。明确大学期间的任务与使命,以及对自己未来发展的影响和重要性。著名成功学大师拿破仑·希尔说:"一切的成就、一切的财富,都是始于自我认知。"

自我认知其主旨就是学生从多个角度了解自己。自我认知是对自己的洞察和理解,包括自我观察和自我评价,自我观察是指对自己的感知、思维和意向等方面的觉察;自我评价是指对自己的想法、期望、行为及人格特征的判断与评估,这是自我调节的重要条件。

如果一个人不能正确地认识自我,看不到自我的优点,觉得处处不如别人,就会产生自卑心理,丧失信心,做事畏缩不前……相反,如果一个人过高地估计自己,则会骄傲自大、盲目乐观,导致工作的失误。因此,恰当地认识自我,实事求是地评价自己,是自我调节和人格完善的重要前提。

大学生必须做到认清自己,认识自己与社会、与职业的联系,切合实际地做好自己的生涯、学业规划,为自己绘制美好的发展蓝图。

三、建立新型思维方式——理性思维

思维是人对客观事物间接的、概括的反映。思维能力是人的能力结构的核心。一个人思维能力的高低,在一定程度上决定着事业的成败。大学生应当在大学期间以学习科学知识、掌握人类文化成果为己任,培养自己的科学理念和理性思维。

理性思维能力体现在以下几个方面。

(1)具有很强的独立性,善于独立思考,喜欢探讨哲理、本质等抽象的问题,言行有自己的特点,不轻易附和别人,对未来有远大的理想和抱负。

(2)富有观察力,思维敏捷、感觉敏锐、洞察力强、思想深刻,能预见事物的发展趋势。善于从平凡的事物中找出问题的关键所在,擅长提出解决问题的思路和方法。

(3)善于质疑、勇于批判,对既定事实从不轻易下结论。不盲目、不盲从,敢于不拘一格,标新立异。

(4)具有严密性,注重知识结构的严整。善于在灵感闪过之后,调动已有的知识储备,创造出意想不到的效果。做事深思熟虑,乐于精心推敲,注重实际效果。

因此,理性思维是科学的思维。大学生要通过加强对哲学、社会科学的学习,积累丰富的知识,培养独立思考问题的能力,不断调整自己的思维方式,加强自身的修养。

四、培养自身能力——实践和创新能力

大学的学习和积累，无疑会使大学生的知识越来越丰富。然而，掌握知识并不等于拥有能力。在一定意义上说，能力远比知识更重要。一般来说，不同的学科和专业对毕业生有不同的能力要求，即要求具有从事本专业活动的某些专门能力。但是，无论什么专业的毕业生，要想顺利就业并尽快有所作为，都必须具备一些共同的基本能力。其主要包括以下几个方面。

1. 表达能力

今天的大学生无论在当下还是在将来，他们面对的都是要与人沟通、与人合作，面对着挑战、竞争，因此他们都必须具备较强的表达能力。

表达能力是指运用语言或文字阐明自己的观点、意见或抒发思想的能力，其中包括口头表达能力、文字表达能力、图示表达能力、数字表达能力等几种方式。培养表达能力，关键在于提高表达的准确性、生动性、鲜明性。

2. 动手能力

当今社会，要求人不光拥有必备的知识，还必须具有动手能力，这一点对于始终在学校里读书学习的学生来说尤为重要。动手能力就是实际操作能力，是人的智力转化为物质力量的关键所在，是科技人员和专业工作者必须具备的一种实践能力，它直接影响着每个人在工作和实践中作用的发挥与工作效果。

3. 适应能力

适应能力是指人为在社会上更好地生存而进行的心理和生理上的各种适应性的改变，并对改变做出行动的一种能力。适应社会的能力是其素质、能力的综合反映，是其思想品德、文化知识、活动能力、创新创造能力、协调与人际关系能力等多个联系密切方面的综合反映。

4. 人际交往能力

人际交往能力是指妥善处理组织内外关系的能力，包括与周围环境建立广泛联系和对外界信息的吸收、转化能力，以及正确处理上下左右关系的能力。

人际交往能力由以下六个方面构成。

（1）人际感受能力。它指对他人的感情、动机、需要、思想等内心活动和心理状态的感知能力，以及对自己言行影响他人程度的感受能力。

（2）人事记忆力。它指记忆交往对象个体特征，以及交往情景、交往内容的能力，总之，它是记忆与交往对象及其交往活动相关的一切信息的能力。

（3）人际理解力。它指理解他人的思想、感情与行为的能力。人际理解力是现代企业管理中重要的工作技巧，也是人力资源管理人员必须具备的素质之一。人际理解力暗示着

一种去理解他人的愿望，能够帮助一个人体会他人的感受，通过他人的语言、语态、动作等理解并分享他人的观点，抓住他人未表达的疑惑与情感，把握他人的需求，并采取恰如其分的语言帮助自己与他人表达情感。

（4）人际想象力。它指从对方的地位、处境、立场思考问题，评价对方行为的能力，也就是设身处地为他人着想的能力。

（5）风度和表达力。这是人际交往的外在表现。它指与人交际的举止、做派、谈吐、风度，以及真挚、友善、富于感染力的情感表达，是较高人际交往能力的表现。

（6）合作能力与协调能力。这是人际交往能力的综合表现，是企业团队合作的必要能力。

培养良好的人际交往能力，关键在于：一是要积极、主动、大胆地参与；二是要坚持诚实守信；三是要平等待人、平易近人。

5. 组织管理能力

组织管理就是通过建立组织结构，规定职务或职位，明确责权关系，以使组织中的成员互相协作配合、共同劳动，有效实现组织目标的过程。组织管理是管理活动的一部分，也称组织职能。组织管理能力是指为了有效地实现目标，灵活地运用各种方法，把各种力量合理地组织和有效地协调起来的能力，它包括协调关系的能力和善于用人的能力等。

组织管理能力是一个人的知识、素质等基础条件的外在综合表现。现代社会是一个庞大的、错综复杂的系统，绝大多数工作往往需要多个人的协作才能完成，所以，从某种角度讲，每一个人都是组织管理者，都承担着一定的组织管理任务。

6. 创新能力

创新能力是运用知识和理论，在科学、艺术、技术和各种实践活动领域中不断提供具有经济价值、社会价值、生态价值的新思想、新理论、新方法和新发明的能力。创新能力是民族进步的灵魂、经济竞争的核心。当今社会的竞争，与其说是人才的竞争，不如说是人的创造力的竞争。

如果这个世界没有创新能力，便不会有今日人类的文明，可能还同猩猩一起过着原始生活；如果爱因斯坦、爱迪生等人没有创新能力，他们何以取得巨大的成就与收获？如果一个人不具备创新能力，可以说是庸才；如果一个民族没有了创新人才，那么它便是一个落后的民族。

专论摘要

怎样培养创新能力

第一，对所学习或研究的事物要有好奇心。牛顿少年时期就有很强的好奇心，他常常在夜晚仰望天上的星星和月亮。星星和月亮为什么挂在天上？星星和月亮都在天空运转着，它们为什么不相撞呢？这些疑问激发着他的探索欲望。后来，经过专心研究，终于发现了万有引力定律。能提出问题，说明在思考问题。在学习过程中，自己如果提不出问题，那才是最大的问题。好奇心是包含着强烈的求知欲和追根究底的探索精神，谁想在茫茫学海获取成功，就必须有强烈的好奇心。正像爱因斯坦说的那样："我没有特别的天赋，只有强烈的好奇心。"

第二，对所学习或研究的事物要有怀疑态度，不要认为被人验证过的都是真理。许多科学家对旧知识的扬弃，对谬误的否定，无不是自怀疑开始的。伽利略始于对亚里士多德"物体依本身的轻重而下落有快有慢"的结论的怀疑，发现了自由落体规律。怀疑是发自内在的创造潜能，它激发人们去钻研、去探索。对课本我们不要总认为是专家教授写的，不可能有误。专家教授的专业知识渊博精深，我们是应该认真地学习。但是，事物在不断变化，有些知识现在适用，将来不一定适用。再说，现在的知识不一定没有缺陷和疏漏。老师不是万能的，任何老师所传授的专业知识不能说全部都是绝对准确的。对待所学习或研究的事物我们应做到：不要迷信任何权威，应大胆地怀疑。这是我们创新的出发点。

第三，对所学习或研究的事物要有追求创新的欲望。如果没有强烈的追求创新的欲望，那么无论怎样谦虚和好学，最终都是模仿或抄袭，只能在前人划定的圈子里周旋。要创新，我们就要坚持不懈地努力，勇敢地面对困难，要有克服困难的决心，不要怕失败，相信一点，失败乃成功之母。

第四，对所学习或研究的事物要有求异的观念，不要"人云亦云"。创新不是简单的模仿。要有创新精神和创新成果，必须要有求异的观念。求异实质上就是换个角度思考，从多个角度思考，并将结果进行比较。求异者往往要比常人看问题更深刻、更全面。

第五，对所学习或研究的事物要有冒险精神。创造实质上是一种冒险，因为否定人们习惯的旧思想可能会遭到公众的反对。冒险不是指那些危及生命和肢体安全的冒险，而是一种合理性冒险。大多数人都不会成为伟人，但我们至少要最大限度地挖掘自己的创造潜能。

第六，对所学习或研究的事物要做到永不自满。一个有很多创造性思想的人如果就此停止，害怕去想另一种可能比这种思想更好的思想，或已习惯了一种成功的思想而不能产生新思想，结果这个人就会变得自满，停止了创造。

此外，针对每个人不同的情况，要提高创新能力还要做到以下几点。

（1）必须具有强烈的事业心和责任感。只有具有高度使命感的人，才会有强烈的忧患意识，才能"先天下之忧而忧"，战胜自我，不断寻求新的突破。

（2）必须用人类的文明成果武装自己的头脑。创造性思维作为一种思维创新活动，必然要以知识的占有作为前提条件。没有丰富的知识做基础，思维就不可能产生联想，不可能利用知识的相似点、交叉点、结合点引发思维转向，不可能由一条思维路线转移到另一条思维路线，实现思维创新。

（3）必须坚持思维的相对独立性。思维的相对独立性是创造性思维的必备前提，因此更应该加强我们的思维独立性并积极提高创新能力。

7. 决策能力

决策能力是指对某件事拿主意、做决断、定方向的综合性能力，对于企业领导者或经营管理者而言，包括经营决策能力、经营管理能力、业务决策能力、人事决策能力、战术与战略决策能力等。

1）决策能力的构成

（1）开放的提炼能力。它是指能以开放的态度，准确和迅速地提炼出解决问题的各种方案的能力。开放的提炼能力包括两个基本要素：第一，要以开放和包容的思想及态度获取尽可能广泛的决策方案，特别是不要局限于传统的解决办法之中，要善于"借外脑"来帮助判定决策方案；第二，对各种决策方案要进行提炼，以把握各种方案的本质和核心，正确地评估每个方案的条件及效果，分析各个方案实施的可能性。

（2）准确的预测能力。决策与预测是密不可分的，要具备卓越的决策能力，首先应具备准确的预测能力。预测是决策的基础，决策是预测的延续，正确的决策必须要有准确的预测，如果没有准确的预测，将会导致决策失误。预测的目的是为决策提供准确的资料、信息和数据，在正确预测的基础上，选择符合自身发展或企业发展的满意方案。

（3）准确的决断能力。它指能从众多的决策方案中选取满意方案的能力，以及危机时刻或紧要关头当机立断的决断能力。这种能力是进行科学决策的关键能力，误选、漏选都可能会造成重大损失或与成功失之交臂。

2）培养决策能力应注意的事项

（1）克服从众心理。从众心理是指个体对社会的认识和态度常常受到群体对社会的认识与态度的左右。从众行为者的意识深处考虑的是自己的行为能否为大众所接受。追寻的是一种安全感。从众行为者认为群体的规范、他人的行为是正确的时候，就会表现出遵从；当他们认为群体的规范、他人的行为并不合适，而自己又没有勇气反抗时，就会被动地表现为依从。从众心理重的人容易接受暗示，他们依赖性强、无主见、人云亦云，容易迷信权威和名人，常说违心的话，办违心的事。决策能力强的人，能摆脱从众心理的束缚，做到思想解放、冲破世俗，不拘常规、大胆探索，因此他们能独具慧眼，发现一般人不能发现的问题，捕捉到更多的成才机遇。

（2）增强自信心。拥有自信心是具有决策能力者明显的心理特征，没有自信就没有决策。首先，增强自信心首先要有迎难而上的胆量。丘吉尔就说过："一个人绝对不可在遇到危险的威胁时，背过身去试图逃避。若是这样做，只会使危险加倍。但是如果立刻面对它毫不退缩，危险便会减半。绝不要逃避任何事物，绝不！"其次，要变被动思维为积极思维。"凡事预则立，不预则废"，平时善动脑筋，关键时自然敢做决定。再次，要培养自己的责任感和义务感，跳出个人的小天地，如此你的自信才能坚实可靠。另外，平时交往注意选择那些有自信心、敢作敢为的人，时间长了，看得多了，你必然会受到积极的影响。

（3）决策勿求十全十美，注意把握大局。做事务求十全十美，不想有任何挫折或失误，那只能作茧自缚。唯有能识大体，把握大局，权衡出利弊得失，当机立断，才能尽快达到自己理想的目标。持之以恒，你的决策能力和水平就会很快提高。

知识链接

管理者如何提高决策能力

（1）加强理论修养。平时多读书，若有机会，参加一些专业培训班或讲座，有意识汲取最新知识，掌握本行业技术发展动态。

（2）兼听则明。在工作实践中多听多看。

（3）优选方案。碰到问题，要找到两种以上的解决方案，用心思索，细心比较，择优而从。

（4）决策果断。如果两个选项不分高下，不必犹豫，任选其一。这样即使出了错也比什么都不做强。

五、学会发展本领——四个本领

"大学生要学会做人、学会生存、学会求知、学会与人相处。"联合国文教总干事费德里·科马约尔对大学生的呼吁，已成为大学培养人才的本领目标。

1. 学会做人

联合国教科文组织的报告《学会生存——教育事业的今天和明天》中指出"学会做人是教育和学习的根本目标"。中国古代经典《易经》中所提到的"天行健，君子以自强不息；地势坤，君子以厚德载物"，其核心就在倡导培养完美的人格。学会做人，可以理解为：通过塑造真善美的心灵，构建自尊、自爱、自信、自立的人格，树立自我设计、自我实现、自我完善、自我创造、自我超越的价值观，依据社会的需求开发自我、发展自我。

2. 学会生存

大学生的生存，其特指的意义就是要在大学阶段充分利用大学的优质资源，培养自身的职业能力，以适应未来的生活和就业、创业的挑战。它主要包括以下七个方面。

（1）培养和提高专业能力。

（2）培养和提高行政事务处理能力。

（3）培养和提高管理能力。

（4）培养和提高生活能力。

（5）培养和提高协调能力。

（6）培养和提高处理突发事件能力。

（7）培养和提高创新能力。

3. 学会求知

大学既是学习知识的殿堂，更是文化的摇篮。知识固然重要，但传承的理念更为重要。在潜心学习专业知识、汲取前人硕果的同时，更要学习独立思考、解决问题的方法，掌握自修自学之道。只有这样才能在未来不断地武装自己、丰富自己、提高自己。

4. 学会与人相处

我们所处的世界，是人与人共同生活的世界，是人与自然共存的世界。大学生的成长经历主要体现在校园里，体现在与学习相关的事情，体现在周围的人群多为家庭、师生、伙伴，体现在与自我有关联的交往上。因而，学会与人相处、与人交往、和谐共存，对于大学生来说既是一个全新的课题，又是一个长期的学习内容。

美国著名企业家、职业生涯指导专家卡耐基说过："一个人事业上的成功，只有 15% 是由于他的专业技术，另外的 85% 是靠人际关系、处事技巧。"与人相处，展现的不仅仅是自己的性格、特点、秉性，还包含了自身的修养、价值取向；既反映了个人在群体中的影响力，又表明自身协调、处理事物的能力。良好的人际关系可以成为我们有效的人际资源，并为我们的工作及职业生涯发展创造一个良好的发展空间。

总之，当代大学生要坚持在大学期间把学习放在主体地位，调动起学习的积极性、主动性，树立自信心和进取的勇气，增强自我意识和社会责任感，充分发挥自己的优势，培养自己的能力，让青春年华在求知的岁月中绽放出理想的光辉，让自己的大学岁月在搏击、创新中创造更具有时代特征的价值。

思考：如何制订出适合自己的人生规划？

第五节　规划流程与步骤

如何制订出适合自己的人生规划？答案就是掌握正确的方法论（流程和方法）。

——题记

一、人生规划流程

孙子曰："知己知彼，百战不殆"，这句话也道出了人生规划的要素。人生规划的五大要素正是：知己、知彼、抉择、目标、行动。

（1）知己。知己就是自我认识与自我了解，向内看，看自己的兴趣、能力、价值观、个性、性向，以及父母的管教态度、学校与社会教育对个人产生的影响等。

（2）知彼。知彼就是熟悉周围的环境，探索外在的世界，特别是与生涯发展有关的工作世界。主要了解职业的特性、所需的能力、就业渠道、工作内容、工作发展前景、行业及职业的薪资待遇等。

（3）抉择。抉择包括抉择方法技巧、抉择风格，以及抉择可能面临的冲突、阻力、助力等。

（4）目标。抉择之后就是确定目标，考虑自己职业生涯的前景，确定切合实际的目标，指导行动。

（5）行动。行动是极其重要的一个环节，即使前面的所有工作都做得很好，但如果没有行动去实现，这些规划就只不过是空中楼阁而已。

以上五个要素是相互关联的，知己是了解自己本身的特性，知彼是了解人生舞台、工作舞台的特性。做到知己知彼，应该使确定的个人生涯目标符合现实，并不是一厢情愿；自己对所从事的职业很感兴趣，并不是被动地去工作；所从事的工作发挥了自身的特长，利用了自己的优势，自己能适应工作环境，做到游刃有余。做到知己知彼后，抉择、确定目标和行动才有现实的基础，才能制订出好的人生规划。

人生规划的形成（人生规划模型）如图2-4所示。

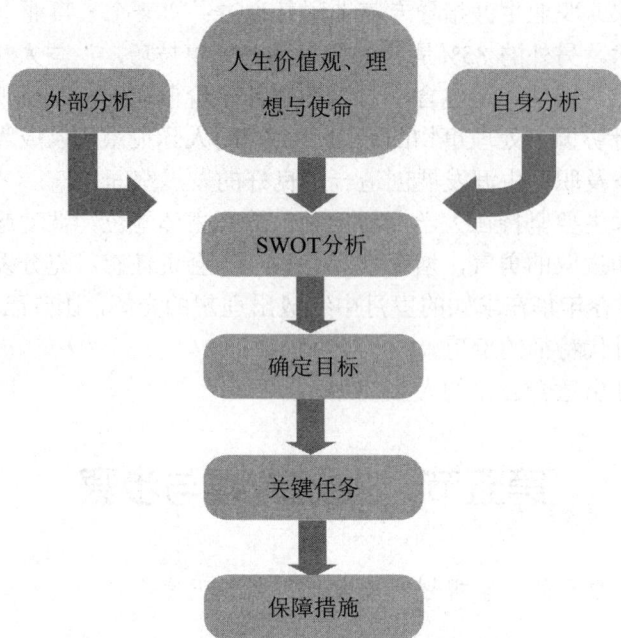

```
        ┌──────────────┐
        │ 人生价值观、理 │
┌──────┐│ 想与使命      │┌──────┐
│外部分析│└──────────────┘│自身分析│
└──────┘        │        └──────┘
        ┌──────────────┐
        │   SWOT分析    │
        └──────────────┘
                │
        ┌──────────────┐
        │   确定目标     │
        └──────────────┘
                │
        ┌──────────────┐
        │   关键任务     │
        └──────────────┘
                │
        ┌──────────────┐
        │   保障措施     │
        └──────────────┘
```

图2-4 人生规划模型/流程

1. 确定人生愿景与使命

愿景即所希望、向往、愿意看到的前景，人生愿景就是我们在心中为自己未来的生活场景做一个畅想，也就是希望我们自己将来能够成为什么样的人，基本类似于"梦想""愿望""志向""理想"等，可以通俗地理解为"人生的发展方向"，是人生观的具体体现。

福尔摩斯说："世界上最重要的事，不在于我们身在何处，而在于我们朝着什么方向走。"我们的人生愿景是什么？这是生命中最大的问题。如果我们不知道自己的未来愿景，你就永远到不了那里。正如孙振耀所说的那样："其实你不快乐的根源是因为你不知道要什么！你不知道要什么，所以你不知道追求什么！你不知道去追求什么，所以你什么也得不到。"

一个清晰的、精心构建的愿景为人生提供一幅前进蓝图，愿景就像灯塔一样，始终为人生指明前进的方向。贵人鸟的广告语颇为经典："只要你知道自己去哪儿，全世界都会为你让路。（路上的一切障碍，都只是风景！）"

人生使命则是人在社会进步和社会经济发展中所应担当的角色和承担的责任，即通过做什么来实现我们的人生愿景，它反映了一个人之所以存在的理由或价值。以古人"修身、齐家、治国、平天下"的理想与"穷则独善其身，达则兼济天下"的信条，以及"独乐乐不如众乐乐"的价值观来看，人生的目的有"小我"和"大我"之分。

因为眼光、智慧以及个人抱负的不同，有的人终其一生只追求了"小我"的快乐，而有的人则成就了"大我"的快乐，成为人们所敬佩和爱戴的人。这与马克思的"人生的目的是为了人类的幸福（大我）和人们的自我完善（小我）"不谋而合。

一般来说，一个人的使命包括两个方面的内容，即人生哲学和人生宗旨。

所谓人生哲学是指一个人为其人生活动或方式所确立的价值观、态度、信念和行为准则，它是人在社会活动及成长奋斗过程中起何种作用或如何起这种作用的一个抽象反映。

所谓人生宗旨是指人现在和将来应从事什么样的事业活动。

个案研究

拿破仑曾经有一句名言："不想当将军的士兵，不是一个好士兵。"最后拿破仑不但成为将军，还成为元帅，最后还当上了皇帝。可以看出，拿破仑首先有这样一个愿景，所以为他以后人生理想的实现奠定了一个最根本的基础。

而在金庸小说《倚天屠龙记》里我们可以看到，后期的张无忌几乎具备了所有当皇帝的条件，但他最后没有成为皇帝，而被朱元璋取代了。原因只有一个，张无忌根本没有想过当皇帝，换句话讲，他从来就没有当皇帝这样的一个人生愿景。

在制订人生规划之前，必须先确定人生使命。这是因为人生使命的确定过程，常常会从总体上引起人生发展方向、发展道路的改变，使人发生战略性的变化。此外，确定人生使命也是制订人生目标的前提，是人生规划方案制订和选择的依据，是分配资源的基础。

使命的确定可以通俗地理解为职业的选择。如果你只可以将毕生精力倾注到一件事上，那会是什么？我们要兼顾以下三个方面的因素。

（1）意愿取向（愿景及喜好分析）：我想做什么？（价值/理想/成就动机/兴趣）。

（2）能力取向（与他人的优势比较）：我能做什么？（学历/技能/情商/性格/智慧）。

（3）机会取向（机会与挑战分析）：我可以做什么？（组织环境/社会环境/经济环境/政治环境）。

从上述分析的三个要素中，要以"意愿取向"为核心考虑要素。"择其所爱，爱其所择"应该是最终目的，要"做你最感兴趣的工作"。但有了意愿还必须辅以相应的能力。必须拥有一种别人所需要的特长（俗称一技之长）。爱默生说："如果一个人拥有一种别人所需要的特长，那么无论他到哪里都不会被埋没。"他认为选择事业的唯一定律是：你所从事的事业，必须是所有可能的事业中你最能胜任的。

做人生创业规划时，要避免从众心理（没有主见）与从全心理（贪多求全），要坚持主见、持之以恒，发挥核心竞争力并聚焦一点。

知识链接

名人的人生使命

推翻帝制，建立民主共和国（孙中山，图2-5（a））。

让农民多产水稻，摆脱饥饿（袁隆平，图2-5（b））。

让每个家庭的桌面上都有一台电脑（比尔·盖茨，图2-5（c））。

振兴民族工业，叩开世界级品牌的大门（张瑞敏，图2-5（d））。

（a）孙中山   （b）袁隆平   （c）比尔·盖茨   （d）张瑞敏

图 2-5   四位名人

专论摘要

人生目标和个人愿景："设想 10 年之后的你"

"设想 10 年之后的你"旨在使你更好地洞察自己的工作期望，更深入地了解你的职业会带你走向何方。如果你对你目前的状况感到高兴、很满意，那也不错（那可能是我们的终极目标：找到内心的宁静）。

在你职业生涯和人生中的某个时候，特别是在刚开始的几年中，你可能会发现你在梦想着更多或至少与你当时的状态有所不同的东西。知道你的期望并明确它们是什么，能够帮助你更好地感知对你来说什么更重要及其评估依据。

"设想 10 年之后的你"将帮助你达到圣吉所提出的第一个目标：明确对你来说重要的东西，并明晰你的个人愿景。在回答这些问题前，先找到一个合适做这个练习的地方。找一个安静、舒适、祥和的地方，可以考虑放点儿音乐使自己进入合适的精神状态。读一遍下面的问题，闭上眼睛并试着在脑海中创建一幅你 10 年之后的生活景象（如个人愿景）。如果你觉得 10 年的跨度对你来说太长了，你可以自行将这个练习改为"设想 5 年之后的你"，并继续遵循相同的程序。

记住回答下面所有问题时，要假设自己正处在距今 10 年（或 5 年）后的某一天！

设想 10 年之后的你

（1）今天是几月几日？你多大了？

（2）你现在住在哪里，居住环境如何？

（3）你的家庭状况如何？

（4）你现在从事何种工作？

（5）请描述一下你的工作单位。

（6）你的工作单位的外观是什么样子？你在何种建筑物内工作？工作地点在何处？是城市还是乡村环境？

（7）请描述你的一个典型的工作周或者工作日。

（8）你遵循的是标准的工作作息还是灵活的工作作息？

（9）请描述你的生活方式。

（10）你有很多闲暇时间吗？如果有，你是如何度过这些闲暇时间的？

（11）你的经济状况如何？

（12）你是和自己想象的一样快乐吗？为什么是或为什么不是？

2. 人生环境分析

人生环境分析是指对影响你现在和未来生存与发展的一些关键因素进行分析，主要包括人生的外部环境分析和自身的优劣势分析两大部分。

1）人生的外部环境分析

人生的外部环境分析包括宏观环境分析、职业环境分析以及竞争对手分析。进行人生外部环境分析的目的就是要了解你所处的人生环境，掌握各环境因素的变化规律和发展趋势，研究环境的变化将给你的发展带来哪些机会和威胁，为制订人生规划打下良好的基础。

2）自身的优劣势分析

自身的优劣势分析包括自身资源分析、能力分析以及核心能力分析。具体要了解自身在所处环境中的相对位置，分析自身的资源和能力，明确自身条件的优势和劣势，以及不同的利益相关者对你的期望等。进行内部环境因素分析的目的是为了发现自身所具备的优势或弱点，以便在制订和实施人生规划时扬长避短，有效利用自身的各种资源，发挥出核心竞争力。

3. 人生选择及评价

人生选择及评价过程就是人生决策过程，即在人生理想、价值观和使命的指引下，对人生未来进行探索、制订以及选择的过程。通常，这个过程主要包括三个方面的工作：一是拟定多种可供选择的人生规划方案；二是利用一定的人生评价方法对拟定的各人生规划方案进行评价；三是最终选择出满意的供执行的人生规划。

一个人可能会拟定出多种人生规划方案，这就需要对每种方案进行鉴别和评价，以选出最适合自身的方案。在人生规划选择过程中，除了运用一定的人生规划选择评价方法外，还要考虑以下因素的影响。

1）对外部环境的依赖程度

任何人都存在于它的外部环境之中，而受到外部环境的影响。你的生存对这些因素的依赖程度，影响着人生规划的选择过程，依赖程度越高，选择的灵活性就越小；依赖程度越弱，选择的灵活性就越大。

2）对待风险的态度

你对风险的态度影响着人生规划的选择，如果你乐于承担风险，则通常会采取积极的进攻性规划；如果你不愿承担风险，则通常会采取低风险的保守的人生规划。

3）过去人生的影响

过去的人生是新规划选择的起点，这就导致新考虑的人生规划方案受到过去人生经历的制约。

SWOT 分析就是一种常用的分析方法，主要是通过分析内部的优势与劣势以及外部环境的机会与威胁，并将二者结合起来制订未来发展策略的一种简便的工具。SWOT 分别代表：strengths（优势）、weaknesses（劣势）、opportunities（机遇）、threats（威胁）。

4. 人生规划实施及控制

一个人的人生规划方案确定后，必须通过具体化的实际行动，才能实现人生规划及其目标。人生规划实施与控制过程就是把规划方案付诸于行动，保持人生活动朝着既定人生目标与方向不断前进的过程。

为了保证目标能够顺利达成，必须辅以确切的行动方案，这个行动方案就是计划。我们谁也不知道将来会怎样，但有了计划，我们就对未来有了一定的预见性，从而减少了未来的不确定性，减少变化的冲击，使浪费和冗余减至最少。同时，有了明确的计划，也才能有效利用自己的时间，使行动有条不紊，确保目标的达成。如果你没有能力去筹划，就只有时间去后悔了。

计划有长短之分，可以根据阶段性的目标设定阶段性的计划，如一年计划、三年计划、五年计划等。

计划应条理清晰，简洁明了，表述清楚具体实施过程的每一个要素，以及所能够调动/借助的资源或条件。为了应对未来的不确定性，甚至要辅以其他备用计划，即方案 B、方案 C 等。讲到此处，我们恰好可以对"计划没有变化快，制订计划没有意义"这句话进行一下辨析。

计划本来就应该带有变化性，本来就应该带有弹性，不是每一个计划都是死板的，变化本来就应该要比计划快。当你发现计划有失误时，当你发现计划不能帮你实现目标的时候，你就应该改变它。所以，"计划没有变化快"这句话很有它的道理，但是它的意义不是让你不要做计划，而是让你做多套计划。就好像从北京到上海，你可以选择坐飞机，你可以选择坐火车，你可以选择在不同的时间到达。你应该有不同的计划，因为你坐的火车可能会误点，这样你可以选择乘飞机，或其他交通工具。正所谓：计划并不能保证你成功，但能让你为将来做好准备。

计划其实很简单，简单到一个图表就可以了，如表 2-6 所示。

表 2-6　计划表

序　号	行 动 目 标	实 施 战 术	完 成 时 限	完 成 情 况	备　注
1					
2					
3					
4					
5					

实施计划一旦确定，接下来就要开始实质性的行动了。没有行动的支持，一切的计划都只是空想（白日梦）。这是所有步骤中最艰难的一个步骤，因为要行动就意味着要付出，付出时间、精力、财物和汗水，没有付出就没有回报。任何事都是做出来的，不是说出来的，更不是空想出来的，天地如此广阔，世界如此美好，等待我们的不仅仅是需要一对幻想的翅膀，更需要一双踏踏实实的脚。目标一旦确定，计划一旦执行，我们设定的时限就

越来越近，时间也就越来越紧迫，因此，我们必须远离懒惰，切实做好自己的"时间管理"，集中精力，全力以赴！

在人生创业规划的具体化和实施过程中，为了使实施中的人生规划达到预期目的，实现既定的人生目标，必须对人生规划的实施进行控制。

控制就是将人生规划实施的实际结果与预定的人生目标进行比较，检查二者的偏差程度，并采取有效措施予以纠正重大偏差，以保证人生目标的实现。调整就是对人生规划的完善，是为了使人生规划更好地契合人生目的。

知识链接

人生规划的修订

人生规划的修订是指在人生规划的执行过程中产生的实际结果与预定目标有明显差距时，采取的对人生规划方案的修改。如果人生规划执行成效与预期人生目标无差别，则不需要对人生规划进行修正。

人生目标的确定是基于当时的内外条件，即个人的意愿、能力、期望和社会的环境、条件等因素，而这些因素都不是恒定不变的，因此，人生目标或具体的实施计划会随着实际情况的变化而做相应的调整。例如，某人在高中时代将自己的人生目标设定为做一名安稳的高中教师，因此考上了师范大学。然而当了教师不到一年时间，就不满足于原有的人生目标设定，于是走出校园，奔向更广阔的天地，追求更大的作为和更精彩的人生。

二、职业生涯规划步骤

职业生涯规划是一个周而复始的连续过程，其过程包括确立志向（树立正确的生涯发展信念）、自我评估、生涯机会评估、职业方向定位、设定发展目标、制订行动方案与实施计划、生涯评估与反馈七个基本步骤，如图 2-6 所示。其中，正确积极的生涯发展信念是职业生涯成功的根本，自我评估和机会评估是前提，职业方向定位是成功的关键，合适的目标设定与行动计划则是保障，生涯评估与反馈则促进职业生涯永续发展。

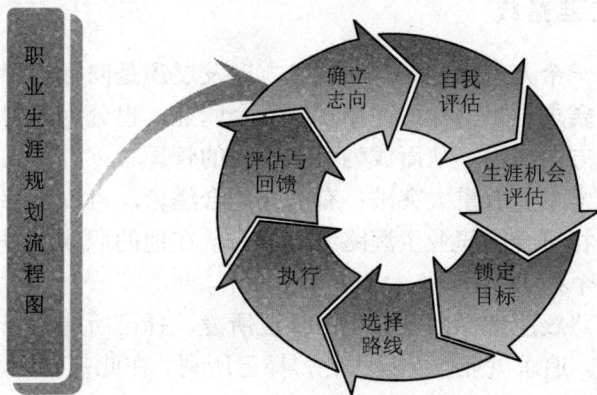

图 2-6　职业生涯规划步骤流程图

1. 确立志向

志向是事业成功的基本前提，没有志向，事业的成功也就无从谈起。确定志向可以成为追求成功的驱动力，俗话说："志不立，天下无可成之事。"立志是人生的起跑点，反映着一个人的理想、胸怀、情趣和价值观，影响着一个人的奋斗目标及成就的大小。所以，在制订职业生涯规划时，首先要确立志向，这是制订职业生涯规划的关键，也是职业生涯规划中最重要的一点。而在职业生涯规划中，确立志向也就是树立职业理想。职业理想指人们对未来职业表现出来的一种强烈的追求和向往，是人们对未来职业生活的构想和规划。

2. 评估自我

自我评估就是对自己做全面分析，通过各种方式进行自我分析，认识自己，了解自己，也就是职业生涯规划要素中的"知己"。

在自我评估中，要通过科学认知的方法和手段，对自己的职业兴趣、气质、性格、能力等进行全面认识，清楚自己的优势与特长、劣势与不足。自我分析要客观、冷静，不能以点代面，既要看到自己的优点，又要面对自己的缺点。只有这样，才能避免设计中的盲目性，达到设计高度适宜。

3. 生涯机会评估

生涯机会的评估主要是对内外环境进行分析，确定这些因素对自身职业生涯发展的影响。对生涯机会的评估，主要从组织环境和社会环境两方面进行考察。一般来说，短期的职业生涯规划更注重对组织环境的分析，长期的职业生涯规划更注重对社会环境的分析。

4. 确定职业生涯目标

确立目标是制订职业生涯规划的关键，有效的生涯设计需要切实可行的目标，以便排除不必要的干扰，全身心致力于目标的实现。自我评估和职业生涯机会的评估为我们选择职业生涯目标提供了基础。在此基础上，我们才能够根据自己的最佳才能、最优性格、最大兴趣、最有利的环境等信息，找出满意的方案，确定自己的职业生涯目标。

5. 选择职业生涯路线

职业生涯路线指一个人是确定向专业技术方向发展还是向行政管理方向发展。发展路线的不同，对个人的要求也不一样，即使在同一个职业，也分为不同的岗位，有的人适合搞行政，可以向这个方向努力，从而成为一名优秀的管理者；有的人适合搞研究，专心钻研的话可以在技术或学术上有重大突破；有的人适合经营，可以遨游商海。如果一个人错误地选择了与自身不相符合的职业生涯路线，那么，在他的职业生涯中必定会遭遇许多坎坷，能否成功也是一个很大的问题。

具体来说，选择路线应把握四条原则：择己所爱，择己所能，择己所需，并在保证了前三个原则的基础上，追求就业收益最大化，择己所利。在此基础上，考虑以下三个问题。

❑ 我想往哪一路线发展？

❏　我能往哪一路线发展？

❏　我可以往哪一路线发展？

对以上三个问题，进行综合分析，以此确定自己的最佳职业生涯路线。

6. 选择职业

在职业发展过程中，我们会面临许多选择，如何做好选择，这就需要我们在抉择之前考虑清楚以下要素（5W1H）。

who（人）："我是谁"，"我具备什么特质与能力"，"我喜欢的生活方式是什么"，"我的专长何在"，"父母对我有什么期望"，等等，考虑清楚这些后，对自己已经有充分的认识了——这是职业选择的基础。

what（事）：下决定时，要问自己"我有哪些选择？""我的问题在什么地方？""我的决定会有什么样的影响？"

when（时）：考虑时间的长短与事情的急迫性，如"我的计划容许我有多少时间？""缓冲期有多长？""我预计完成的事件有哪些？"等。

where（地）：即空间的因素。如"在我的职业目标中，我向往什么样的工作环境与生活空间？居住地域与工作地点的距离多远？我希望住在什么地方？"

why（为什么）：思考"我为什么偏好这个而排斥那个？""我职业选择的初衷是什么？"

how（如何）：决定完毕后怎样行动？如何取舍？如何达到目标？如何找工作？如何安排时间？如何运用时间？等。

7. 制订行动计划与措施

在选择好职业后，行动成了关键环节。没有行动，目标就难以实现，也就谈不上事业的成功。这里所指的行动是指落实目标的具体措施，主要包括教育、培训、实践等方面的措施。例如，在职业素质方面，你计划学习哪些知识、掌握哪些技能、开发哪些潜能？你将采取怎样的措施？计划用多长时间达到目标？这些计划要特别具体、可行性强，以便于定时检查。

8. 评估与反馈

由于社会环境的变化以及其他不确定因素的存在，原来的职业生涯规划与实际情况肯定会存在一定的偏差。"计划赶不上变化"，尤其在现代职业领域，只有变化才是永恒的主题。影响职业生涯设计的因素很多，有的变化因素是可以预测的，而有些则是难以预料的。这就需要对职业生涯目标和生涯规划进行必要的调整。

对职业生涯设计的评估与反馈主要包括职业的重新选择、职业生涯路线的重新选择、人生目标的修正、实施措施与计划的变更等，这个过程可以分解为以下两个步骤。

1）评估

生涯计划是个人生活与职业发展的蓝图。虽然在制订职业规划的过程中，对内在和外在、主观和客观的因素考虑了很多，但是随着时间的推移，这些因素会发生变化，因此，为了确保规划的可行性和有效性，必须随时对生涯规划的内容和成效加以评估。

2）反馈与修订计划

实施生涯规划时，必须为日后可能的计划修改预留余地，修订的依据是每次成效评估后反馈回来的信息。至于计划修订的时机，必须考虑下列几点。

（1）定期检测预定目标的达成进度。

（2）每一阶段目标达成之时，要依据实际效果修订未来阶段目标可采用的策略。

（3）客观环境改变影响到计划的执行。

（4）有效的生涯设计还要不断地反省修正生涯目标，反省策略方案是否恰当，以能适应环境的改变，同时可以作为下轮生涯规划参考的依据。

无论是对职业生涯规划的控制或是调整，我们都无法避开一个话题——跳槽。如今随着信息时代的到来，跳槽的成本越来越低，跳槽的现象也越来越频繁。"到底该不该跳槽，什么时候该跳槽"等这样的话题和讨论也是热闹非凡，精彩纷呈。

我们都知道，跳槽没有绝对的利弊之说，只是在于跳的时机是否准确，跳的动机是否正确。那么，什么才是跳槽的准确时机？什么才是跳槽的正确动机？

专论摘要

关 于 跳 槽

1. 要正确看待人才的流动

在回答这两个问题之前，我们首先要正确地看待人才的流动。在绝大多数企业看来，员工主动离开都是对公司的一种背叛行为，是对公司的不忠诚，并感叹"人心不古队伍难带"，甚至常举关羽之例赞其忠义。每个人都是主观为自己，客观为他人，每个人都有选择自己发展方向的权力，员工对自己事业的关心肯定排在对公司的忠诚前面（惠普的观点）。员工离开公司，是为了个人的事业得到更好的发展，而不是对公司的背叛。背叛这个字眼意味着当事双方的彻底决裂，双方有可能因此结下深仇大恨，老死不相往来。而"跳槽"能够上升到这个"高度"吗？

2. 人才的流动是客观规律，可以实现人才自身价值的最大化

从宏观来看，人才的流动符合市场经济体制的要求，通过市场机制实现人才资源的优化配置也是必然趋势，从而也让人才真正实现自身价值的最大化。其实，对于人才流动，早就有了"人往高处走，水往低处流""树挪死，人挪活"等说法，更有"良禽择木而栖，贤臣择主而侍"的名言，孔子、孟子都曾游说列国，以求一用；商鞅、苏秦、张仪、乐毅、李斯、伍子胥也都去国离乡，以"外来人才"的身份大展身手，显功业于当时，垂名声于后世。

春秋战国时代，是一个"择主"之风最为盛行的时代，那时候人们并没有什么忠君爱国观念，"朝秦暮楚"是一种十分正常的现象，当时的有才有识之士，没有一个不在择主，在这个百家争鸣的时代里，稍微有点儿本事的人都有一个共同特点，就是热衷并且擅长跳槽。他们坚信：树挪死，人挪活，好工作是跳出来的，如果对自己有信心，就出去遛一遛，真正的人才要寻找实现自我的机遇！

孙子说："将听吾计，用之必胜，留之；将不听吾计，用之必败，去之。"孙子不是老板，只是"学成文武艺，货与帝王家"的知识分子，所以，他提出，遇上好老板，就留下好好干；如果怀才不遇，那就早点儿离开。如果患得患失，瞻前顾后，想离开又舍不得利益得失，那不是大丈夫的作为。看来，跳槽也需要气魄啊！

走出去，给自己一个机会，也给爱才、惜才、渴求人才的用人之主一个机会。当怀才不遇、郁郁寡欢的魏征走出窦建德的营帐之时，太子李建成和秦王李世民正在全国争相开展轰轰烈烈的求才活动，魏征成为二人的争夺对象，而李世民却慢了一步，魏征进入了东宫。后李建成在"玄武门之变"中殒命后，李世民力排众议，接纳魏征，从而成就"圣君良臣"的千古佳话。但因为跳槽过多（魏征也在李密手下干过），魏征也颇受非议。魏征说，当初在窦建德手下献屯田垦植之策，真正受益的是黎民苍生。因此，"不是臣为窦建德做事，而是臣通过窦建德为百姓做事"，这很有当今"生活是水，工作是杯，人生目的是为了喝水"的神韵。

3. 什么是跳槽的准确时机和正确动机

回过头来再看当初的问题，什么才是跳槽的准确时机？时机来自于自己的判断，如果处在一个人才过剩的环境中，或因种种原因得不到重用，才华不得施展，也看不到未来的曙光，那么除非是在韬光养晦，自我修炼，否则，我们只会在等待中失去了施展抱负的最佳年华。而一旦我们在沉寂中修炼出真本领，拥有了真才实能，便可大鹏展翅，一飞冲天，走出藩篱，实现自我。而一个新的环境，也能够让人接触到新的技术、新的知识，开阔视野，扩大见识，构成新的社会关系，丰富人生阅历，吸收到新的经验等。

什么才是跳槽的正确动机？正确的跳槽是为了追随自我的人生规划，是为了展现自身的才华、活出自我的价值。解析魏征的话说："我们并不是在为老板做事，而是在通过老板提供的舞台来实现自己人生的目标，实现人生的理想和抱负。"就像赵云原本在袁绍军中，因见袁绍并无忠君救民之心，所以投向北平太守公孙瓒。后又因公孙瓒嫉贤妒能，便接受了刘备的邀请，而后全心全意跟随爱民如子的刘备，直至终老。

4. 切莫跳槽跳出了惯性

但是，如果跳槽跳出惯性那就麻烦了，朝秦暮楚，到处挖井，到头来反而没有水吃。比如，频繁跳槽，且每每伤害前任老板的吕布，自己创业失败了，也没有人再敢收留，"公不见丁建阳、董卓之事乎？""滚石不生苔"，频繁的跳槽会使人无法积累，也会陷入职场的诚信危机。曾仕强说：一辈子都在选择明主，也很不妥当。我们建议趁着年轻，要用心选择明主，然后全心投入。年纪稍长，便应该专心一意，不再跳槽。若是一而再、再而三都找不到明主，表示自己的眼光不行，机运欠佳。这时候不如归隐，反而有助于提升自我。否则不要担任重要职务，糊口便是。再跳槽只会坏了自己名声，并无多大好处。

🔑 **知识链接**

马云先生经典问题

"如果你感兴趣的事情，你的上司偏不让你做；而你不感兴趣的事情，上司偏让你做，这时候，你会怎么办？"

成熟的回答是怎样的？我们必须先搞清楚兴趣和职业究竟如何匹配。

1. 对于个人来讲，一定要做自己感兴趣的工作

几乎每一个人都知道，人如果要长期发展，就要有动力，而"兴趣"是人发展中最重要的动力之一。但是，在现实中，很多人在选择职业时嘴里说着，要"做自己喜欢的"，实际行动中，选择的却是"看似不错的行业""容易进入的企业""待遇不错的工作""听上去有发展前景的事业"。尽管，这些选择并没有错误，但是如果缺乏了兴趣——动力的来源，很可能出现的情况就是缺乏足够的竞争力，或者在面临困境和压力时难以坚持下去。

职业生涯规划中一个最重要的原则就是：可持续发展。其中搞清楚自己的兴趣所在，做自己想要的和喜欢的工作，是非常关键的一个环节。

2. 对于职业人来讲，不仅有兴趣，还要有责任

有兴趣的人会经常在职业中受挫，因为很多事情不符合自己的兴趣，于是很多人疑惑：我应该选择自己感兴趣的工作，还是做工作感兴趣的事情。于是，对于兴趣的看法也是衡量职业人成熟度的一个话题，这也是马云先生主要考察的内容。

对于职业人士来讲，只有兴趣还不够，还要有责任。工作，经常是一部分让你感兴趣，也有一部分不让你感兴趣。比如，你喜欢和人打交道，但是不一定喜欢和各种类型的人打交道；也不一定喜欢在领导的压力下和人打交道；也不一定喜欢没完没了地和人打交道。所以每个人都会在工作中遇到兴趣和工作的冲突，这个时候，成熟的职业人会采取"暂时忍耐"的策略，以"工作需要"为重。从职业生涯规划的角度，我们认为，当一个人能够做到兴趣和责任两条腿走路的时候，持久发展的可能性会更大。

对于职业经理人来讲，兴趣和职业的匹配是一个渐进和艰难的过程，很多时候不得不暂时放弃自己的兴趣。

成功的人都会讲，自己是如何感兴趣自己的工作，但是在成功的道路上，更多的时候很难做到兴趣和职业的匹配。例如，你喜欢自由，但是职业会有很多约束；你喜欢管理，但是经常被别人管；你喜欢创意，但是经常要循规蹈矩；你喜欢做事，但是经常陷在"办公室政治"中不能自拔。

职业规划的道路上，太多的职业经理人面临着"如何接纳一个不喜欢的职业状态"的挑战，有的时候甚至是改变自己的核心价值观的问题。

在多年摸索的道路上，职业经理人必须明白一个事实，那就是：兴趣是可以培养的，兴趣也是可以管理的；有的时候，可以放弃一种旧兴趣来焕发一种新兴趣；可以推后一个强兴趣提前一个弱兴趣；还可以让部分兴趣"远离职业"放在休闲中满足。

谈了这三个观点，马云先生的问题就有了答案，聪明人会这样回答他：

"如果领导总是让我做不喜欢的事情，短期来讲，我可以接受，毕竟工作是第一位的，不能按照我的喜好来行事，但是长期来讲，我需要考察这个工作是不是符合我的兴趣，如果长期做不符合我的兴趣的事情，我不能做到出色，我也不会接受这样的任用。作为管理人员，我一直在学会管理自己的兴趣，在工作中，尽量做到不要让自己失去兴趣的动力，同时也考虑企业的大局和利益，不被个人的兴趣所左右。"

摘自：http://www.xzzp.net/hr/article-779.html.

三、创业规划的基本内容

创业规划的制订过程可以参考前面人生规划的流程。一个规范性的、全面的创业规划至少应包括以下基本方面的内容。

1. 确立企业的目标、经营模式及产品服务市场

一位名人曾说过：成功=计划（目标）+正确的方法+有效的行动。因此，在创业前，根据外部环境和自身的实际情况，明确企业的发展目标、经营模式和产品服务市场是首先要回答的问题。

1）明确企业的发展目标

在创业者的理想目标和价值观的指导下，应结合企业内外部环境的条件，确定创业企业的宗旨、使命任务、发展哲学和愿景、目标等。企业使命是创业规划最先应该回答的问题，它不是企业经营活动具体结果的表述，而是为企业提供了一种原则、方向和哲学。企业使命的定位包括企业生存目的定位、企业经营哲学定位和企业形象地位。企业使命是创业规划制订的前提，为创业规划指明了方向，是创业规划的行动基础。

发展目标是具体化、时间化的企业使命，是制订创业规划的前提和关键。发展目标包括总体战略目标、市场目标、盈利目标、创新目标和社会目标等，根据具体情况，既可以是定量的指标，也可以是定性的指标。

发展目标对企业行为有着重大指导作用：首先，它是创业规划的基本依据和出发点，发展目标明确了企业的努力方向，体现了企业的具体期望，表明了企业的行动纲领；其次，它是创业规划实施的指导原则，发展目标必须能使企业中的各项资源和力量集中起来，减少企业的内部冲突，提高管理效率和经济效益；再者，它是创业规划控制的评价标准，发展目标必须是具体的和可衡量的，以便对目标是否最终实现进行比较客观的评价考核。如果没有一个适合企业的发展目标，则势必会使创业规划和企业的经营活动陷入盲目的境地。

2）产品、服务市场选择

选择产品或服务市场是接下来必须考虑的问题，主要从投资方向和投资项目两个方面来把握。高科技企业和参加创业计划竞赛的创业规划的特点和内容见阅读材料，本小节较多地侧重在大量存在和大量诞生的小本生意的创业规划上。

小本生意把握投资方向应从以下几个方面考虑。

（1）较容易起步的生意。有些生意，特别是服务业，要起步很简单。例如，房屋中介公司、维修服务公司、小餐馆、一些专业服务等都是容易起步的行业，但是这些行业在业务成长上要花点心思。或者，如果你有十分独特的点子或是拥有得天独厚的条件，那么，创业这条路是绝对值得考虑的。所谓"得天独厚的条件"是指拥有某项专利权、有绝佳的生意地点，或者是有现成的顾客基础。除此之外，要是你能掌握别人所没有的资源，比如好的货源，或是拥有一些保证成功的人际关系，都是你值得好好利用的创业条件。当然，最好是做自己熟悉的行业和项目。

（2）清楚认识创业的风险。"5年内，10个新店倒闭7个。"这句话可能让你大吃一

惊。事实上，一个企业若能撑到 5 年以上，就表示其产品、价格、地点以及经营方式已获得消费市场的肯定。而这些成功的基本要素对初创企业来说，还是有待考验的未知数。资金不足和技术缺乏是导致新公司关门的两大因素，这二者都是创业初期难免要遇到的现实。相对地，要创建一个高盈利的运营中的企业可能花费不菲，但比起创业所承担的风险要小得多。

（3）充分挖掘创业点子。创业点子不在其新颖与否，也不必是自己独有，甚至不需要是什么好点子。重要的是，这个点子得具有市场潜能。以下是几个帮助你验明好点子的问题。

① 这个点子是否合乎实际的需求？目前或未来会不会有生意可做？

② 产品的销路是否足以维持生计？目前市场的发展空间怎样？是否已布满了竞争对手？

③ 这个点子是否能转化为可做的生意？是否有相关的技术配合？产品或服务的成本是否在消费者能够或愿意负担的范围之内？

④ 你个人是否有所需的知识及技术？这个点子有没有人试用过？其结果如何？为什么？

要回答这些问题势必要经过一番深思熟虑、详细研究才行。但很多时候，这还得靠个人直觉来判断。

在符合法律法规的前提下，选择投资项目时，小本投资应尽量遵循以下准则。

（1）资金周转期要短，且留有一定的周转金；如果缺乏周转资金又想开业，最好选择一种可以借助大企业的行业。

（2）通常应做一般人都能做的行业。小本创业应尽量避免技术性过高的行业，因为技术行业对小本创业是一种负担。

（3）选择需要库存商品少的行业，既能减少对资金的需求，也可降低因降价带来的风险。

（4）选择普遍性的行业。个人投资者最怕从事太"冷门"的行业，最有眼光、最理想的是做各阶层的人都需要的日常生活用品的行业，有助于资金迅速回收。

（5）选择成长性的行业。

（6）选择需要人手少的行业。

（7）能对利润做出预估。小本创业要能提前对利润做出预估，利润的估计发生错误或偏差，将使创业者蒙受极大的损失，甚至是倒闭。

在选择投资方向和具体项目挖掘上，可采用第四章第三节捕捉创业商机的方法，同时参考其他章节里的内容和丰富的案例。

3）选择适合的创业经营模式

参阅第三章第五节五种基本创业模式和第五章第二～第四节制胜战略的相关内容。

2. 企业组织规划

组织和管理对创业的成败至关重要。一个人才结构合理、组织设计适宜、管理与技术及营销水平较高的团队，一般来说会更容易获得创业的成功。从创业来看，一个创业团队至少需要以下三个方面的优秀人才：优秀的管理者、优秀的营销人员、优秀的技术人员。因此，创业者需要认真考虑创业团队，并在创业规划中很好地描述出来，这样既能获得更多人的支持，也能够提高创业者本身成功创业的信心。

组织规划主要包括组织结构、绩效考评制度、奖惩制度、任用标准、培训、工作描述与职务分析、领导者的标准、董事会的作用、关键的外部顾问等内容。在组织设计上要遵循以下基本原则，即精简原则、责权利对等原则、统一指挥原则、灵活性原则、效率效益原则、管理宽度原则、目标明确与分工协作原则、弹性原则。

在组织结构设计和人才选用上应依据以下程序。

（1）要对创业项目进行科学的分析，把创业项目分解为相关的子项目和子目标，再分析完成这些子项目和子目标所要做的各项事务和要处理的各种关系，以此为依据选择合适的组织架构、管理跨度和管理梯度。最后再依据各部门的结构和职能设置相应的职位，做到"因事设岗"。

（2）对各职能部门要完成的任务进行分析，了解各岗位对担当者知识、能力和素质等方面的要求及各要求之间的关系，制订用人原则和标准，依据该要求即可选拔与之相符的相关人才加以委任和使用，做到"因岗用人"。

（3）依照各种事务和各部门之间的相互关系，制订协调各部门责、权、利关系的有关典章制度及工作规范，选择和设置适合各层次人员特质及符合项目目标的特定的管理方式。协调各种关系，使其责、权、利关系分明，各部门和各主管之间既能各司其职，又能相互沟通协作，使组织处于与内外环境的良性循环之中。

初创小企业一般适合采用结构比较简单的直线结构，不设部门或只设必需的少量部门。初创企业创业者常常既是管理者，又是技术人员和市场营销人员。创业初期，为了节约成本，往往是一人多职。伴随企业的发展，组织结构也要适时地进行变革以适应企业发展的需要。

3. 财务规划

财务规划包括资产流动性、收益预测与资产负债预测。资产流动性主要考虑未来 3～5 年现金的流入和流出、筹资安排和现金储备等；收益预测主要考虑销售收入、成本及费用、净利润等；资产负债预测主要考虑某几个时间节点上的资产与负债的情况。

编制财务规划需要做资本需求预算、预期年度收入表、现金流量估计表、资产负债估计表、资金回报计划和盈亏平衡分析等。资本需求预算应包括以下项目：完成开发项目费、购买设备费、引进生产线费、流动资金投入、资金使用计划、筹资渠道等。对于小本生意，如不向创投融资，可以做简洁的概算即可。

知识链接

如何测算创业所需资金

这个问题主要依据企业种类、规模大小、经营地点、竞争对手等情况而定。有一点是可以肯定的：在收回投资之前，首先必须投入相应的资金，即使是获利最强的企业，也要等几个月以后才会有利润，有许多企业可能需要更长的时间。

（1）列出公司运营所需的设备、家具、办公用品以及人员配备。

（2）将启动费用按项目进行细致分类，包括库存费用、公司标志制作费用、销售和营销印刷品或工具费用、产品研发费用、营业执照申请费用、相关许可证办理费用、流动资金、法律与专业服务费用等。

（3）计算每月应支付的房租、水电费、办公用品、设施、商业和健康保险、税金、网络接入、运输及其他服务的费用。

（4）各种费用开支还要包括创业者个人工资、员工工资或外包商的费用。

不同行业的公司在启动阶段可能会产生不同的附加成本。因此，为了确保费用估算的准确度，创业者可以将每项实际费用多估算出一部分，从而将估算费用控制在安全范围之内。

除此之外，还要做风险分析，主要包括对最好、一般、最差三种情况的预测，以及因素变动下的盈亏平衡分析和敏感性分析。风险分析的编写方法是：一是确定主要的机会和风险；二是改变不同的参数，看结果如何变化。

本章思考题

1. 在你的成长过程中，你梦想的职业是什么？有没有发生过变化？对每一个你曾梦想的职业，请问问自己："这一职业什么地方对我有吸引力？"

2. 通过同学、亲戚或是网络等手段，了解要从事你梦想的职业都需要具有什么能力？在哪些方面你已经满足，哪些方面还有待改善？如何进行改善？

实训练习 2-1

为自己制订人生发展规划

人们习惯在低于自己能力的水平上工作，然而，确立目标会迫使人们调整自己的投入程度，从而提升工作绩效的水准。确立目标可有的放矢，使行动富有效率化，朝成功迈进。目标是一种期望值，每个人都渴望去实现。

目标应该是：

富有激励性——应当要求工作绩效较过去有所提升。

可达成的——不切实际的目标会导致懊丧、气馁和失败。

可衡量的——没有衡量标准，很难做出调整，取得效果。

借鉴上述理论、流程、方法与工具对自己的人生发展做规划，于本课程结课时上交。

1. 你所处的外部环境分析

机会：从众多机遇中找出最适合你的3～5个机会。

威胁：从众多威胁中找出对你最大的3～5个威胁。

2. 自身条件分析

优势：立足你所在环境从众多优势中找出自身最鲜明的3～5个优势。

劣势：从众多不足中找出对你的发展影响最大的3～5项威胁。

3. 你的价值观与愿景、使命

认真思考、清晰描述你的价值观、发展愿景和使命目标，包括定性的描述和量化的指标。

4. 战略选择

在价值观与愿景、使命的指引下，通过 SWOT 综合分析，做出自己的人生选择，明确实现目标的途径，设定实现目标的主要举措。设定阶段性目标，将"高不可攀"的远大目标转化为"触手可摸"的阶段性目标。

5. 关键任务

找出影响目标实现的关键任务，明确任务指标和时间节点。

6. 保障措施

为了使关键任务落到实处，确定相应的人、财、物以及考核政策。

7. 风险与应对

找出最可能影响目标实现的潜在的、主要风险点 3～5 个，并未雨绸缪提前制订应对措施。

8. 附件

支撑上述分析的相关材料。对规划中用到的预测、假设等信息和数据提供支撑。

实训练习 2-2

制订我的学业规划

参照上述要求制订学业规划。

实训练习 2-3

制订我的旅游计划

请同学参考世界地图，为自己制订一个详细可行的旅游计划。

1. 你的旅游计划是什么？
2. 你制订这个计划经过了哪几个步骤？
3. 你将如何落实这个旅游计划？

【阅读材料 2-1】创业计划书

阅读材料 2-1

模拟演练：撰写创业计划书

自由组合创业团队撰写简版创业计划书。如果条件成熟，可以举办创业计划竞赛。要求：每个创业团队 5～7 人，最好能知识、能力、性格互补；遵循编制创业计划书的基本原则，符合创业计划书的基本格式与要求，包含创业计划书的基本要素与内容；文字简洁、语言流畅，能够做到自圆其说。

第三章

分析人生环境
——内因与外因

孙子曰："知彼知己者，百战不殆；不知彼而知己，一胜一负；不知彼，不知己，每战必殆。"就是说，既要了解自己（自身条件），也要了解敌人（外部环境），在此基础上才能"出其不意""百战百胜"。

在第二章第二节职业与职业生涯、第三节职业生涯规划与创业规划以及第五节规划流程与步骤中都对人生环境分析中的职业环境分析有所介绍，在第四章第四节 SWOT 分析方法中也有个案研究"作者的 SWOT 分析和五年发展目标"和案例讨论"某大四学生的发展规划"供同学们参考。本章以人生环境分析中的创业环境分析为重点展开，其分析思路和分析方法同样对职业环境分析有显著的借鉴作用。

在人生创业的过程中，有两个不确定的因素总是在关键时刻起着举足轻重的作用，影响着创业大计的进退成败，这就是环境和机会。环境是创业的舞台，任何创业活动都必须依靠环境的支持，在环境提供的条件下进行。离开了环境，一切创业活动都成了空中楼阁。机会是创业的号角，每一次机会的来临，都会使创业者感受到生命的号召，激励他们闻鸡起舞。在创业的道路上，环境与机会就像两个飞转的巨轮，推动着致富的列车轰轰烈烈地前进。每一个创业者在踏上创业的征途时，都应该审时度势，对所处的环境和面对的机会进行了解、分析和判断，以便能把握机遇，迎接创业人生的挑战。

商业机会是创业活动的根源，机会无时不在、无处不在，但真正有商业价值的大创意、大商机却需要有心人的精心挖掘与培育，这就是富有创业精神的创业者。动态复杂的变革环境既对已建公司产生了威胁，同时也给新建事业提供了机会。在这样的不确定性环境中，机会似乎是偶然的、捉摸不定的，但事实上却是有规律可循的，管理大师德鲁克就归纳了7 类商业机会的来源，极富参考价值。

发现机会并开发机会是一个能动的过程，在这一过程中，个人的品质、经验和有利创业的外部环境同样重要。从创业机会的识别到新创企业的建立是一个循环往复的开发过程。"80 后"女大学生冯靖然从为外国朋友介绍中国学友或者素质较高的服务人员中看到了潜在的商业机会——高端的家政服务，并大胆成立了"爱恩家政服务公司"，在创立了成功的样本之后，又通过特许连锁经营的方式使企业规模越做越大。

第一节　创业的外部环境分析

环境分为一般环境和特定环境两种，一般环境是对所有人都存在广泛影响的社会大环境或者说是社会大气候；特定环境是对某一部分人或组织具有决定意义的小环境或者说是个别环境。创业环境就是一个特殊环境，是一般环境的一个特定层面和组成部分。创业环境大致有以下几种表现形式。

（1）社会环境与自然环境。社会环境也可称为国情，是指创业者所处的国家和社会的政治制度、经济制度、法律制度、思想文化、风俗时尚，以及党和政府的路线、方针和政策等。自然环境是指创业者面对的地理、资源、气候等自然状况。社会环境和自然环境作为创业者开展创业活动的宏观背景，对创业活动产生着巨大的不可抵抗的影响。创业者只能利用它们，但却无法改变它们。

（2）内部环境与外部环境。内部环境是创业组织内部各种创业要素和资源的总称，如人员、资金、设施、技术、产品、生产、管理、运营等方面的情况。内部环境是创业者的"家园"，对创业活动的开展至关重要，是创业活动的根基。外部环境是创业组织外部的各种创业条件的总称，包括社会的、自然的、政治的、经济的、合作的、竞争的、远处的、近处的形势和情况，对创业组织的发展具有广泛的影响力，是创业组织发展的保证。创业组织要适应的正是这种环境。

（3）融资环境与投资环境。融资环境是指创业者为了扩大创业实力的需要聚集资金的社会条件。投资环境特指创业者资金投向的项目行业及地区的情况。融资和投资是创业活动不可分割的两个方面，同样都受特定地区人们的经济收入、消费观念、风险意识、国家政策等环境因素的影响。

（4）生产环境与消费环境。生产环境是指创业者的资金转化为产品过程所需要的各种因素，包括劳动力、生产设施、原材料、技术服务、动力供应、交通运输等状况。消费环境是指创业者的商品转化为货币的过程所需要的各种条件，包括特定地区人们的富裕程度、消费观念、消费水平、市场和竞争对手等方面的状况。

上述各种形式的创业环境相互交织，构成了完整的创业环境的概念。创业者只有全面认识和把握自身所处的环境的基本构成，熟谙各种环境所内含的共同趋向和基本要求，才能够切中时代的脉搏，进行卓有成效的创业活动。图 3-1 揭示了创业企业与外部行业和宏观环境的关系。

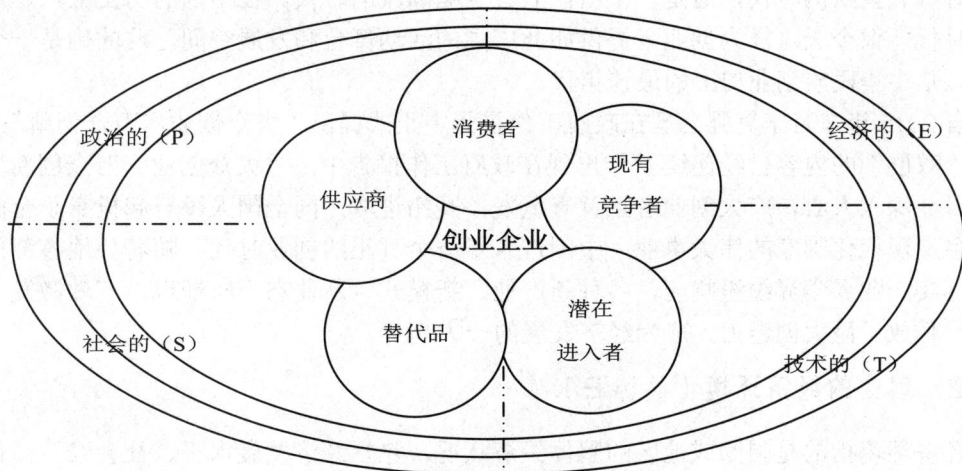

图 3-1　创业企业的外部环境

一、对创业宏观环境的分析（PEST分析）

一个国家或者地区的市场开发程度、政府的国际地位、信誉和工作效率、金融市场的有效性、劳动力市场的完善与否、法律制度是否健全，形成了新创企业的外部宏观环境，对新创企业的创办、生存和发展产生着重要的影响。具体来说，创业的宏观环境包括政治、法律与政策环境、经济环境、社会文化环境、科技与教育环境，简称PEST分析，如图3-1所示的外围部分。

1. 创业的政治、法律与政策环境（简称P）

政治、法律与政策环境指的是党和国家制定的相关法律与政策等，可以分为大的政策环境和小的政策环境，前者是针对所有创业者而言的，后者则是针对某一特定人群而言的，如大学生创业者。对于具体的创业者不仅要了解大的政策环境，还要了解小的政策环境。下面以大学生创业者为例。

1）大的政策环境

大的政策环境即对所有创业者创业行为产生影响的政策，主要有以下几个方面：一是民营企业的地位转变。非公有制企业特别是民营企业的地位发生了很大改变，非公有制经济已发展为国民经济的重要组成部分。二是大力扶持高新技术企业。我国政府对科研机构、高等院校研究开发高新技术并将其转化为科技成果提供了税收优惠政策。

2）小的政策环境

国家和各级政府为鼓励支持大学生自主创业，相继出台了一系列有利于大学生自主创业的政策，这就为有志于成就一番事业的大学生提供了一个发挥其聪明才智的广阔空间和活动的平台。小的政策环境可分为中央政策和地方政策两大类。中央政策在全国通用，地方政策为各地政府所制定，仅在当地适用。

目前，我们正处在一个生机勃勃的时代——大众创业、万众创新。这是一个天高任鸟飞、海阔凭鱼跃的时代，这是一个由创业者领唱潮流的时代。在中国的历史上，从来没有哪个时代能像今天这样为创业者提供如此广阔的活动舞台和发展空间，这的确是一个黄金时代，是中华民族创业史上的最佳年代。

自2015年3月李克强总理在政府工作报告中正式提出"大众创业，万众创新"以来，有关"双创"的内容已经连续7年出现在政府工作报告中，"大众创业、万众创新"的理念正日益深入人心，广大创业者正意气风发，开拓进取，同全国人民一起投身于全面建设社会主义现代化国家的伟大事业，中国进入了一个真正的创业时代。随着各地各部门认真贯彻落实，业界学界纷纷响应，各种新产业、新模式、新业态不断涌现，有效激发了社会活力，释放了巨大创造力，成为经济发展的一大亮点。

2. 创业的经济环境（简称E）

经济环境指的是国家或地区的整体经济状况，包括经济发展水平、社会经济结构、经济体制、宏观经济政策、物价水平、劳动力情况等。经济发展水平通常是指一个国家或地区的经济发展规模、速度和达到的水平。社会经济结构通常是指一个国家的产业结构、分配结构、消费结构、技术结构及所有制结构，其中产业结构的调整最为关键。了解这一点，有利于企业在制订战略时把握长远的方向和机会，更好地推动企业发展。

大力扶持高新技术企业已被列为我国政府新时期的主要任务之一，国家已经相继出台了诸多政策扶持措施。为了扶持、促进科技型中小企业技术创新，国务院还批准设立了用于支持科技型中小企业技术创新项目的政府专项基金，该基金鼓励并优先支持产、学、研的联合创新，优先支持具有自主知识产权、高技术、高附加值、能大量吸纳就业、节能降耗、有利于环境保护及出口创汇的各类项目。这类项目应该是大学生创业具有优势的项目。

经济体制决定了国家与企业、企业与企业、企业与各个部门之间的关系，并通过一定的管理手段和方法，调控和影响社会经济活动的范围、内容和方式。它对企业生存和发展的形式、内容和途径提出了系统的要求与条件。目前，我国在经济体制上还有一个完善的过程，虽然还存在诸多不利因素，但是近年来金融和资本市场的改革，科创板的推出，注册制的落地，为创业企业发展带来了巨大的机遇。

3. 创业的社会文化环境（简称 S）

文化环境对创业者创业行为的产生有一定的促进或阻碍作用，同时它又调节和决定着消费者的购买行为，以致形成人们的社会生活方式和行为准则。长期以来，某些根深蒂固的保守思想影响着人们的行为。与美国"鼓励冒险，宽容失败"的文化有所不同，我国的传统观念是"出头的椽子先烂""枪打出头鸟"。与美国文化强调独立有所不同，我国是崇祖思想和家长作风盛行的国家之一，家长们的约束常常也会成为大学生创业活动的一种阻力。某高校调研报告表明，70%的大学生愿意创业，但是走上创业之路的不足 5%，个中原因耐人寻味，其中不乏得不到家长认可与支持这一原因。当然，近年来，我国政府在鼓励创业方面的积极宣传、优惠政策以及一批成功创业者的示范效应都使得传统保守思想的负面影响大为减小。从整体上看，随着我国民众思想的不断解放，创业的社会文化环境将会不断得到改善。

4. 创业的科技与教育环境（简称 T）

在科学技术迅速发展的今天，技术环境对企业的影响可能是创造性的，也可能是破坏性的，企业必须要预见新的技术带来的变化，在战略上做出相应的战略决策和调整，以获得新的竞争优势。柯达迷失"数字科技"，微信、抖音的兴起，也都是科技发展带来的变化。科技因素不仅指那些引起划时代革命性变化的发明，而且还包括与企业生产有关的新技术、新工艺、新材料的出现，发展趋势及应用前景。

科学技术是第一生产力，通过技术创新和技术进步来推动经济的发展已成为一种世界性潮流。谁能够找到和利用新的技术，满足市场新的需求，那么谁就能在市场中立于不败之地。反之，如果企业墨守成规、闭门造车，则必将被市场淘汰，所以创业者要特别注意国内外最新的科技发展变化及发展趋势。作为大学生创业者，年轻有知识，学习能力强，不仅要从国内的技术环境出发，更要紧紧把握国际前沿的技术变化趋势，识别和评价技术机会与威胁。

在教育模式中，我国的特点是注重"教"的重要性，相比之下，美国的特点则是更强调"学"的重要性。美国的教育是服务型、开放性的，一般都实行学分制，学生只要修够学分即可拿到文凭，在校时间不受限制，因而学生创新能力强，且具备了较强的独立性和竞争意识。而我国的教育是管理型、封闭性的，实行的是不完全学分制，大部分学生不能提前或推迟学业，接触社会的机会也不多，且在校时间受到限制（一般最长为六年）。在这种教育环境中，学生知识创新意识不足，普遍缺乏创新精神和冒险精神，加上我们太过于注重学习的过程与形式，而忽略了学习的目的，因而大学毕业生走出校园谱写创业史的为数不多。

二、对创业地区环境的分析

地区和行业环境相对于宏观环境来说，对创业者影响更为直接，也更为具体。如省市地方政府的相关政策、社区政策等，还有公众压力集团，如当地居民、环保组织、其他利益集团的态度等。而行业分析，典型的方法是波特的五力模型。行业分析将在后面具体进行介绍。

所谓地区环境，顾名思义，就是相对于整个国家而言，每一个企业必须设立在一定的区域内，因而新创企业必然受到这个区域的环境影响。分析地区环境，关键在于思考新创企业相对于这个地区内其他企业的规模、影响程度，自身的发展前景有多大。

新创企业在一个地区内的重要性和影响力，一方面取决于企业的营业额、员工数量和纳税额；另一方面与新创企业对该地区所做的其他贡献也有关。地方政府总希望通过新创企业将顾客引入当地后，能够间接地为其他企业带来更多的销售额。如新创的旅游公司应能为当地商场、宾馆带来新的消费者和营业额；新创的产品型企业应能使当地的资源得到有效的开发利用；新创的科技公司应能充分利用当地的技术资源，吸收和培养更多科技人才。因而，在新创企业为当地的经济、社会发展做出贡献的同时，它也会同时赢得该地区的支持和客户的忠诚。

创业者在创业时对地区环境的评价应主要考虑以下因素。

（1）创业者对该地区的熟悉程度。

（2）创业者在该地区内有多大的影响力？

（3）拟创立的企业在该地区内会产生怎样的影响？

（4）哪些有影响的地区成员将支持或反对你要创办的企业？

（5）创业者有特别的人际关系技能来培养关键的地区关系吗？

（6）可以采取怎样的实际步骤来加强地区支持和使当地创业机会最大化？

（7）可以采取怎样的实际步骤来减少地区的反对和使当地问题最小化？

三、对创业行业环境的分析（波特五力模型）

任何一个新创企业都可以也必然归类为某一行业或某几个行业，因此，行业分析对新创企业十分重要。行业是影响企业生产经营活动最直接的外部因素，是企业赖以生存和发展的空间。如图 3-1 的中间部分。行业的结构在决定竞争原则和企业可能采取的战略等方面具有强烈的影响,因此产业结构分析是企业制订发展战略最主要的基础。

一般来说,新创企业的行业环境分析主要关注两个问题:一是行业内的竞争程度及变化趋势;二是行业所处的生命周期。如果行业内竞争已十分激烈,进入壁垒高或行业已处于夕阳阶段,新创企业成功的概率就不高,即使成功后续发展也十分艰难。

按照美国学者迈克尔·波特(M. E. Porter)的观点,一个行业中的竞争,远不止在原有竞争对手中进行,而是存在五种基本的竞争力量,它们分别是新进入者的威胁、替代产品或服务的威胁、购买商的讨价还价能力、供应商的讨价还价能力以及现有企业间的竞争,如图 3-2 所示。波特的五种力量模型较好地反映了新创企业的行业环境因素。

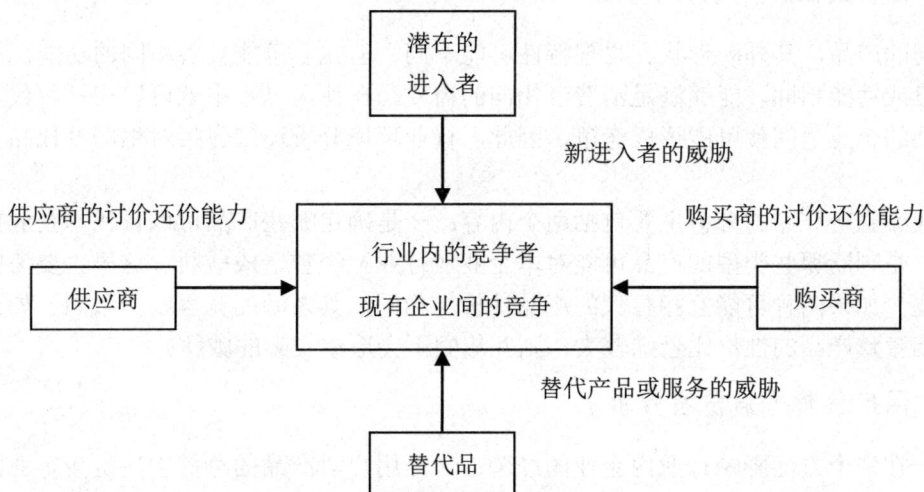

图 3-2 波特的五种竞争力模型

1. 现有竞争对手分析

企业面对的市场通常是一个竞争市场,同种产品的制造和销售通常不止一家企业。多家企业生产相同的产品,必然会采取各种措施争夺用户,从而形成市场竞争。当创业者选择进入某一行业时,就要对行业内的现有竞争对手进行分析。主要分析内容包括如下方面。

(1)基本情况的研究。包括竞争对手的数量有多少,分布在什么地方,它们在哪些市场上活动,各自的规模、资金技术力量如何,其中哪些对自己的威胁特别大等情况。

(2)主要竞争对手的研究。基本情况研究的目的是要找到主要的竞争对手,要分析其之所以能对本企业构成威胁的主要原因,是技术力量雄厚、资金多、规模大,有人才优势还是其他原因,以帮助企业制订相应的竞争策略。

(3)竞争对手的发展动向。密切关注竞争对手的发展动向就要收集有关资料,分析竞争对手可能开发哪些产品、开辟哪些新市场,从而帮助企业先走一步,争取时间优势,使企业在竞争中占据主动地位。

2. 潜在竞争对手分析

一种产品开发成功后,会引来许多企业的加入,特别是那些进入壁垒不高的行业。新厂家进入某行业的可能性大小，既取决于由该行业特点决定的进入难易程度，又取决于现有创业者可能做出的反应。因而，创业者在创业时就应考虑自己的新创企业会引来多少跟风者，如何保持自己的优势。要减少潜在竞争对手的加入，创业者可以采取以下措施。

（1）加大进入壁垒。进入壁垒分为很多种，如技术壁垒，创业者拥有某种权利，从而可以限制他人生产相关产品或从事此行业；资金壁垒，新创企业的资本要求非常高，也会阻止较多的新厂家进入。当然，对于大学生创业者来说，能树起资金壁垒也非易事。

（2）产品差别。不同企业提供的产品并不是完全均质的，必然存在着某种程度的差异。创业者要使自己的产品或服务区别于其他企业，且这种差异并非能轻易模仿。

3. 替代品生产厂家分析

不同的产品，其外观形状、物理特性可能不同，但完全可能具备相同的功能。产品的使用价值或功能相同，能够满足消费者相同的需要，在使用过程中就可以相互替代，生产这些产品的企业之间就可能形成竞争，因此，行业环境分析还应包括对生产替代品企业的分析。

替代品生产厂家的分析主要包括两个内容：一是确定哪些产品可以替代本企业提供的产品；二是判断哪些类型的产品可能对本企业（行业）经营造成威胁。这里主要考虑性价比的问题，如果两种可能互相替代的产品性价比相同，其之间的竞争则会激烈；如果两种可能互相替代产品的性价比悬殊较大，则互相间不会造成实际的威胁。

4. 用户分析（消费者分析）

用户在两个方面影响行业内企业的经营：一是用户对产品的总需求决定着行业的市场潜力，从而影响行业内所有企业的发展边界；二是不同用户的讨价还价能力会诱发企业之间的价格竞争，从而影响企业的获利能力。前者要考虑的问题主要有了解用户需求的内容、趋势和特点，用户的消费心理、消费习俗及层次等，既要努力满足用户的需要，又要积极引导需求，创造新的市场；后者要考虑的问题主要有用户购买量的大小、企业产品的性质、企业产品对用户的重要性等。

5. 供应商分析

供应商向行业内的企业提供原材料、零部件等投入性资源。为创业者所在行业提供产品和服务的供应商的数量、特点和态度是供应商分析中要评价的因素，数量的多少决定了供应商的垄断性及在商务谈判中所处的地位，而特点和态度则既关系到相互关系的稳定性和融洽程度，也关系到创业者超过竞争对手取得与供应商良好合作关系的难易程度。

第二节　创业愿望开发

知己知彼，方能百战百胜。上面重点介绍了对创业外部环境的分析，其实比"知彼"更重要的是还要"知己"。知彼而不知己，做出的任何预测和决策都是空中楼阁，不具有现实性和可行性。因此，创业者在寻找和分析外部机遇时，时刻不能忘记自身的优势与劣势。只有将自己的优势与外部的机遇有机地结合起来，才能使创业成功。

内部环境是创业组织内部各种创业要素和资源的总称，如人员、资金、设施、技术、产品、生产、管理、运营等方面的情况。内部环境是创业者的"家园"，对创业活动的开展至关重要，是创业活动的根基，也就是图 3-1 的中心——企业：创业者与创业企业。要从创业团队、资金及其来源、产品竞争能力、技术开发水平、生产工艺、市场渠道能力、货源等方面找出自身的优势与劣势。

在诸多创业资源中，创业者资源是最根本的资源。从投资人角度看，影响他们投资决策的第一因素是"谁是创业者""创业团队由哪些人组成"，投资者很容易被"公司创业带头人的创造才能"所吸引。所以，在投资人眼里，一流的项目加上二流的团队，等于二流的创业；二流的项目加上一流的团队，等于一流的创业。因此，创业者资源开发对于成功创业非常重要。

然而，一提到创业者资源，人们可能马上想到的是自己拥有的资金、房子、汽车、设备等有形资源或自己具有某种特殊技术等"绝活"。但事实上，创业者资源远不止这些。创业者资源是指创业者自身所拥有并能够控制的、对自主创业有价值的一切事物，包括有形资源和无形资源。因此，从创业的角度，重新分析、认识、评估和开发创业者创业资源的储量与价值非常必要。

一、创业愿望

创业愿望是创业者需要开发的第一资源。在企业、在演艺界、在大学，到处可以见到那种具备"一招鲜、吃遍天"特殊技能、有资金也有很好的人际关系和社会交往的人在为别人打工，你要是问他们为什么不自己创业做老板呢？他们会告诉你，"没想过""不喜欢""做不来""不敢做"等。说到底，是缺乏创业的愿望。

大量的研究表明，强烈的创业愿望几乎是成功创业的充分条件。只要创业者具有这一强劲的内驱力，那么他就会一次次地寻找商机，充满激情地去创业。那么，到底什么是创业愿望呢？创业愿望其实就是创业者"清理过的真实向往"与"清理过的真实现实"的交集，如图 3-3 所示。

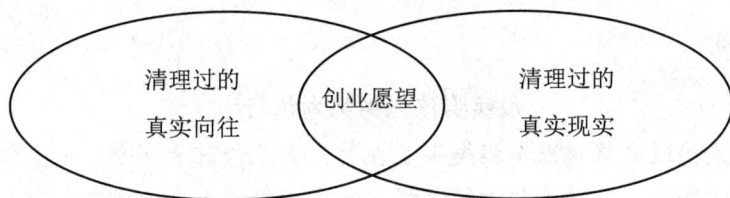

图 3-3　创业愿望

清理过的真实向往是创业者把心灵深处对创业的真正愿望、渴望，甚至儿时的幻想都重新进行审视、明确、加深和确认；清理过的真实现实是指创业者跳出现实生活中自我限制的思维模式与生活模式的传统框架，从创业的客观条件去观察、了解真实的现实。创业愿望是创业者以自己真心向往的事情为起点，以客观真实的现实为约束条件，所形成的创业要求与知觉。

创业愿望是被唤起的"初衷"，它隐藏于创业者心灵深处，是最初的、原始的、难以忘怀的心愿；创业愿望是被激发的"渴望"，它是创业者一直想做，但由于种种原因的限制，始终未能如愿的事业；创业愿望是被挖掘出的"价值"，它在创业者生活中具有至高无上的地位，比做其他事业更有价值；创业愿望是"理性的选择"，它是根据创业者真实的现实情况而清理过的初衷、渴望和价值，是创业者激情和理智的结合。

在现实生活中，人们的行为更多地被利益驱使，被条件限制或为生活所迫，而忘却或忽视了内心的愿望。对于大学生来说，创业不同于就业，就业是生活选择你，创业却是你在自主地选择生活，而且是选择了一种具有挑战性的生活。因此，要善待自己的创业愿望，要把创业愿望作为创业的第一资源，像淘金一样在内心深处发现它，在创业过程尊重它。沿着创业愿望的方向进行创业的人，才是创业队伍中最幸福和最有成功希望的人。

二、创业者有形资源开发

在很多情况下，是创业者的无形资源决定有形资源的开发和利用，即创业者创业愿望的强烈程度、创业动机与目的的不同和成功创业标准的水平，决定着创业者自身的哪些优势可以成为创业资源。能否将创业者身上的"一根草"变成创业的"法宝"，全在创业者如何将自己的资源优势开发和利用为创业资源。

对创业者资源需要进行优势与劣势的分析，一是为了发现创业者的优势资源，将资源优势转化为创业优势，并作为创业项目选择的依据；二是根据自己的资源状况，重新进行资源整合，形成创业优势。在此请注意，所谓的优势与劣势是相对于行业平均水平或是竞争对手而言，绝不是自己跟自己比较。比如你认为你的唱歌比画画好，你就说唱歌是你的优势，这是不对的。因为如果在你所处的环境里，别人唱歌都比你好，而画画却不如你，那么，尽管你的唱歌水平好于画画，唱歌却不是你的优势，而是劣势，而画画却是你的优势。

事实上，创业者的创业优势与劣势不仅来自于创业者能够掌握的资源状况，还在于创业者对现有资源的认识、整合和综合运用，即资源的开发和利用。我们可以通过下面的案例来说明这个道理。

📝 身边的故事

残疾男孩化劣势为优势[1]

一个非常热爱柔道的男孩因车祸失去了左臂，其母念孩子可怜，花重金聘请了一位高级柔道教练教孩子柔道，以满足孩子的爱好。一年一年过去了，这个失去左臂的孩子柔道技术不断增强，不仅参加了各级柔道比赛，而且取得了优异的成绩，最后竟然在国家柔道比赛中获得了冠军。孩子及其家人都感到诧异，问教练原因，教练说："第一，这个孩子喜爱柔道，特别是失去左臂之后，爱得更加强烈和专一；第二，我教给了他柔道的核心技术；

---

[1] 辽宁省教育厅. 就业与创业概论[M]. 2版. 沈阳：辽宁大学出版社，2007.

第三，根据他没有左臂的特点，专门为他量身定做了一套战术，要想破此术，唯一的办法就是抓住他的左臂，而他恰恰没有左臂。"

从这个案例中我们可以看到，这个男孩在柔道方面拥有的资源是对柔道的热爱、家庭的经济条件、母亲的支持和没有左臂。按常理，前三项是从事柔道的优势资源，没有左臂则是从事柔道的劣势资源，甚至是否定性条件，但是，这一劣势资源在教练的整合下，成为了男孩柔道成功的优势资源。所以，你所拥有的资源对创业而言是优势还是劣势，不能按常规来判断，要按实际情况对这些资源进行有效的整合和运用，要辩证地判断资源的优势与劣势。

三、创业者资源检视

作为一个创业者，首先要思考什么是你的创业资源，包括"没有左臂"也应该作为资源来对待；其次要考虑这些资源在怎样的运作下才能成为优势，要跳出传统的框架去思考。请运用上述思想，认真思考填写表 3-1。这是一个重新组织自己创业资源的过程，要实事求是，有就写，没有就空着，表中所列的各项资源仅供选择时参考，适合就打√，不适合就在后面"其他"项自行填写。

表 3-1 创业者资源分析

针对你的创业愿望，请重新评估你的创业资源
我的有形资产资源是：现金、房屋、设备、材料、运输工具、其他：
我的有形资产的优势是：
我的有形资产的劣势是：
针对创业我拟采取的对策是：
我的无形资产资源是：特殊技能、经营权、秘方、口碑、声誉、其他：
我的无形资产的优势是：
我的无形资产的劣势是：
针对创业我拟采取的对策是：
我的社会关系资源是：亲属、朋友、同学、其他：
我的社会关系的优势是：
我的社会关系的劣势是：
针对创业我拟采取的对策是：
我的人际交往资源是：人缘、交际能力、其他：
我的人际交往优势是：
我的人际交往劣势是：
针对创业我拟采取的对策是：
我的体力资源是：力量、速度、耐力、灵活、其他：
我的体力资源优势是：
我的体力资源劣势是：
针对创业我拟采取的对策是：

我的脑力资源是：算术、语言、悟性、记忆、其他：

我的脑力资源的优势是：

我的脑力资源的劣势是：

针对创业我拟采取的对策是：

我的技术资源是：经营管理、销售、烹饪、修车、养鱼、品茶、其他：

我的技术资源的优势是：

我的技术资源的劣势是：

针对创业我拟采取的对策是：

我的知识资源是：学历、阅历、社会知识、其他：

我的知识资源优势是：

我的知识资源劣势是：

针对创业我拟采取的对策是：

我的学习资源是（能学什么）：手艺、语言、其他：

我的学习资源优势是：

我的学习资源劣势是：

针对创业我拟采取的对策是：

我的兴趣资源是：花卉、汽车、其他：

我的兴趣资源优势是：

我的兴趣资源劣势是：

针对创业我拟采取的对策是：

我的经历资源是：下乡、参军、其他：

我的经历资源优势是：

我的经历资源劣势是：

针对创业我拟采取的对策是：

我的经验资源是：销售经验、经商经验、管理经验、其他：

我的经验资源优势是：

我的经验资源劣势是：

针对创业我拟采取的对策是：

我的年龄资源是：年轻、中年、老年、其他：

我的年龄资源优势是：

我的年龄资源劣势是：

针对创业我拟采取的对策是：

我的民族资源是：少数民族、特殊风俗、其他：

我的民族资源优势是：

我的民族资源劣势是：

针对创业我拟采取的对策是：

我的相貌资源是：憨厚、机灵、俊美、其他：

我的相貌资源优势是：

我的相貌资源劣势是：

针对创业我拟采取的对策是：

续表

我的其他资源是：	
我的优势是：	
我的劣势是：	
针对创业我拟采取的对策是：	
我的其他资源是：	
我的优势是：	
我的劣势是：	
针对创业我拟采取的对策是：	

按重要性排序，我的优势资源是：

1	2
3	4
5	6

按重要性排序，我的劣势资源是：

1	2
3	4
5	6

扬长避短，把自己最大的资源优势转化为创业优势的对策是：

很多人在填写完表 3-1 后，发现自己的优势资源并不多，甚至很少，从而感到很迷茫，甚至于不知所措。其实，这是正常的现象。分析创业者创业资源的目的就是根据创业的特点重新清理和整合个人资源，搞清楚什么是自己的优势资源，什么是自己的劣势资源，从而扬长避短，充分利用自己的优势资源进行成功创业。

显然，优势资源多自然是件好事，因为你具备了更多的创业条件。但具备好的条件是一回事，利用好条件去创业是另一回事。优势资源的多少并不是最重要的，重要的是如何将某一个或某几个资源优势转化为创业优势和经营优势。

正所谓"一招鲜，吃遍天"，所以，创业者不必为优势资源少而丧失信心，也没有必要和别人进行资源攀比，而应该把注意力集中在自己的一招"鲜"是什么，怎样用好这招"鲜"去创天下，怎样把它变为创业优势和竞争优势，如前所述的那位失去左臂的男孩，其柔道教练将男孩没有左臂的劣势转变为成功的优势。

在弄清自身的优势与劣势后，要与外部环境的机遇与威胁放在一起进行综合性分析，典型的最常见的分析方法是 SWOT 分析法。该方法是将企业外部环境的机会（O：opportunity）与威胁（T：threat），内部条件的优势（S：strength）与劣势（W：weakness）分为横纵两个纬度，加以对照分析，即可一目了然，又可从内外环境条件的相互联系中做出更深入的分析评价和选择。详见第四章第四节 SWOT 分析方法。

对于既有市场机会，又具备竞争优势的项目，我们要积极开拓市场，并争取形成领先的市场地位；对于有市场机会，但不具备竞争优势的项目，我们要尽快强化自身能力、补足自身短板，争取抓住市场机会；对于有市场威胁，但有竞争优势的领域，我们要保持我们的竞争优势，巩固市场地位；对于既无竞争优势，也无市场机会的领域，就要坚决放弃。

第三节　创业者的基本素质：创业精神

如果你不愿冒任何风险，你就是在冒更大的风险。

——Erica Jong

名人似乎总有与众不同之处，比尔·盖茨之所以会成为当今世界著名的成功人士，其独特的性格特征也许早已注定了他的非同寻常。盖茨是个典型的工作狂，他的动力来自于兴趣，这种品质从他中学时期就已经表现得淋漓尽致。无论是在电脑房钻研电脑，还是玩扑克，他都废寝忘食、不知疲倦。上大学时，扑克和计算机占据了盖茨的大部分时间。

后来，当他在阿尔布开克创业时期，除了谈生意、出差，就是在公司里通宵达旦地工作。一位曾到过盖茨住所的人惊讶地发现，他的房间中不仅没有电视机，甚至连必要的生活家具都没有。

开着一辆中学时打工赚来的白色宝马车，后座载着3台电脑，迈克尔·戴尔进入了他的大学生涯。但是，和一般大学新生不同的是，他拥有丰富的电脑知识和敏感的生意头脑，很快就在宿舍里卖起自己组装的电脑。戴尔的创业就是开始于这种兼职。

诚然，创业者的背景、动机各有不同，但正像萝卜、白菜一样，虽然营养成分、味道各不相同，但它们都是蔬菜，都可以供人们充饥止饿、滋养身体，这是它们的共性。创业者也有共性，这就是我们要讲的创业者素质，也是创业者应具备的基本素质。通过大量案例的研究，我们发现成功的创业者具有多种共同的特质，其中最为重要的有欲望、自信、忍耐、胆量、眼界、敏感、明势、谋略八大特质。前四种可以归为创业精神，后四种可以归为创业能力（业务能力），创业精神是成功创业的前提，创业能力是创业成功的保证。

研究创业者的共性，并把握这些共性，是一件非常有意义的事情。通过研究掌握那些成功创业者的共性，你可以反观自己，判断自己是否适合创业，如要创业需要弥补哪些不足等。本节和第四节将分别从创业精神和创业能力两大方面揭开成功创业者的英雄本色。

创业精神既是创业的动力源泉，也是创业的精神支柱，是成功创业的前提。没有创业精神一般来说就不会有创业行动，也就无从谈起创业。即便是创业，也往往是浅尝辄止，半途而废，因为创业的道路不会是一帆风顺的，总是充满困难和荆棘。因此，顽强的创业精神对于成功创业是至关重要的。创业精神主要包括欲望、自信、忍耐和胆量四个方面。

一、欲望（理想/进取心），成功创业的内在动力

欲望，实际上就是一种生活目标，一种人生理想。创业者的欲望与普通人欲望的不同之处在于，他们的欲望往往超出他们的现实，往往需要打破他们现在的立足点，打破眼前的樊笼才能够实现。所以，创业者的欲望往往伴随着行动力和牺牲精神。这不是普通人能够做到的。你到任何一个政府机关的门口观察，都可以发现这样一种人：他们表情木然、行动萧索、心态落寞，他们唯一的心愿就是眼前的局面能够维持。他们祈愿的是机构改革千万不要改到自己身上，再就是每月工资能够按时足额发放。他们本来有足够的学识，有

足够的能力以及资源来开创一番事业的，但是他们没有这样的欲望，他们觉得眼前的生活就足够好。这样的人不限于机关，任何一个有人群的地方都有这样的人，而且人数庞大，你如何能够指望这样的人去创业呢？

我们说的创业者的欲望是高于现实的，需要踮起脚才能够得着，有的时候需要跳起来才能够得着。上海有一个文峰国际集团，老板姓陈名浩，是一个四十多岁的男人。1995年，陈浩挟着20万块钱来到上海，从一个小小的美容店做起，现在已经在上海拥有了三十多家大型美容院、一家生物制药厂、一家化妆品厂和一所美容美发职业培训学校，并在全国建立了三百多家连锁加盟店，据说个人资产超过亿元。陈浩有一句话："一个人的梦想有多大，他的事业就会有多大。"所谓梦想，不过是欲望的别名。你可以想象欲望对一个人的推动作用有多大。

其实，成功创业者的欲望许多来自于现实生活的刺激，是在外力的作用下产生的，而且往往不是正面的鼓励型的。刺激的发出者经常让承受者感到屈辱、痛苦。这种刺激经常在被刺激者心中激起一种强烈的愤懑、愤恨与反抗精神，从而使他们做出一种"超常规"的行动，焕发起"超常规"的能力，这大概就是孟子说的"知耻而后勇"。一些创业者在创业成功后往往会说："我自己也没有想到自己竟然还有这两下子。"因为想得到，而凭自己现在的身份、地位、财富得不到，所以要去创业，要靠创业改变身份，提高地位，积累财富，这构成了许多创业者的人生"三部曲"。美国最大的广告公司伯勒尔通讯集团，年收入已超过6000万美元。托马斯·伯勒尔讲到最初激发他创业的两个原因：一是孩提时代母亲就鼓励他自立；二是作为非洲裔的他所面对的非洲裔美国人的客观环境。在别人的公司，无论自己多么成功，总会有某种障碍阻止他一路前进，即使能平步青云，也得遵守别人指定的规则和工作时间。而在自己的公司里，自己会做得更好。

个案研究

吉盛伟邦邹文龙的"三大差别"[①]

做家具生意的吉盛伟邦在上海有很大名声，它的老板叫邹文龙。邹文龙来自北方冰雪之国的长春，在一向瞧不起"外地佬"，尤其是"北方佬"的上海打出了一片天地，身家要以若干个亿元计算。邹文龙在接受媒体采访时说自己的创业动力来自"三大差别"。这"三大差别"不是他自己提的，是他现在的岳父给他提的。邹文龙说自己早恋，高二就开始谈恋爱，身体又不好，后来女朋友考上了大学，他却落了榜。他女朋友的父亲就对他说：你和我的女儿有三大差别。第一是城乡差别。女朋友是城市户口而邹文龙却来自贫穷的农村。第二是脑力劳动与体力劳动的差别。邹文龙的女朋友已经考上了大学，而邹文龙却不得不接一个亲戚的班，到一个小杂货店搬油盐酱醋出卖劳动力。第三是健康上的差别。邹文龙因为身体不好导致大学都没有考上，难以想象一个身体不好的人以后怎么靠体力活儿吃饭，你怎么能够养得活我的女儿？所以，你和我女儿谈恋爱，坚决不成！

要想不放弃自己的女朋友，那就只有一条路，就是消灭"三大差别"。在这样的情况下，

---

① 郭晓鹭. 吉盛伟邦董事长邹文龙：有野心才能创造奇迹[N]. 南方都市报, 2008-03-21.

邹文龙开始了创业，并且创业成功。现在，女朋友早已变成了老婆，邹文龙还是喜欢对老婆说："我都是为你做的。"实际上，邹文龙说错了，他不是"为你做的"，而是"为了得到你做的"。这就是欲望的作用，再辅之以出色的行动力，邹文龙终于如愿以偿，"抱得美人归"。

因为欲望而不甘心，而创业，而行动，而成功，这是大多数白手起家的创业者走过的共同道路。丝宝集团的梁亮胜、杉杉西服的郑永刚都是在欲望促使下走向成功的。关于人的欲望，知名地产大商冯仑有一段很精辟的论述。他说："地主的生活最愉快，企业家的生活最有成就感，奴隶主的生活最有权威。"地主地里能打多少粮食，预期很清楚，一旦预期清楚，欲望就会被自然约束，也就用不着再努力，所以，会过得很愉快。企业家不同，企业家的预期和他的努力相互作用，预期越高努力就越大，努力越大预期就越高，这两个作用力交替起作用，逼着企业家往前冲。如果用"创业者"代替冯仑这段话里的"企业家"，你会发现它同样贴切。欲望是创业的最大推动力。一个真正的创业者一定是强烈的欲望者，他们想拥有财富，想出人头地，想获得社会地位，想得到别人尊重。有人一谈起这些东西就觉得很庸俗，甚至一些成功者也不愿提起这样的话题，特别是一涉及钱，便变得很敏感、很禁忌，其实完全不必如此，禁"欲"的时代早已经结束。

二、自信（执着/充满自信），成功创业的心理支柱

创业者一般非常自信，确信自己的能力和经验。成功的创业者与众不同的地方在于他们永远拥有绝对的自信。一个人的成功不是命中注定的，而是完全靠自己掌握的，自己可以支配自己的命运。这种坚定不移的精神对创业初期面对各种困难时尤其重要。汽车大王福特决定开发8只汽缸的发动机时，设计师认为不可能。福特对此非常自信，表示无论如何要开发制造出来。一年过去了，仍未成功。福特没有气馁，继续坚持，最终取得了成功。福特V-8成为世界上获得辉煌成就的汽车，把福特汽车公司向前推进了几年。北京富亚企业为了展示其涂料的绿色无毒，总经理很认真地做实验，请小猫、小狗喝富亚涂料。一群动物保护组织的成员举行了抗议。在此情景下，总经理伸手拿来玻璃杯，张口喝了下去……在场的人惊呆了。富亚涂料当年的销量增加了400%。总经理喝的就是自信，就是市场。

成功的创业家都具有能感染他人的强烈自信。缺乏自信的人不适合创业，因为创业是一项开创性的工作。成功的创业者都有很强烈的自信心，相信自己的判断，坚信自己的决策，而不习惯于听命于人。对创业者来说，自信是必不可少的品质，尤其是在创业期间，只有自信的创业者才能顶住压力，坚持、坚持、再坚持，执着、执着、再执着，最终取得创业成功。美通公司创办者王维嘉认为，他读博士的最大收获就是获得了自信。他说："如果有一种方法，比如可以通过催眠术使我达到自信状态，我就会省去读博士的时间。"

自信与执着密不可分。执着，指的是对自己向往的东西、喜爱的工作有锲而不舍的劲头，对自己的创业目标和信念永不放弃。"只有坚持不懈，才有可能成功。"伟大的创业者无一不把这句话作为座右铭。经历一次又一次的失败而决不放弃，是创业者的主要行为特征。在创业的道路上，只有执着地沿着既定的目标和方向前进，才能克服创业道路上遇到的危机和障碍。

创业不是一朝一夕就能有所成的，需要付出很多艰辛。你有才华，还要有机遇，更要有超出常人不能承受的毅力。下面与读者分享一个在阿里巴巴创业咨询论坛上的故事，故事讲述了一个温州商人的成功经历。创业路上的大学生们不妨小憩片刻，也许这个故事会让你很受启发。

■ 个案研究

8 年的执着，亿万元的成就①

张某是温州的千万商人中很普通的一员，农民出身，高中文化，27 岁，应聘到一家医药公司当销售员，到北方去跑销售。北方有一家不起眼的医药厂，年利润只有几十万，而且设备陈旧落后，赶不上时代的发展，几乎要被市场淘汰出局，张某对这家企业做了详尽的考察，结合市场状况，做出初步分析：第一，该企业设备落后，资金不充沛，但产品的市场需求很大；第二，该企业缺乏一支有力的销售团队，所以，南方市场空白，北方市场也很小，但只要有资金注入，即可出现生机。

张某于是想到了与亲友一起收购该企业，张在与该企业接触过程中，当地政府也意识到该企业的内在潜力，于是，准备注入资金，进行企业改制。张某只好在等待中静观其变，伺机而动。然而，政府部门做事相当拖沓，一年过去，丝毫没有动静，张某想到了放弃，可是又心有不甘，于是找了个 10 元钱的旅社准备长期住下，并保持与其内部人士的接触，了解事情的进展，就这样，一守就是 8 年。8 年里，他每天都只住 10 元钱的旅社，吃 3 元钱的泡面。8 年里，他看到了该企业的变化：政府经过多年的努力，帮助该企业获得生机，并成功上市。8 年里，张某虽然未成为该企业的股东，却拿到了一年 3000 多万元的产品包装订单。今天，当许多人还在为生计忙碌的时候，他已经拥有了亿万元的印务企业。他，成功了。

也许你还在创业路上徘徊，也许你还为自己的信念犹豫不决，不要害怕，不要放弃，成功就差一步，那就是坚持。时间在变，市场在变，机遇在变，而唯一没变的是成功的信念，以及我们一贯的坚持！

三、忍耐（信念/意志顽强），成功创业的必要保障

成语里有一句"艰难困苦、玉汝于成"，还有一句"筚路蓝缕"，意思都是说创业不易。不易在哪里呢？首先是要忍受肉体上和精神上的折磨。肉体上的折磨还好办一些，挺一挺就过去了，就像王江民。王江民四十多岁到中关村创业，靠卖杀毒软件几乎一夜间就变成了百万富翁，几年后又变成了亿万富翁，他曾被称为中关村百万富翁第一人。王江民的成功看起来很容易，不费吹灰之力。其实不然，王江民困难的时候，曾经一次被人骗走了 500 万元。王江民的成功，可以说是偶然之中蕴含着必然。

---

① 摘编自阿里巴巴创业咨询论坛《住了 8 年 10 元旅社，终熬成亿万富翁》。

个案研究

王江民意志坚强拔头筹

王江民3岁的时候患过小儿麻痹症，落下终身残疾。他从来没有进过正规大学的校门，二十多岁还在一个街道小厂当技术员，38岁之前不知道电脑为何物。王江民的成功，在于他对痛苦的忍受力，从上中学起，他就开始有意识地磨练意志，"比如说爬山。我经常去爬山，500米高很快就爬上去了，慢慢地爬上去也就不感觉到累。再一个就是下海游泳，从不会游泳到喝海水，最后到会游泳，一直到很冷的天也要下水游泳，去锻炼自己在冰冷的海水中的忍受力。比如，别人要游到1000米、2000米，那么我也要游到1000米、2000米，游到两三千米以后再上岸的时候都不会走路了，累得站不起来了。就这样锻炼自己，来磨练自己的意志。"当他四十多岁辞职来到中关村，面对欺骗，面对商业对手不计手段、不遗余力的打击，都能够坦然面对。所以，中关村能人虽多，倒让这样一个外来的残疾人拔了百万富翁的头筹。

中关村还有一个与王江民异曲同工的人，就是华旗的老总冯军。冯军是清华大学的高材生，读大学时就在北京的秀水街给倒货的留学生当翻译赚外快。毕业后也遇到一份好工作，他却不愿意干，宁愿跑到"村里"自己打江山。冯军在中关村又有"冯五块"的称号，意思是说，他每样东西只赚你五块钱。有媒体曾经这样描述冯军在"村里"的生活，"冯军一次用三轮车载四箱键盘和机箱去电子市场，但他一次只能搬两箱，他将两箱搬到他能看到的地方，折回头再搬另外两箱。就这样，他将四箱货从一楼搬到二楼，再从二楼搬到三楼。如此往复。"这样的生活，有时会让人累得瘫在地上站不起来。

冯军在中关村创业，首先就要丢掉清华大学高材生的面子。俗话说"物以类聚，人以群分。"在中关村和冯军干一样活儿的人，大多数是来自安徽、河南的农民，如中关村的CPU批发生意，60%以上都是由来自安徽霍邱县冯井镇的农民把持着。一个清华大学的高材生，要整天与这样一些人打交道、厮混，不是一件好受的事情，需要很好的心理承受能力。为了让人家代理自己的产品，"村里"那些摊主儿不论大小都是自己的爷，见人就得点头哈腰，赔笑脸说好话。

后来，冯军又遇到了新的难题，就是与朗科的优盘专利权纷争。郎科的创始人邓国顺也是一个传奇人物，从打工仔成长为亿万富翁，邓国顺只用了短短的几年时间，中间也经受了无数的折磨。现在邓国顺的朗科拥有优盘的专利，冯军的华旗却想来分一杯羹。邓国顺不答应，两家就起了纷争。冯军息事宁人想和解，天天给邓国顺打电话，但是邓国顺一听是冯军的声音就挂电话，逼得冯军不得不换着号码给他打。冯军大小也是个老板，华旗在中关村虽不算出类拔萃，但也不是寂寂无名，这样低声下气地让人不待见，还不都是为了公司的生意。这是创业者需要忍受的另一种精神折磨。

对一般人来说，忍耐是一种美德，对创业者来说，忍耐却是必须具备的品格。对创业来说，肉体上的折磨算不得什么，精神上的折磨才是致命的。如果有心自己创业，一定要先在心里问一问自己，面对从肉体到精神上的全面折磨，你有没有那样一种宠辱不惊的"定力"与艰苦奋斗的精神。如果没有，那么一定不要冒然去创业。对有些人来说，一辈子给别人打工，做一个打工仔，是一个更合适的选择。

四、胆量（敢于冒险），成功创业的必要基础

有位管理学家说过，冒险就好像探索一片充满神秘的沼泽地，你必须携带足够的食品、器材和指南针。敢于冒险几乎是所有创业者共同的特性，但是创业者绝不是野蛮的冒险者，而是擅长衡量风险的冒险者。如果你要问：什么样的人最适合创业？有人回答说是赌徒，你不要吃惊。道理很简单，创业本身就是一项冒险的活动，需要强大的心理承受能力。赌徒最有胆量，敢下注，想赢也敢输，所以，他们最适合创业。科学研究发现，赌徒的心理承受能力远远强过普通人，而创业正是最需要强大心理承受能力的一项活动。

研究发现，大凡成功人士都有某种程度的赌性。史玉柱的赌性大家都知道。当年，在深圳开发 M-6401 桌面排版印刷系统，史玉柱的身上只剩下了 4000 元钱，他却向《计算机世界》定下了一个 8400 元的广告版面，唯一的要求就是先刊登广告后付钱。他的期限只有 15 天，前 12 天他都分文未进，第 13 天他收到了 3 笔汇款，总共是 15 820 元。两个月后，他赚到了 10 万元。史玉柱将 10 万元又全部投入做广告，4 个月后，他成了百万富翁。这段故事如今为人们津津乐道。但是想一想，要是 15 天过去，史玉柱收来的钱不够付广告费呢？要是之后《计算机世界》再在报纸上发一个向史玉柱的讨债声明呢？我们大概永远也不会看到一个轰轰烈烈的史玉柱和一个赌性十足的史玉柱了。

很多创业者在创业的道路上，都有过"惊险一跳"的经历。这一跳成功了，功成名就，白日飞升；要是跳不成，就只好从头再来了。

当然，创业者不等同于赌徒。成功的创业者与赌徒不同，不会在绝望或狂热中孤注一掷、不计后果。创业需要胆量，需要冒险，冒险精神是创业家精神的一个重要组成部分，但创业毕竟不是赌博。创业的冒险，迥异于冒进。

有一个故事：一个人问一个哲学家，什么是冒险，什么是冒进？哲学家说，比如有一个山洞，山洞里有一桶金子，你进去把金子拿了出来。假如那山洞是一个狼洞，你就是冒险；假如那山洞是一个老虎洞，你就是冒进。这个人表示懂了。哲学家又说，假如那山洞里的只是一捆劈柴，那么，即使那是一个狗洞，你也是冒进。这个故事讲的是什么意思？它的意思就是说，冒险是这样一种东西，你经过努力有可能得到，而且那东西值得你得到。否则，你只是冒进，死了都不值得。

创业者很清楚，要实现他们的理想和奋斗目标，就要勇于承担风险，这样才有可能获得巨大的成功。以常人的观念来看，创业者的目标可能看起来很高，甚至不可能会实现，但是他们倾向于乐观对待成功的机会，并且通常这种乐观是基于现实的。创业者一定要分清冒险与冒进的关系，要区分什么是勇敢，什么是无知。无知的冒进只会使事情变得更糟，你的行为将变得毫无意义，并且惹人耻笑。

第四节 创业者的基本素质：创业能力

有了创业精神可以产生创业行动，然而要想创业成功，光有顽强的创业精神是远远不

够的，还需要有强大的创业能力。创业能力是创业的武器，是创业成功的保证。创业能力（业务能力）主要包括眼界、敏感、明势和谋略四个方面。

一、眼界（眼光），发现市场的预见性

人们都喜欢夸耀自己见多识广，对于创业者来说，就不能是夸耀，而是要真正见多识广。广博的见识，开阔的眼界，可以有效地拉近自己与成功的距离，使创业活动少走弯路。通过研究大量创业案例，发现这些创业者创业思路的主要来源包括职业、阅读、行路和交友等。

（1）职业。俗话说，不熟不做，由原来所从事的职业下海，对行业的运作规律、技术、管理都非常熟悉，对人员、市场也熟悉，这样的创业活动成功的概率很大。这是最常见的一种创业思路的来源。

（2）阅读，包括书、报纸、杂志等。比亚迪老总王传福的创业灵感来自一份国际电池行业动态，一份简报似的东西。1993年的一天，王传福在一份国际电池行业动态上读到，日本宣布本土将不再生产镍镉电池，王传福立刻意识到这将引发镍镉电池生产基地的国际大转移，这让他意识到自己创业的机会来了。果然，随后的几年，王传福利用日本企业撤出留下的市场空隙，加之自己原先在电池行业多年的技术和人脉基础，做得顺风顺水，财富像涨水似的往上冒。他于2002年进入《福布斯》杂志中国富豪榜。另一位财富英雄郑永刚，据说将企业做起来后，已经不太过问企业的事情，每天大多时间都花在读书、看报、思考企业战略上面。很多人将读书与休闲等同，对创业者来说，阅读是工作的一部分，一定要有这样的意识。

（3）行路。俗话说："读万卷书，行千里路。"行路，各处走走看看，是开阔眼界的好方法。《福布斯》中国富豪里面少有的女富豪之一——沈爱琴，说自己最喜欢的就是出国。出国不是为了玩，而是去增长见识，以便更好地领导企业。有研究表明，有两成以上的创业者最初的创业创意来自于他们在国外的旅行、参观、学习。像刘力1995年创立北京人众拓展训练有限公司，将拓展训练当成自己创业的主要落脚点，其灵感就来自于他在英国、瑞典等国考察时对拓展训练的接触。"当初的震撼非文字所能够表达。"回国后，刘力便照猫画虎模仿了起来，效果非常好。现在有空到那儿上一堂拓展训练课，已经成为都市有产阶级的时尚玩意。北大等学校在帮助企业训练企业领袖时，拓展训练就是其中一项重要手段。

行路意味着什么，或者换句话说，眼界意味着什么？如果你是一个创业者，开阔的眼界意味着你不但在创业伊始可以有一个比别人更好的起步，有时候它甚至可以挽救你和你企业的命运。眼界的作用，不仅表现在创业者的创业之初，它会一直贯穿于创业者的整个创业历程。"一个人的心胸有多广，他的世界就会有多大。"我们可以说："一个创业者的眼界有多宽，他的事业也就会有多大。"

（4）交友。很多创业者最初的创业Idea（主意）都是在朋友启发下产生，或干脆就是由朋友直接提出的。所以，这些人在创业成功后，都会更加积极地保持与从前朋友的联系，并且广交天下朋友，不断地开拓自己的社交圈子。时尚蜡烛领头羊山东金王集团创始人陈索斌的创业 Idea，便是来自于一次朋友家的闲谈。昆明赫赫有名的"云南王"、新晟源（昆明最大的汽车配件公司）老板何新源有两大爱好，其中之一就是仍保持着和朋友在茶楼酒馆喝茶谈天的爱好。何新源称其为"头脑风暴"。这样的头脑风暴，使他能够不断地有新思路、新点子，生意越做越大、越做越好。都说广东人是天下的生意人，你看一看，广东人里面有几个是不好泡茶楼的？泡茶楼，喝茶是一方面，交朋友谈生意是更重要的另一方面。原来北京人不太爱喝茶，现在北京的茶馆却多过米铺。这与近几年来北京的商业气息越来越浓不无关系，茶馆里面的人，十有八九是在交朋友、谈生意。

四大创业 Idea 的来源，也就是四大开阔眼界的有效方法。见钱眼开，莫如说眼开见钱，眼界开阔才能看见更多的钱，赚到更多的钱。因此奉劝创业者，有空一定要到处走一走，多和朋友谈一谈天，多阅读、多观察、多思考。"机遇只垂青有准备的头脑"，让自己"眼界大开"就是最好的准备。

二、敏感，对商机的快速反应

敏感不是神经过敏。神经过敏的人，像琼瑶小说里的那些角色，可以当花瓶，可以做茶余饭后的消遣，唯独不适合创业。创业者的敏感是对外界变化的敏感，尤其是对商业机会的快速反应。

潘石屹成为商场红人有他成为红人的理由。有谁能够从别人一句话里听出 8 亿元的商机，而且是隔着桌子的一句话，是几个不相干之人的一句话。别人不能，但潘石屹能。别人没有这个本事，潘石屹有这个本事。

■个案研究

潘石屹"一言 8 亿"

1992 年，潘石屹在海南万通集团任财务部经理。万通集团由冯仑、王功权等人于 1991 年在海南创立。冯仑、王功权都曾在南德集团做过事，当年都是"中国首富"牟其中的手下谋士。万通成立的前两年通过在海南炒楼赚了不少钱。1992 年，随着海南楼市泡沫的破灭，冯仑等人决定移师北京，派潘石屹打前锋。

潘石屹奉冯仑的将令，带着 5 万元差旅费来到了北京。这天，他（指潘石屹）在怀柔县政府食堂吃饭，听旁边吃饭的人说北京市给了怀柔四个定向募集资金的股份制公司指标，但没人愿意做。在深圳呆过的潘石屹知道指标就是钱，他不动声色地跟怀柔县体改办主任边吃边聊："我们来做一个行不行？"体改办主任说："好哇，可是现在来不及了，要准备 6 份材料，下星期就报上去。"

潘石屹立即将这个信息告诉了冯仑。冯仑马上让他找北京市体改委的一位负责人。这位领导说："这是件好事，你们愿意做就是积极支持改革，可以给你们宽限几天。"做定向募集资金的股份制公司，按要求需要找两个"中"字头的发起单位。通过各种关系，潘石屹最后找到了中国工程学会联合会和中国煤炭科学研究院作为发起单位。万事俱备，潘石屹用刚刚买的 4 万元一部的手机打电话问冯仑："准备做多大？"冯仑说："要和王功权商量一下。"王功权说："咱们现在做事情，肯定要上亿。"

潘石屹在电话那边催促冯仑快做决定："这边还等着上报材料呢。"冯仑就在电话那头告诉潘石屹："8最吉利，就注册8个亿吧。"北京万通就这样在什么都没做的情况下拿到了8个亿的现金融资。

以上这段文字出自IT著名记者刘韧的手笔，很生动。这就是潘石屹那个"一言8亿"的传奇故事。后来万通在海南做赔了本，多亏了潘石屹这一耳朵"听"来的8个亿，才有了万通的今天。潘石屹能赚到这笔钱不是出自偶然，而是源于他的商业敏感。

陈索斌是一个"海归"，在美国留过学，获得了经济学硕士学位。陈索斌所学与蜡烛无关，在创业之前他也未曾与蜡烛行业有任何接触。为什么他会选择时尚蜡烛作为自己的创业方向呢？原来1993年的一天晚上，陈索斌到一位朋友家中谈事，突然遇到停电，朋友的妻子赶紧找出一截红蜡烛点上，烛光下红彤彤的蜡烛一股股地冒着黑烟，忽明忽暗。朋友的妻子在旁边抱怨说："如今卫星都能上天了，怎么这蜡烛还是老样子，谁要是能捣鼓出不冒烟的蜡烛，说不定能得个诺贝尔奖什么的。"就是这样一句话触动了陈索斌，于是不久就有了"金王"。再不久，"金王"成了"中国时尚蜡烛之王"。随着"金王"的成功，陈索斌自然而然也就成了亿万富翁。对蜡烛黑烟的抱怨，相信不只陈索斌一个人听到过，为什么只有他抓住了这个机会呢？这只能归结于陈索斌比一般人更为强烈的商业敏感。

如果说潘石屹、陈索斌最初的财富都是用耳朵"听"来的，那么夏明宪最初的财富就是用眼睛"看"来的。1989年，在山城重庆开着一家小五金杂货店的夏明宪忽然发现买水管接头的人多了起来。他觉得很奇怪，这些人买这么多水管接头干什么用呢？后来一打听，才发现是一些先富起来的山城人，为了自身和家庭财产的安全，开始加固家里的门窗。买水管接头，就是为了将他们焊接起来，做成铁门防盗（当时还没有防盗门的概念）。夏明宪发现这个商机后，立即意识到自己的机会来了。他马上租了一个废置的防空洞，买来相应的工具，刨、锯、焊、磨地干了起来。一个多星期，他就做了20多扇"铁棍门"，赚了一大笔。后来顺着这个思路不断发展，就有了现在的"美心防盗门"，与盼盼防盗门一起成为了中国防盗门行业两块响当当的品牌。原来的五金店小老板变成了现在的防盗门大老板，成为山城重庆数得着的一个"财主"。这样的故事还有很多。

谈及商业敏感，梁伯强不能不谈。在财富道路上，梁伯强不是一个幸运儿。他曾经几次被命运打倒在地，但最后又倔强地爬了起来。他积累的财富几度灰飞烟灭，但又一次次在他"再来一次"的喊声中重新聚拢。1998年，或许是出于感动，命运改变了对梁伯强的态度，开始对他眷顾起来。这年4月的一天，梁伯强在一张别人用来包东西的旧报纸上，偶然读到一篇文章。这篇文章的名字叫作《话说指甲钳》。文章说，1997年10月27日，时任国务院副总理的朱镕基在中南海会见全国轻工企业第五届职工代表时说："（你们）要盯住市场缺口找活路，如指甲钳，我们生产的指甲钳，剪了两天就剪不动指甲了，使大劲也剪不断。"文章说，当时朱镕基还特意带来3把台湾地区朋友送给他的指甲钳，向与会代表展示其过硬的质量、美观的造型和实用的功能，并以此为例，激励大家要对产品质量高度重视，希望科技进步和技术创新，开发出更多更好的新产品，把产品档次、质量尽快提高上去。

梁伯强读到这篇文章，眼前一亮。他再一了解，得知这件事令当时的国家轻工业部压力很大，为此成立了专案小组。轻工部还联合五金制品协会在江浙开了几次会，寻求突破这个问题的方案，但都没有根本解决。梁伯强得知这些情况后非常兴奋，因为他做了十多年的五金制品，这正是他擅长的事情。他知道机会来了。梁伯强的"非常小器·圣雅伦"指甲钳就是在这种背景下产生的。现在，梁伯强号称"世界指甲钳大王"。一个一向不顺的创业者，在蹉跎了半辈子后，终于靠自己的一次敏悟改变了命运。当然，梁伯强的成功还有很重要的一点，就是他懂得下面所要讲的明势与借势。他借的是朱镕基讲话之势，借的是轻工业部"老房子着火"之势，因而一举成功，一鸣惊人。

三、明势，顺应潮流借势飞跃

借力而行，行必风行；借势而跃，跃必飞跃。

大势：研究政策；中势：是指市场机会；小势：个人的能力、性格、特长。

在《西楚霸王》一书里有句名言：创建事业初期，贵在蓄势；能蓄势，才可以待机。这里有两个关键因素攸关创业的成败：一个是势，也就是发展的大方向；另一个是策略与速度。对创业者而言，如果所经营的行业是大势所趋，就必须要有信心地往前走，顺势而为，并且积蓄力量。然而，如果方向正确，但是速度调配不适当，走得太快，消耗体力太多，便可能坚持不到最后的胜利；太慢，又容易错过机会。所以，必须衡量企业的能力，有策略地持续前进，蓄势待机、遇机不过（遇到机会不错过、不放过）。也就是俗话说的：先活下来，才可以追求发展。

势，就是趋向。做过期货的人都知道，要想赚钱关键是要做对方向，这个方向就是势。比方说，大势向空，你偏做多；或者大势利多，你偏做空，你不赔钱谁赔钱？反过来说，做对方向，你就是不想赚钱都难。

势分大势、中势、小势。创业的人，一定要跟对形势，要研究政策。这是大势。很多创业者不太注意这方面的工作，认为政策研究"假、大、虚、空"，没有意义。实则不然。对一个创业者来说，大到国家领导人的更迭，小到一个乡镇芝麻小官的去留，都会对自己的创业有影响。在政策方面，国家鼓励发展什么，限制发展什么，对创业之成败更有莫大关系。做对了方向，顺着国家鼓励的层面努力，可事半功倍；做反了方向，比如说，某个行业、某类型企业，国家正准备从政策层面进行限制、淘汰，你偏赶在这时懵懵懂懂一头撞了进去，最终一定会鸡飞蛋打。

顺势而为，就是顺水推舟。李白诗词"朝辞白帝彩云间，千里江陵一日还。"是指顺水行舟。苏东坡坐船回老家，走的和李白是同一条路，却整整花了3个月。原因无他，李白顺水，东坡逆水。创业的道理也是一样。观察政府，研究政策，就是为了明大势。

中势指的就是市场机会。市场上现在时兴什么，流行什么，人们现在喜欢什么，不喜欢什么，可能就标明了你创业的方向。俞敏洪（新东方教育科技集团创始人）如果不是赶上了全国性的英语热和出国潮，他就是使再大的劲，洒再多的泪，流再多的汗，也未必会有今天的成功。

在得风气之先的珠三角，现在还包括长三角，许多中小创业者都非常懂得借势的道理。不少人依靠借势发了家。借什么势呢？借外资企业在本地投资的势。比如说，一个台湾地区的电脑主板厂家在内地建厂，他不可能什么都自己生产，有一些零配件，包括一些生活供应，都要依靠当地人解决。这就是势，有人称之为"为淘金者卖水"。其实不是卖水，而是大家一起淘金，只不过是有人淘的金块大一些，成色足一些；有人淘的金块小一些，成色差一些，但最后大家都有钱赚。在一个地方，大家都在做 IT，你偏要炼铁，你不赔钱谁赔钱？和市场主导一样，这就有个产业主导的概念。不管做什么，你一定要和身处的环境合拍，创业才容易成功。

这里有一个小技巧。假如你准备创业，而你的资金不足，经验也不足，那么你可以看看周围的人都在做什么，大家一起做的，就像上面说的情况，你跟着做，一般不会错，虽然不可能赚到大钱，但赔本的机会也少，风险也小，较适合于那些风险承受能力较弱的创业者。能赚到平均利润，对于小本经营的创业者就不错了。通过这样的锻炼，可以慢慢学习赚大钱的本领，慢慢积累赚大钱的资本，一旦机会来临，是龙翔九天，还是凤舞歧山，还不是由你说了算？假如你的本钱雄厚，风险承受能力强，你当然可以从创业伊始就剑走偏锋，寻"冷门"，赚大钱，只是这样的创业者不多。当然，要想赚大钱，就要与众不同，走差异化的路线，这需要有独到的眼光，能看到别人还没有看到的机会，当然也要承担更大的风险，走更长的路。

另外一种要注意的情况就是，对于完全大众化的项目，不能人云亦云。例如，小餐馆全国遍地都是，谁都能开，可是有人赚钱，有人赔钱，毗邻而居的两个餐馆，一个门庭若市，吃饭甚至要排队；一个餐馆门可罗雀，无人光顾。这里面竞争的就是菜肴的口味和服务的态度和技巧。菜肴的水平靠大厨，服务的态度和技巧无非就是热情周到些，结账抹个零等，然而这却不是谁都能做到的，尤其是对小本生意要长期坚持做到更不容易，很多小餐馆败就败在这点上。

再比如，养猪这个全国都流行的行业，你就不能完全随大流。在 2006 年春，全国生猪价都降到了每斤三四块钱的低点，许多养猪户都在赔钱，于是纷纷放弃养猪，你要不要也放弃？不要！如果许多人要放弃养猪，你就不应该放弃，因为随着养猪户的减少，生猪的供应也会减少，而猪肉这种生活必需品的需求不会有大的变化，故此猪肉的价格必然大幅上涨。经过多轮涨跌，2021 年 1 月生猪价格涨到了每斤十八块左右，坚持养猪的人都赚到了钱，于是许多曾经放弃养猪的人又后悔了，纷纷重新养猪，政府也积极采取措施平抑肉价，鼓励养猪，你又该如何办呢？

对于这种分散性强、进入壁垒低的行业，基本上是一个市场自发调节的行业，有钱赚就蜂拥而至，结果造成价格大跌，由赚钱变成亏钱。猪肉大量囤积，卖不出去，养猪户损失惨重，让人不禁想起政府曾经号召吃"爱国肉"的情景，因此，随大流往往会吃亏。要在这样的行业立足其实不难，只要在大众蜂拥而至时控制住自己，在大众纷纷逃离时坚守住就行了。

小势就是个人的能力、性格和特长。创业者在选择项目时，一定要找那些适合自己能力，契合自己兴趣，可以发挥自己特长的项目，这样才有利于你做持久性的全身心的投入。创业是一项折磨人的活动，创业者要有受罪的心理准备。

四、谋略，创业智慧守正出奇

创业是个斗体力，更是斗心力的活动；创业者不仅要能守正，更要有能力出奇。

有本事利用现有制度的缺陷，是智慧的表现。

创业者智慧：不拘一格，出奇制胜。

西楚霸王之所以不值得人们同情，一在于他的有勇无谋，二在于他的妇人之仁。商场如战场，一个有勇无谋的人，早晚会成为别人的盘中餐。可口可乐成功三十法则，条条光明正大，那是因为它做到了现在这么大，如果当初创业，就推出三十法则，恐怕早就被敌人吃掉了。

创业是一个斗体力的活动，更是一个斗心力的活动。创业者的智谋，将在很大程度上决定其创业成败，尤其是在目前产品日益同质化、市场有限、竞争激烈的情况下，创业者不但要能够守正，更要有能力出奇。

个案研究

冯仑的第一桶金

现在，很多人很佩服冯仑，觉得这个人能做能侃，很了不起。其实，冯仑不是有了钱才有本事，他是因为有了本事才有了钱。1991年，冯仑和王功权南下海南创业的时候，兜里总共只有3万块钱。3万块钱要做房地产，即使是在海南也是天方夜谭。但是冯仑想了一个办法。信托公司是金融机构，有钱。他就找到一个信托公司的老板，先给对方讲一通自己的经历。冯仑的经历很耀眼，对方不敢轻视；再跟对方讲一通眼前的商机，自己手头有一单好生意，包赚不赔，说得对方怦然心动，然后提出："不如这样，这单生意咱们一起做，我出1300万，你出500万，你看如何？"这样好的生意，对方又是这样一个人，有这样的经历，有什么不放心的？于是该老板慷慨地甩出了500万元。冯仑就拿着这500万元，让王功权到银行做现金抵押，又贷出了1300万元。他们就用这1800万元，买了8栋别墅，略作包装一转手，就赚了300万元。这就是冯仑和王功权在海南淘到的第一桶金。

经济学家吴敬琏在《何处寻找大智慧》中写到，对创业者来说，无所谓大智慧小智慧，能把事情做好，能赚到钱就是好智慧。京城白领没有几个没有吃过丽华快餐的，京城大街小巷经常能看见骑着丽华快餐标志的自行车送餐队。丽华快餐由一个叫蒋建平的人创立，起家地是江苏常州。开始时不过是丽华新村里的一个小作坊，在蒋建平的精心打理下，很快发展为常州第一快餐公司。几年前，当蒋建平决定进军北京时，北京快餐业市场已经饱和。蒋建平剑走偏锋，从承包中科院电子所的食堂做起，做职工餐兼做快餐，这样投入少而见效快。由此推而广之，好像星火燎原，迅速将丽华快餐打入了北京。假如蒋建平当初入北京时，自己租门面，招员工，拉开架势从头开始，恐怕丽华快餐不会有今天。

谋略或者说智慧，时时贯穿于创业者的每一个创业行动中。王传福做比亚迪，别人都是用整套的机器代替人力，他偏偏反其道而行之，用大量的人力代替机器，只在不得不用机器的少数几个环节才使用少量的机器。原因在于，王传福知道作为一个劳动力供应的大国，中国的人力成本远低于购买成套机器设备的成本。使用人力代替机器，虽然使比亚迪的工厂变得不那么好看，显得不那么现代化，但却使比亚迪的生产成本一下子就降了下来，竟低于日本同类车型成本40%。凭借价格优势，比亚迪在世界市场横扫千军，将日本人打得稀里哗啦。王传福也在短短的几年之内，积累了巨量的财富，进入了《福布斯》富豪榜，2020年最新中国富豪榜排名第82位，世界排名第401位。

谋略，说白了就是一种思维的方式，一种处理问题和解决问题的方法。当韦尔奇和通用电气（GE）的"6西格玛"席卷中国企业界，中国企业界人人奉韦尔奇为神灵，奉"6西格玛"为圭（准则或法度）时，一位创业家说了话。他说："在我的企业里，在我目前的这种状况下，我只需要3个或4个西格玛就足够用了，如果一定要我在我的企业里推行6个西格玛，那么我的企业必死无疑。"现在，这位创业家的企业做得很不错。

对于创业者来说，智慧是不分等级的，它没有好坏、高明不高明的区别，只有好用不好用、适用不适用的问题。当年，谢圣明带着红桃K一帮人在农村猪圈、厕所上刷广告时，遭到了多少人的嘲笑。但是，如今在猪圈上刷广告的谢圣明已经成了亿万富翁。因此，我们将创业智慧归结为一句话：不拘一格，出奇制胜。作为创业者，你的思维是否至今依然因循守旧？

第五节　五种基本创业模式

独自闯出一片事业的天空，或者集结三五个好友的力量，合力创一番大事业，是很多人都曾有过的梦想。但是，光有梦想、希望，而没有选对创业的方式或模式，再美的梦想也难以成真。那么，创业都有哪些模式呢？小企业创业起步应该如何迈出第一步呢？

选择适合自己的创业模式，是创业成功的关键。根据对种种创业案例的分析发现，创业者从细小的生活细节中发现自身潜质，确立自己的创业方向，是至关重要的一步。同时，准确选择适合自己的创业方式也是迈向成功的关键一步。

资金少、经验少、社会关系匮乏等诸多因素的困扰，通常使很多创业者裹足不前，其实他们忽略了一个最关键的问题：创业的模式方法有很多，准确判断自身的优势和劣势，选择最适合自己的创业方式，很多不利因素是可以得到化解的。

下面总结了五种基本创业模式。

一、白手起家模式

创业难度：★★★★★
可借鉴度：★★★
模式解读：
典型的白手起家型创业是从无到有，这种人或从基层做起，先学习一些经验，只要筹得一定资金，在主要的创业条件基本成熟后，就可以从小规模开始创业，是一种完全从零出发的创业形态。

随着越来越多的超级富豪演绎着一个又一个白手起家的神话，这种创业模式也许让更多期望效仿的大学生激动不已。你看，已经有了那么多成功的事例了，我怎么就不成？！不过，白手起家的确并非人人都做得到。毕竟在诸多创业模式中，白手起家是难度系数最大的一种。

白手起家，即利用极少的资金，通常情况下是几百到几千元，通过艰辛的努力从而创造出自己的事业，例如，巨人集团就是靠 4000 元起家的。对现在很多期望利用大资金量构筑市场规模的创业者来说，白手起家这一概念简直就是天方夜谭。

1. 原始资本的积累过程

白手起家就犹如用一个鸡蛋孵出小鸡，再鸡生蛋，蛋生鸡，从而一步步积累资本的过程。这一创业模式，在今天已经被视作最原始的资本积累过程，且是有效的。从福建西部永定县起家的蓝氏兄弟就将其做了很好的诠释。

个案研究

蓝氏兄弟从养野鸡开始[①]

1990 年的一天，蓝招衍和几位朋友在饭馆吃饭，见老板花 45 元从一个猎人手里买了只死野鸡。他想，一只死野鸡就能卖这么好的价钱，如果养野鸡岂不很快就可以脱贫致富？蓝招衍将这个想法告诉了弟弟蓝招宝，兄弟俩一合计，决定养野鸡。

第二天，他们瞒着父亲将家里仅有的两头大肥猪卖了才凑齐 2000 元钱，弟弟蓝招宝怀揣这笔钱一路啃着馒头去外地学习养殖技术。十多天后买回 10 只山鸡蛋，到家时已身无分文。"20 元一个蛋？"一辈子在穷山村度日的老父亲听了，抢起巴掌就朝蓝招宝脸上打去……

蓝招宝用家里的母鸡孵蛋，可村里的一场鸡瘟使村里的母鸡都死了。蓝招衍赶紧从邻村以每天 5 角钱的代价租来一只母鸡孵蛋。可是没有几天鸡又死了，情急之下只好用热水孵化。几经折腾，前后孵出 7 只雏鸡。当蓝招宝托起毛绒绒的小生命时，泪水从他熬红的双眼里夺眶而出。

他把小鸡放在猪舍里饲养，喂五谷杂粮，就连他母亲服的中药渣也给野鸡吃，使其减少生病概率。其间雏鸡被老鼠咬死了几只，最后只剩下 3 只成鸡。蓝氏兄弟花 2000 元钱只养大了 3 只野鸡，在当时是很轰动的大事。村民们认为他们是"傻蛋"，两人成了别人茶余饭后的笑料。

一天，一位专门收购各种野生动物的广东人找到了蓝家，想以每只 65 元的价格买下 3只野鸡。当细心的蓝招衍打听到广东那边吃野味的人多，经营野味的酒家生意红火，对野鸡的需求量大得惊人的情况时，便无论如何也不肯卖掉这 3 只野鸡。

他们发现野鸡抗病力特强，能抵抗好几次的瘟疫，青草、药渣、米糠都吃，而且市场

---

① 摘编自新浪网《兄弟班之张仪相秦型》http://finance.sina.com.cn/roll/20030423/1208334211.shtml。

前景看好。于是，他想办法贷款了 1 万元，批量购进了野鸡进行饲养，成活率达 98%。结果当年产品一出来就被抢购一空，不但收回了投资，还净赚 2 万元钱。

由于珍禽市场火爆，养殖效益连年翻番，经过 3 年的发展，兄弟俩积累了一百多万元资金，山下那幢风雨剥蚀的百年老屋和一排排简陋的鸡舍，已经无法容纳不断扩大规模的珍禽养殖。随后，他们将养殖场搬迁到荒山上，并挂牌成立了"永定县闽西招宝珍禽开发公司"，如今其企业在福建赫赫有名。

【点评】

蓝氏兄弟凭借 2000 元起家并不令人惊讶，最令人佩服的恐怕还是他们创业的方式，依靠最原始的蛋生鸡、鸡生蛋也可以完成第一桶金的积累。

白手起家能完成最原始的资本积累的最根本的前提是，创业者必须要有市场预见性，能够看到别人尚未发现的市场空间。通常，没有被开发的市场空间就意味着进入的资金门槛较低。就像蓝氏兄弟"用蛋孵野鸡"一样，他们所看到的不仅仅是野鸡与家鸡在利润上的巨大差异，更看到了野生动物养殖的巨大市场空间。

在蓝氏兄弟积累下第一桶金后，有一次，他们的员工送珍禽到广州，看到野猪批发价毛重每千克 30 元仍供不应求，且野猪主食的大青草、南瓜、红薯在村里的果树林遍地都是，其抗病力又比家猪强，员工回来告诉了蓝氏兄弟，于是蓝氏兄弟马上投资数十万元发展野猪养殖。

由于饲养容易，成本极低，产品又被商家提前订购，当年就收入五十多万元。可见，眼界和预见性在白手起家中所起到的决定性作用是多么巨大。

2. 最艰苦的创业方式

通常，白手起家除了意味着缺少创业资金，还意味着创业者缺乏创业必备的社会关系，必须依靠艰苦奋斗，通过一点一滴的积累和摸索，建立起广泛的社会关系。因此，白手起家的成功率也相应要低很多，因此白手起家的创业者必须要具备超强的耐受力。

知识链接

新企业选址策略和技巧

从表面上看，在哪里办公对企业的经营似乎影响不大，但是，在实际运营中，一处合适的办公场所却可以给企业带来很多的便利；反之，企业的经营活动肯定也会受到较大的影响。

1. 新企业选址要临近相关工作地点或目标客户居住活动区域

以北京为例，比如从事旅游业的创业者，建议将工作地点选在亮马桥商圈，因为旅游业从业人士经常需要出入使馆区办理出国手续，而大部分的外籍人士即他们的目标客户又都在使馆区周边居住，所以将位置选择在毗邻第三使馆区的亮马桥商圈会有助于其业务的提升。对于办公地点的选择也相对较多，如港湾国际、泰悦豪庭、国际港、豪城大厦等，都是办公场所的不二之选。

2. 提前查询办公地点是否可用于商业用途

创业者如果选择在商业居住区设立办公场所，需要提前咨询业委会，以查询小区是否允许其住宅作为商业用途。商住两用公寓可注册公司，同时价格又低于同区域的写字楼，因此备受中小企业欢迎。

3. 办公地点档次决定商机

所在的楼盘建议要有一定的档次，建成的年代也要新一些，尽量不要选旧宅。虽然高档次对应的是高租金，但档次决定商机，如大堂装修是否豪华，物业服务是否到位，也同时决定着企业形象的优劣，以及是否可带来更多的商机。

4. 公司面积取决于企业规模

初期创业，公司规模并不大，而且有些行业并不需要门面，只要有一间办公室足矣。亮马桥商圈附近的楼盘，性价比高，单间的月租金普遍在 4500～7000 元，适合创业初期人士。

3. 白手起家的创业秘诀

（1）广泛的社会关系。白手起家的创业者因为自己没有资金实力，他们很难请到或请不起高水平的人才，也没有太多的钱用于广告或市场推广。所以，创业之初的生意来源很大部分是靠社会关系。有了广泛的社会关系，你的产品或服务就有了一个良好的销售渠道。

（2）有预见性。对于白手起家的创业者来说，要想成功就要寻求一个好的项目或者产品。通常，白手起家的创业者在选择产品或项目时，一般要考虑以下三点：一是该产品或项目要顺应社会发展的潮流；二是要与众不同；三是推广时不需要或只需要很少的市场启动资金。这就要求创业者有一定的预见能力，能够把握好市场的发展趋势，从而找到并占领某一市场缝隙。否则，你根本无法与其他企业或产品在竞争中抗衡。

（3）良好的信誉和人品。白手起家的创业者，只有靠自己的人格魅力，才能吸引一批与你志同道合、愿意跟随你的人，因为你出不起高工资招募合适人才。同时，白手起家的创业者，由于经营规模较小，所以商业信誉度不会很高，这时要用创业者的个人信誉和人品来担保。只有这样，别人才愿意并敢于与你合作。

（4）吃苦耐劳精神。白手起家的创业者要面对残酷的市场竞争。与财大气粗的竞争对手相比，白手起家者找不出什么竞争优势，只有靠自己的吃苦耐劳精神，付出比竞争对手更多的努力和辛苦。多做一些工作，多奉献一些爱心，去感动客户，这才是最有力的竞争。

二、收购现有企业模式

创业难度：★★★★
可借鉴度：★★★
模式解读：

收购现有企业是目前常见的创业方式之一，但是，在购买他人既有企业之前，收购人必须先评估收购企业的风险及优缺点。收购现有企业的优点是企业具备一定基础，如商誉、产品、客户、广告促销等，可变因素较易掌控，因此更能节省创业者的时间及开办成本。

1. 接手转卖小生意——利润也不错

在诸多关于小生意的报道中，大多数文章介绍的都是如何"做"各种小生意。但是，有一些人的小生意主要不是"做"的，而是靠"卖"的，即通过对小生意的买进卖出实现赢利和资本积累的。

以低价买进经营状况差强人意的企业，或是企业主因为其他原因准备转让的企业，经过对企业进行整合、调整，使其经营状况得以改善后，再以更高的价格售出。购买现有企业是一种节省创业时间和成本的好方法。

个案研究

沈小琪"倒买倒卖"利润丰

上海的沈小琪就是通过收购现有企业起家的。如今他甚至琢磨出了一种收购现有企业，进行改造后再转手的赢利模式。他说，如果运气好，买进卖出小生意要比经营小生意积累财富快得多。他甚至认为，以目前的行情，手里有3万元就可以入行了。

沈小琪当年是因为找不到理想的工作，而且手中的资金又十分有限才想到这一招的。七八年前，如果想做一家中等档次的街角便利店（即每周营业额在5000元左右）大约需要4万～5万元，而当时沈小琪手中只有2万元，于是他找到了一家生意不好，但有发展潜质的店。

以沈小琪的经验，一个小生意是否有发展潜质，关键是看其生意不好是否是因为经营不善所致。他说，有些便利店因为附近有太强的对手，当然生意额无法做上去。而有些店则是因为品种不对路或者太陈旧，或者店面太脏太乱造成生意不好，这类店就有做好生意的潜力。另外，有些店处于正在发展中的地区，将来生意额很有可能继续增大。

沈小琪在经营这家便利店一年半以后将店铺出售。由于当年他买进该店时的周生意额只有1000多元，但卖出时周生意额已经上升至3500元左右，结果是以4万元（不计存货价）卖出。一年半时间里，沈小琪赚了2万多元，且在这一年半中，他每月也有一定收入。

此事给沈小琪很大的启发，他觉得买进卖出小生意显然比自己经营小生意赚钱容易得多。接着他又以4万元买进一家同样性质的便利店，两年后以6.5万元卖出。其间他还用1万元在一个新开发地区开了一家街角便利店，一年多后又以4万元卖出。自1996—2004年的8年中，他转手的便利店共有6家，取得的利润丰厚。

【点评】

沈小琪认为，做这类转手买卖小生意的生意，关键是眼光要准，要看准是将来可以升值的生意才下手，否则买下生意不好又无发展前景的小生意，不说日后很难脱手，眼前每天的苦撑也不好过。沈小琪说，商业眼光并非天生而成，看多了经验自然会老道。

沈小琪收购现有企业的做法，实实在在地说明了一个道理——对于资金少却期望利用现有条件迅速积累资本的人来说，收购现有企业的确是一个可行的方法。

2. 企业购并——到底该值多少钱

许多创业者拥有自己的企业，都是从购并开始的，但是要购并的企业价值到底该如何计算呢？按理说，这个问题比较简单。如果要将一家企业卖掉，其价格就是资产的变现价值。罗列一下资产的市场价格，考虑一个折扣，就是企业价值了。

例如，一家经营内容传统、预期现金流稳定的企业，交易的价格是公司税前利润的 6～8 倍，这都属于一个合理的范畴，具体则要对应于供求关系。一家每年赢利 10 万元左右的企业，考虑到已经缴纳了 33% 的所得税，其价值应该在 100 万元左右。

当然，由于一部分人经营的是创新企业，预期现金流是一个模糊的概念。比如一个商业化的个人主页，或者是一个可供自由下载的共享软件，在没有现金流对应的情况下，如何来计算企业的价值呢？

其实，任何事物价值的基础是成本。可以将经营者在过去几年相关的支出归纳统计，经营者的工资也是要考虑的一项支出，这可以参照相关从业人员的薪金待遇，最后得出的数字就是你考虑的数字范围了。

原理很简单：如果做过投资者，你自行做研发或者制作，也要花费不少于这一数字的资金，因而价格是可以接受的。有一部分钱可能是被创业者浪费了，但是公司的价值就在于积累经验，经验则来自于试错，这部分资金必须将其包括在价值评估中。

另外，不必拘泥于某一种评估方式，可以混合多种评估方式。评估本身是一种利益的诉求，关键是要充分予以表述，这和购买一件商品并无不同。

3. "零转让"——接手亏损企业变现

据了解，目前很多小企业收购采用"零转让"的方式，即收购者一揽子接收企业的全部债务。如果在收购前，对企业的债务进行了深入的了解，也不失为一个创业的好办法。

创业，遇到的最大问题恐怕就是资金问题了。谁都知道，创业必须要有足够的资金，没有足够的资金是无法创业的。可是，当你拿出全部积蓄还不够，向亲友借钱亲友没有多余的钱，向银行贷款又没有抵押品的时候，你怎么办？办法总比困难多，天无绝人之路，只要开动脑筋，善于学习，广开思路，你就会找到许多巧妙而非常有效的筹资方法，实现自己的创业梦想。收购现有企业同时也可以解决创业资金问题。

在经营活动中，经常会出现一些亏损企业，这些亏损企业你可以接手，然后作为抵押物向银行贷款变现而获得创业资金。当然，这种筹资方法的风险比较大，获得创业资金的代价是要先承担一大笔债务。但是，创业本来就是风险与机遇并存的，如果你有足够的胆识和能力，那么，这种融资的办法将能帮助你在更短的时间内更快地走向成功。

个案研究

宋凯发迹"零转让"[①]

宋凯做了几年的外贸皮鞋生意，积累了一定的业务渠道，打算自己办一家鞋厂。他仔细算了算，办个中等规模的鞋厂需要 100 万元的设备和周转资金，外加一处不小于 200 平方米的厂房。

宋凯通过朋友在近郊某镇物色了一家负债累累、濒临倒闭的板箱厂，以"零转让"的形式接手了这家工厂，也就是该镇以资债相抵的办法，将工厂的动产、不动产以及债务一

---

① 刘平. 就业新思维：自主创业[M]. 北京：中国金融出版社，2008.

起转让给宋凯。厂房的问题解决了，但是 100 万的资金从哪里来呢？宋凯到银行贷款，负责信贷的人要他提供担保，可是上哪里去找担保人呢？正在宋凯焦急万分时，他的一位朋友一语提醒了他：板箱厂的资产就是抵押物。就这样，宋凯不花一分钱，就解决了资金和厂房的问题。当然，他因此也背上了较重的债务，这要靠他今后的努力慢慢偿还。

4. 收购现有企业的创业秘诀

天下没有免费的午餐，收购现有企业也可能带来一些负面的影响，例如，负债高、资金缺乏、商誉不佳、设备陈旧、商品无销售利润等。这些都是可能发生并影响整个企业运作的问题。因此，在收购现有企业之前，最好彻底了解以上的负面因素，仔细评估，才不会导致全盘皆输的局面。

另外，还可以选择性地收购现有企业的某一部分，如客户名单、商誉，而不收购其陈旧设备、机器或库存产品等，以减少资金负担。

知识链接

再创业也是创业

创业是企业由青涩走向成熟的过程，不能简单地将创业理解为起步阶段。创业不一定是新办一家企业从小做到大，也不必非要拥有新产品或高新技术。通过管理变革、市场开拓、引入新的商业模式，将经营已经稳定或有一定规模的企业改组成适应产品创新和市场创新需要的企业，也是一种创业。还有很多创业企业家通过收购现有企业，使企业扭亏为盈或实现超常发展，在体现自己价值的同时，也完成了创业初期的资金积累。

三、依附创业模式

依附创业包括争取经销权、做指定供应商、寄生/共生、内部创业、特许经营、网络创业、直销、寿险营销等诸多子模式，是创业诸模式中内容最丰富的一种类型。下面将对部分子模式做出解读。

1. 争取经销权——做代理商

创业难度：★★★
可借鉴度：★★★★
模式解读：

一般来说，企业的经营可以分为内销和外销，而这种经销权或代理权可以靠争取而来。例如，如果创业者熟悉法国某种品牌的香水，不妨直接与该厂商联系，以取得中国市场的代理权，内销到国内市场。或者，鉴于人们消费水平已逐渐提升，如创业者熟悉当地市场现状，可以争取国内某品牌时装的经销权，将该高级时装销售至本地市场。

代理商是生产商的经营延伸，凡是影响大一点的商品都有它的代理商。做代理商虽然是为他人做嫁衣，但与此同时也是在为自己积累经验。做代理商可以借助厂家有形的商品，为自己完成资本原始积累。与此同时，还能学习营销知识，建立渠道网络，可谓一举两得。

寻找那些品牌信誉好或者发展潜力大的产品做其代理，是一桩本小利大、事半功倍的买卖。初始创业者在规模上可考虑只开一家门店，从一个县或者一个地级市做起。

不过，傍大腕却不能过分依赖大腕。做代理最大的危险是被厂家卸磨杀驴。不仅是中小企业，就是一些已经颇具规模的企业，一旦深陷到只有靠"傍"过日子，也会十分危险。大树底下好乘凉，是说艳阳高照的时候，一旦刮风闪电，站在大树底下就十分危险，随时可能遭电击，或者大风吹折了树将你压死。

所以，小企业之于大企业、代理商之于生产商，只能依附，而不能依靠。依附是庇荫，借着大树遮风挡雨，健康成长；依靠则是藤缠于树，离开了树木，自身便立足不稳。创业者开始创业的时候，难免有一段时间要将自己"托付于人"，但要尽快度过这一时期，不能沉迷其中，将自己的命运始终交给别人掌握。

小企业之于大企业、创业企业之于成熟企业，最理想的状态是既有经营上的联系，又有资本纽带关系，但不是被人控股，不是挂靠或下属关系。小企业在托庇大企业的时候，它仍旧保持独立，需要拥有较大的经营自主权，有可能的话，尽量同时托庇于多家大企业或成熟企业，则可以收到"东方不亮西方亮"之效果，大大提高企业的生命值。

做代理商的好处在于：借品牌的力量发展自己，不为人注意，避免遭到攻击，可以赢得发展时间和空间，不至于被强手消灭在萌芽状态。这种积累式的踏步发展，其实速度很快，王填借力品牌 7 年从 5 万做到了 5 亿。做代理的基本要求就是能过苦日子。正像任正非所说的"靠一点白菜、南瓜过日子"是否可行，才是检验企业真正动力的砝码。另外，世上固然有不少出色的资本猎手能够发现市场空间，促成机遇，初出茅庐便可成功，但是有韧性的企业才能跑马拉松，并最终在不断退出、淘汰的选手面前举起奖杯。

对于创业者来说，谁都盼望着自己有朝一日可以"倚天一出，谁与争锋"，但没有"倚天"难道就束手就擒吗？好在全球化环境使企业技术成为商品的可能性越来越大，通过争取经销权将品牌的力量为我所用并非不可设想。商业嗅觉敏锐而又厌倦筚路蓝缕的赚钱之道者，不妨看准了就迅速筹资出手。

要成为一个成功的经销商，首先要了解经销商赢利模式的形成过程。

（1）经营方向从"渠道运营"向"服务运营"转变。"二道贩子"转型后的核心产品再也不只是换了空间的有形产品，更多的是建立在有形产品之上的"改良服务"。优秀的经销商利用自身与用户、终端及当地社会资源"亲密接触"的优势，以"服务提供商"的身份连接着厂家和用户，通过对服务型产品的研发、推广，获得自己的核心竞争力。这是一块最有增值可能的业务群。例如，几年前对待空调的售后安装，经销商认为费时费力而推给厂家，自己只卖不装；厂家那头是地广人少覆盖不过来，就只能委托给社会第三方。而安装一台空调的回报，现在某种程度上大于销售两三台空调，于是商家再也不把它推之门外了，另外通过介入上门服务还可以产生连带销售和品牌辐射。

（2）深度分销。对于经销商来说，深度分销是一个全新的营销管理技术。以白酒为例，它的消费者在季节特性上和啤酒类似，都属于季节性差异明显的产品，但是在具体的消费动机和消费场所方面又有所不同。我们知道，国内大部分啤酒品牌的成功，就在于实施深度分销战略。而对于白酒这样特殊的情绪化、季节性以及即时性的产品，深度分销的操作手法又有其特殊性。白酒的深度分销离不开精细的管理和分销商、网络成员的全力支持。

深度分销的核心是各方面的利益，建立扁平化的品牌沟通渠道。只有在经销商、分销商、网络成员相互渗透、相互支持，在物流、现金流、信息流顺畅流通的基础上分享利润，提高产品销量，深度分销才能体现出强大的力量。

（3）定位自己，明确方向。加强对新商业形态的网络建设和网络管理。超市、大卖场已经形成当前零售业的重要销售通路。加强占有这一新兴的商业形态对于经销商来说意义重大，主要体现在超市终端对市场的影响力上。调查研究显示，超市、大卖场以及连锁超市的快速消费品销售已经占据大众消费的 60%以上。因此，经销商必须在新商业形态的拓展和网络建设上形成一套完整的管理模式，以规范的管理和完善的终端维护来完成对新通路的占有，从而实现产品覆盖、产品生动化表现的最佳效果。

（4）通过资本运营形成赢利模式。最近一种新的经销商赢利模式正在逐步形成，它的核心是通过资本运营，如某公司推出一种新的厂商合作关系，在昆明等地试验成功。由厂家派销售主管为经销商作职业经理人，一切管理和运营均由职业经理人负责，经销商是董事方，只提供资金，每月检查一两次工作，提出一些意见，坐收赢利。此外，百龙模式、宝洁的全程助销、康师傅的"渠道精耕"等，也是经销商通过资本运营形成赢利的一种模式。

2. 做指定供应商——配套与贴牌生产

创业难度：★★★★
可借鉴度：★★★
模式解读：

做指定供应商是依附创业的又一种典型形态，但要争取到做指定供应商的难度要大于做代理。只是做代理是做下游帮助厂家卖产品，做供应商是做上游为厂家提供特定部件，向整机厂卖自己的产品。

全球经济一体化时代，社会分工会越来越细，一件商品的生产和营销往往被细分为众多的环节，由此给配套生产者提供了机会。大的、复杂的整机——汽车、摩托车、家用电器固然有众多的配套厂家，就连小型的商品如桌椅、香烟、白酒、望远镜等，也有许多是分工合作的产物。这些配套厂家就像众星捧月般地拱卫着整机厂家。

不要小瞧配套这一角色，它的起点虽然低，利润虽然薄，但投资也少（很多项目往往只需要数十万元投资即能操作），因此恰恰适合资金不足、经验缺乏的创业者。只要你和整机厂家搞好关系，勤恳工作，保证质量，那么你就可以借助这个平台，在不太长的时间内完成你的创业过渡期和危险期。

替品牌厂家贴牌加工生产，是一种较为新型的合作关系。品牌厂商为了降低生产成本，或者为了腾出手来开辟新的经营领域，往往会将热销中的商品托付给信得过的加工厂商生产。贴牌生产目前不仅在跨国公司之间流行，一些国内驰名品牌或是区域性品牌也提供贴牌生产。这就是那句话：一流的企业卖品牌，二流的企业卖技术，三流的企业卖产品，当然，还有超一流的企业，他们卖的是标准。

在这样一个品牌争先的时代，一个品牌的建立需要大量人力、物力的投入。但品牌一旦建立，即可以产生所谓的品牌效应，此时品牌本身就可以用来赚钱。加工商进行贴牌生产，要的就是品牌的声誉和消费者的认同。贴牌也分两种：一种是贴牌后自产自销，这叫借牌，需要交付贴牌费，一般只在区域市场销售；另一种就是产品生产出来后，交给原品牌所有者销售，也叫作代工。前者风险大于后者，投入也大于后者，但贴牌资格比较容易取得，一般仅限于国内品牌，国际性大品牌很少采用此方式，创业者可酌情选择。

个案研究

微软借力 IBM 成就操作系统霸主[①]

20 世纪 80 年代初，IBM 开始涉足 PC 市场，为了在一年内使产品上市，IBM 前所未有地采用了开放式设计的决定。这个决定使得其他厂商也能模仿。由于 IBM 的名气，及采用了开放式设计，软件设计者愿意为 IBM PC 撰写应用程序，消费者也满怀信心购买 IBM PC。每多一个客户，每多一种应用软件，就使 IBM PC 向成为产业标准更进一步。正循环开始驱动 PC 市场。长达数年之久，企业界所使用的 PC 有一半以上是 IBM 生产制造的，其余则是和 IBM 相容的产品。三年时间，几乎所有具备竞争力的非 IBM 兼容机已经销声匿迹了。IBM 制定了产业标准。1984 年 IBM 也创下了单年利润最高的世界纪录——66 亿美元。

微软正是在这一波电脑争霸战中，采用相容性策略，利用市场选定标准，走上正循环的成功典范。当时 IBM 为 PC 提供 3 个操作系统供用户选择。最贵的卖 450 美元，其次的也卖 175 美元，而微软的只卖 68 美元。因为，微软在获得为 IBM PC 提供操作系统的时候，与其他两家供应商不同，提供给 IBM 非常优厚的条件，即一次缴付低廉的权利金。如此使 IBM 产生便宜促销 MS-DOS（IBM 称 PC-DOS）的动力。微软的策略不是直接从 IBM 处赚钱，而是借 IBM 将其操作系统推向市场后，从制造与 IBM PC 相兼容的厂商身上赚取授权使用 MS-DOS 的利润。因为，在微软与 IBM 的交易中，IBM 可以免费在其 PC 上预装微软的操作系统，但却没有独家使用权。

由于 IBM 前期在个人电脑上的巨大成功，微软借力使力，使得 MS-DOS 成了操作系统的产业标准。微软终于借助与巨人（IBM）同行的策略和兼容性原理击败了其余的两个对手，在操作系统领域奠定了霸主地位。微软的策略获得了空前的成功。尽管 IBM 后来在个人电脑业务的发展上决策失误，但其已无法阻止 IBM 兼容机的发展脚步，也并不影响微软在 IBM PC 兼容机市场上纵横驰骋，并且成功推出革命性的 Windows 视窗操作系统。微软成了引领操作系统和软件发展方向的巨擘，其地位无人可以撼动。

3. "可遇不可求"的内部创业

创业难度：★★
可借鉴度：★★★★★
模式解读：

内部创业，是指一些有创业意向的员工在企业的支持下，承担企业内部某些业务或项目，并与企业分享成果的创业模式。创业者无须投资却可获得丰富的创业资源，具有"大树底下好乘凉"的优势，因此受到越来越多创业者的关注。

[①] 刘平. 标准创造超额利润[N]. 21 世纪经济报道，2006-01-23（30）.

内部创业主要有两种形态：一是成立互助厂商，例如员工在公司所允许的范围内，由公司内部另辟企业体系的创业模式，不过，这种另辟的企业体系基本上与公司有同质性或属于上中游企业，如华为当年鼓励的内部创业；二是将企业中某个体系独立出来，以利润中心制度来成立新企业部门，而这个体系的成本、经营效益的盈亏必须完全自负，像早期宏基电脑公司就采用这种方式，后来衍生出明基半导体。

推荐人群：大型企业中掌握高科技项目的中高层技术、管理人员。

内部创业对创业者而言，风险较低，而由于其形成方式，大都是由母公司的员工独立在子公司创业，因此，可以获得原来的母公司许多方面（如产品、资金、人力、技术）的支援，这些成熟的条件将有利于创业者在创业过程中获得成功。

内部创业大多是合伙创业的模式，因此，在创业之前，必须慎选合伙人，同时要事先言明各项合伙的条件，如股权、分红、事务分配等各方面都要清楚确定。如果母公司参与子公司的部分经营，也要将这方面的条件与权益明白地制订在合伙协议书中。

4. 事半功倍的加盟创业（特许经营）

创业难度：★★★

可借鉴度：★★★★

模式解读：

分享品牌金矿、分享经营诀窍、分享资源支持，连锁加盟凭借这诸多的优势，而成为备受青睐的创业新方式。目前，连锁加盟有直营、委托加盟、特许加盟等形式，投资金额根据商品种类、店铺要求、技术设备的不同一般从0.6万～250万元不等，可满足不同需求的创业者。近年来，特许经营这种商业模式在国内受欢迎程度一直上升。特许经营，是懒人开店的一条捷径，对小本加盟者而言，这是风险低而又容易管理的生意；对加盟商而言，以特许经营扩展业务，也能使公司规模及盈利在短时间内获得突破。

推荐人群：各类创业者。

一份调查资料显示，在相同的经营领域，个人创业成功率低于20%，而加盟创业的成功率则高达80%～90%。这组对比数据让不少有意创业者蠢蠢欲动，"5万元买个超市品牌""10万元加盟一个咖啡馆"的诱人广告，更是令特许经营一下子成为创业者梦想中的"奶酪"。

应该说，加盟特许经营不失为一种"懒人"开店的好办法。这种方式有几点好处：加盟者不用自己探索开创新事业的路子，只需向特许者支付一定的加盟费就可以经营一个知名的品牌，并能长期得到特许者的业务指导和服务。初期可以免费享受市场调查、投资风险预测、效益评估等经营策划，员工免费培训和设备的技术、维修保障，统一的物流、统一的管理模式、统一的广告宣传，这样可以降低投资风险。

客观地说，目前并非每一个加盟商或加盟者都能取得成功，甚至失败的例子还占了不少。成败关键是什么呢？有意成为加盟商或加盟者的人们，如何能避免将来的失败呢？

1）加盟成功的关键因素

（1）加盟者要选择适合自己的特许经营品牌来做。

（2）凡事要亲力亲为全心投入，要谨记"力不到，不为财"。

（3）选址是非常重要的一环，要小心挑选，千万不能因急于开业而随便妄下决定。

（4）加盟者应善用总公司的资源来配合业务上的发展，例如广告、印刷品、培训和市场调查的资料等。

（5）需要具备独立处理人际关系的能力，尤其是零售业。

2）可行性分析不容敷衍

可行性研究，即是对该特许经营系统的经营构想，进行客观的通盘分析，包括工作程序、市场及人员情况三方面。对很多加盟商及加盟者而言，这一步骤的分析只是例行公事，往往敷衍了事，因为他们都会认为，一切（有利可图）经营项目，都可以建立特许经营系统，其实这种想法是大错特错的。

一个成功的特许经营系统，与经营单纯一种商品有很多不同的地方。下面列出了一个简单的判断清单。

（1）是否有一套有效的、可重复的工作程序和经营模式？

（2）加盟者能否通过培训轻而易举地掌握工作程序？

（3）在不同地区、不同的店铺经理管理下，这一程序是否能够被严格执行？

（4）产品或经营方式是否能得到消费市场的认可与支持？

（5）加盟商本身是否拥有特许经营所必需的专业人员？

3）特许经营权合同切勿草率

有很多人不重视特许经营权合同的内容，有的加盟商甚至不聘用律师，只是使用参考书附送的合同填写上资料。在符合现行法律的前提下制订特许经营合同，是一项十分专业的工作，律师的参与必不可少，自行拟定的合同最终会有问题产生。

特许经营权合同不只是盈利保证、加盟成本等，该系统在经营与组织方面的长远策略也是合同非常重要的内容，包括竞争、组织发展、市场开拓、原材料、市场预测、员工培训、技术支援及发展计划等诸多问题。因为律师最多只能保证合同在法律上无懈可击，但对你的加盟店如何发展则无能为力了。

注意： 目前鱼目混珠的所谓加盟太多了，要小心！

5. 新兴的网络创业

创业难度：★★★

可借鉴度：★★★

模式解读：

互联网改变了人们的生活，同时也提供了全新的创业方式。网络创业不同于传统创业，无须白手起家，而是利用现成的网络资源。例如，网上开店，在网上注册成立网络商店；网上加盟，以某个电子商务网站门店的形式经营，利用母体网站的货源和销售渠道。目前网络创业的形式仍在不断地催生和变化，是最丰富也最有吸引力的创业模式。

推荐人群：技术人员、海归人员、在校大学生、上班族。

刘璐，26岁，2008年大学毕业，一个普通的西安女孩，却一直坚持着自己创业的梦想。4年的创业经历让她看起来比同龄人更成熟，从事化妆品销售，也让她从不起眼的女生变成阳光时尚的大女孩。如今，她已成为网上某化妆品店双皇冠女老板，收入可观。刘璐的故事验证了一个道理：脚踏实地、坚持不懈地努力，即使和你的梦想还有距离，但却在一步步地向梦想靠近。

📝 身边的故事

"丑小鸭"开网店，年销售过百万元

促销经历成为人生重要转折

"为了给家里减轻负担，我在高三暑假做了牛奶促销员，一开始不敢开口吆喝，鼓了很久勇气，终于开口喊出了第一声。"刘璐说，工作虽累，却让自己找到了乐趣。短短两个月的工作，她的销售业绩第一，拿到2000多元的工资。从那时起，刘璐对销售产生了一种强烈的兴趣，自己慢慢建立起自信，在填报高考志愿时选择了市场营销专业。

大学期间开始艰难创业

大学期间，刘璐不断打工赚生活费，做过十几份兼职。大三时刘璐萌生自主创业的想法，在杂志上发现一个女孩在网上开了间旗袍店生意很好，还不用太多资金，刘璐就萌发了开网店的想法。

刘璐向同学借了380元，到康复路进货，经过一系列前期准备，没多久网上服装店就开张了。"10天才能来一个顾客，还不一定是买东西的。"刘璐说卖衣服始终不是很成功，只好想其他办法，她发现卖化妆品是一个不错的选择，只要是卖真货就不会有问题。于是在2006年她开始卖韩国进口化妆品，生意开始有了好转。

刘璐的生意也并非做得一帆风顺。她在网上同一家公司联系进货，没想到2万元货款打过去，第二天那家公司就"人间蒸发"，连网页都撤销了。"发现后我感觉整个人都瘫了，所有积蓄都没了，坐在路边放声大哭。"刘璐说，她扛了一个月不敢给家人说，后来母亲知道后并没有责备她，而是鼓励她"从哪里跌倒就从哪里爬起来"。

刘璐申请了政府专为大学生创业提供的小额担保贷款，有了资金，她又开始营业。这一次刘璐"长了心眼儿"，学习鉴别进货途径的真假，规避风险，生意也慢慢好起来，有了回头客。

4年不懈努力终有回报

在家人的帮助下，刘璐的网店渐渐走上正轨。2008年大学毕业时，刘璐坚定了做网店的决心，"很多做得好的网店销售额能达到上千万元，我觉得这并不是一个小事业。"刘璐说。经过4年不断努力，刘璐的网上化妆品店步入稳定期，不仅达到了双皇冠级别，还拥有了稳定的客户群体，年销售额达100余万元，在西安本地的化妆品网店中数一数二。

📚 专论摘要

互联网创业十字箴言

要想在互联网领域内有所作为，建议首先要弄清楚一个问题，同时再解决另外一个问题：需要弄清楚的是"互联网的本质"，需要解决的是"用户的实质需求"。那么互联网的本质是什么呢？我们可以试着从门户网站、电子商务、网游、博客、社交SNS、视频、微博、团购等众多互联网成功商业模式中找出答案，个人认为互联网的本质是信息的传递与分享。那么"用户的实质需求"又是什么呢？这个问题不好回答，不同的互联网应用其答

案也是不一样的，只是想告诉大家，一个仅解决用户表面需求的互联网应用是不会成功的，或者说即使成功也是短暂的，必将被解决用户实质需求的下一个应用所替代。

（1）创新。确切地说应该是周鸿祎老师提倡的"微创新"。"创新"能够确保出一个好产品、好服务，或者说好项目，但同时如果是颠覆式"创新"的话，又是个未知数，风险太高，商业模式、盈利模式、市场接受度等诸多因素尚未得到验证，因此这里强调的是"微创新"，在别人成功模式的基础上推陈出新，将大大增加创业成功的概率。

（2）免费。要想快速推广、占领市场，"免费"是互联网产品或服务的制胜法宝，当然前提是基于"微创新"有个好的产品或服务。不要担心能否盈利、什么时间盈利，当你拥有了一定的市场份额之后，盈利会自然而然地向你敲门！当然这里另外一个前提是你要能够等到盈利的那一天。当今世界资本市场已非常活跃，当你拥有一定市场份额又面临难以生存之时，应该学会"借东风"。当然，有经验的人士会懂得什么时间融资对企业最有利，马云说过，我们应该在阳光灿烂的日子里修补瓦顶，在最不缺钱的时候去融资。

（3）规划。凡事预则立不预则废，做企业更是如此。步步为营，把"微创新"做透，把企业做实，先做强再做大，"强"是精髓，"大"仅是一个壳子而已。这方面可能对于刚开始创业的人来说是最难把握的。这里特别需要指出的是面对"资本"的诱惑时，一定要坚持自己的"规划"，切忌"拔苗助长"，因为在这个项目上你才是专家，他们是门外汉。

（4）体验。"眼睛是心灵的窗户""用户是上帝"这两句格言大家都滥记于心，但在互联网领域里上帝和企业之间的"窗户"是什么呢？很多人可能都没深入思考过这个问题，答案就是"体验"。互联网领域中大家通常讲"粘度"或者说"用户忠诚度"，讲的就是如何留住用户，使之不流失，这里"体验"便是首当其冲的一个环节，试想一下有谁会愿意接受拖沓冗长的注册流程及个人信息填写呢？没进"门"又谈何"留"呢？最近大家都在指责腾讯，说它是中国最大的山寨企业，但同时又不得不佩服它，往往能够后发而先至，这里面除了基于其庞大的用户群之外，它的人性化体验起到了不可估量的作用。

（5）效率。这里的效率指"谋定而速动"的意思。准备创业之前，对创业项目做好评估，设计一个好的商业模式，如项目的总投资、具体资金使用计划、总体战略发展规划、阶段性目标、盈利模式、现金流结构等，这里需要特别强调的是"盈利模式"和"现金流结构"，因为这二者直接关系到企业是否可持续性发展。互联网领域"先发优势"非常明显（为何中国只有一个百度、淘宝、腾讯 QQ？"先发优势"在这些领域内也起到了一部分决定性因素），所以前期准备工作结束后，就应该迅速行动起来，尽早推出项目，否则一旦有先行者，你成功的概率将大大降低，除非你拥有前者无可比拟的资金或者其他能够起到决定性作用的优势，否则很难超越前者。

四、在家创业模式

创业难度：★★★
可借鉴度：★★★
模式解读：
有史以来，以家庭为基础的企业一直是世界经济的重要组成部分，许多大型的企业都是从"在家创业"开始起步的。今天有非常多的人，包括各种年龄层次，都希望凭借在家创业先积累下资金和经验。

1. 定义在家创业

在家创业，这个充满诱惑的字眼，像埃及金字塔、美国自由女神像和玛丽莲·梦露一样具有吸引力，令人无限遐想。可惜大多数的人们没有足够的勇气和能力实现这个独立、自由之梦。

什么人可以在家创业？翻翻资料就会发现可选择的行业多得惊人：注册会计师，医生，时装设计，保险商，电话营销员，律师，计算机顾问，环境工程师，财务顾问，护士，职业培训师，媒体专家，营养学家，摄影师，公关专业人士，保安人员，自由撰稿人，职业购物员，房地产代理，语言病理学家，电信顾问，文字处理员，图书馆专家，平面设计师，网页设计师，服装、珠宝、陶艺及各类工艺品设计人员，产品经销员，进出口贸易人员，音乐、绘画等艺术家。

在家创业，也称 SOHO，起源于美国 20 世纪 80 年代中后期，然后迅速风靡全球经济发达地区。据美国相关资料报道，自由职业是美国求职市场中发展最迅速的一个领域，这几年以 50%的幅度增长。近年来，我国国内特别是大中城市已拥有相当一部分中青年追"新"族们加入 SOHO 的世界。现在有 33%的美国劳动力是受雇于自己。他们大多具备以下特点：有经营头脑、趋利性、良好的组织性、懂技术、有文化、有雄心壮志、有事业心、多面手（擅长多种技能的人）。

在家创业，准确地说是独立工作，不隶属于任何组织的人，不向任何雇主做长期承诺而从事某种职业的人。比较准确的定义是：脑力劳动者（作家、编辑、会计等）或服务提供者，他们在自己的指导下自己找工作做，经常但不是全都在家里工作。

在家创业的优点是：时间安排灵活；独立、不受外界干扰地工作；在家里非常舒服；可以改善家庭生活，如照顾孩子；工作上可以有很大的变化空间。缺点则是打开局面困难；过度劳累；不能挣到足够的钱；需要克服孤独感；遭遇拒绝、不可靠的客户和供应商；对自由职业本人和家庭成员的压力。

2. 在家创业的秘诀

作为 SOHO 一族在工作中也有很多方面需要注意，以便获得成功。

（1）租一个邮政信箱或一个公司地址，为公司建立一个商业形象，因为家居地址会令客户感到不专业。

（2）申请独立电话线避免家人误听客户来电，引起不便。

（3）安排电话转移或电话录音，确保客户能第一时间找到你。

（4）谨慎地重新安排家中的空间，配合商务上的需要。

（5）与客户会面应尽量安排在对方的办公室或租借一个正式的会议室保持你的专业形象。

（6）参加商会或一些专业协会扩展人际关系网络，并向现有客户征询意见。

（7）密切留意竞争对手的动向。

（8）小心保存一切单据及往来文件，包括出门公干、交际应酬的支出单据。

（9）保持一定数量的流动资金以备不时之需。

（10）对自己要求严格，要有自制能力及有自发性，并要像上班那样自律。

五、兼职创业模式

创业难度：★★★

可借鉴度：★★★

模式解读：

兼职创业既不影响本职收入，又找了一个赚外快的机会，时间上的自由与弹性，常常使得许多上班族趋之若鹜，而很多可提供兼职的行业，也大多强调可以迅速积累财富。也有些人在所兼职的行业中表现太过优异，因而辞掉了正式工作，由兼职改为专职，专心致力于原来的兼职工作，这就是时下流行的兼职创业。

推荐人群：白领族、有一定商业资源的在职人士。

由于越来越多地被新的兼职机会吸引，连哈佛大学委员会都提议禁止全体教员在未得到学院院长同意下，在哈佛以外从事教学、研究或提供咨询服务，以保护哈佛的名声和教学质量。可见兼职对现代社会的巨大冲击，连闻名遐迩的哈佛大学也不可避免。

确实，社会发展的多元化让人的个性与价值有了张扬与展现。一些新兴的行业如计算机程序编写以及财会等工作的随意性和自由度较大，为人们提供了更多兼职机会。"兼职"已不像以前那样让公众有异样感，许多人对此已经跃跃欲试。但是，做一名成功的兼职者并不容易，包括怎样处理主业与兼职之间的关系，哪种兼职适合你……

兼职者首先要根据自己的实际情况衡量孰重孰轻，摆正兼职与正职二者的位置。成功的兼职者要取得主业老板和同事的认可与帮助，要有属于自己的未来计划及时间规划，并要让他们明白，你有能力在更短的时间内，比别人能完成更多的工作。同时要让兼职单位的老板和同事明白，你虽然只是一个兼职人员，但是有极强的职业道德和敬业精神，你是这个团体中的一员，并且是不可忽视的一员。

兼职意味着比平时花费更多的时间和精力，比平时承受更大的压力。因此，建议在做兼职之前，好好斟酌一下，为自己做个职业规划，根据这个规划选择适合自己的兼职。

❀ 本章思考题

1. 从宏观上，你如何看待目前的创业机会？从自身资源，你又如何看待？
2. 结合本章与前两章的内容，谈谈你对目前大学生就业机会与挑战的看法。
3. 在你身上具备哪些创业者素质？欠缺哪些创业者素质？
4. 如何看待创业精神与创业能力之间的关系？

【阅读材料 3-1】创业的自我甄别

阅读材料 3-1

第 四 章

描绘人生目标

——人生目标与策略选择

> 有志者，事竟成，破釜沉舟，百二秦关终属楚；
> 苦心人，天不负，卧薪尝胆，三千越甲可吞吴。

——蒲松龄

不管是人生目的，还是人生愿景，都必须要依靠明确的人生目标来支撑，人生目标给人生的道路指明了方向，并给出了清晰明确的量化标准。几乎每个人都清楚地知道制订目标的重要性，但很少有人认真考虑并制订自己的目标。

第一节　关于目标与目标制订

每天一觉醒来，我们的身体醒了，但灵魂未必能醒，能让灵魂苏醒的是一个个清晰的人生目标。在上学的路上，在上班的途中，那些行色匆匆却格外精神抖擞的人，一定是心中树立了目标的人。目标是由动机至行为的驱动力，是一切行动的源动力，正是为实现目标的欲望，焕发了我们的激情，激发了我们的潜力。

反之，若没有目标或失去了目标，人往往就会茫然无措，不知所终。我们都有这样的经历，考大学之前，整天都精神振奋，干劲十足，仿佛有用不完的力量。而一旦考上了大学，则忽然一下子就空虚起来，像泄了气的皮球。许多人终其大学四年，都没有找到新的目标，导致大学过得很颓废。

面对人生，有人整天都是精神振奋，干劲十足，仿佛有用不完的力量。而有些人却是怨声载道，灰心沮丧，一天到晚永远生活在烦恼与忧愁之中。因为他们没有目标，他们茫然失措，他们不知道自己的方向在哪里！目标就如同人生的灯塔，而人生就如同航行在茫茫大海中的船只，如果没有目标，就像船只没有灯塔，永远无法到达人生的彼岸！

一、目标的定义

目标是指个人或组织在未来一段时间内所要期望的成果。目标是欲望的具体表现形式，是一切行动的源动力。

1. 人生目标

所谓人生目标，具体到某一个人就是一个人一生要达到的最终角色的描述。也就是一个人最后想成为什么样子，在人生舞台上要扮演怎样的角色。其实人无所谓成功与不成功，有钱与没有钱，有地位与没地位。人最大的收获应该是你是否已按你最初选定的角色去扮演，如果当好了这个角色，且觉得一生过得挺快乐与满足，那么这样的人生就是成功与快乐的。

人生最可悲的是到了风烛残年，还不知自己一辈子干了些什么，一生又是如何过来的。这样的人生就是主人公没有设定明确目标的结果！当然一个人一辈子的理想在人生的过程中是会改变的，可以调整，但无论如何调整，均不能改变的一个事实就是：一个人不能茫茫然地过一辈子，要有理想、有目标、有追求。

2. 制订人生目标

人生的目标可以是丰富多彩的。
- 从政：考公务员/先工作、后从政。几年科长、几年处长……
- 经商：创办自己的公司。创办什么样的公司、要做到多大……
- 打工：工程技术专才。几年技术部门经理、几年总工程师……
- 科研：科学家……

3. 制订大学目标

大学目标是眼前而具体的。
- 考公务员：国家部委、省、市……
- 考研：考什么样的学校、考什么专业……
- 就业：实践能力、团队合作……
- 大赛：什么大赛、什么奖……
- 学生干部：学生会、班级……
- 奖学金：几等奖学金……
- 英语：四、六级……

你有什么样的目标？在图 4-1 中写下你的目标。

图 4-1 写下你的目标

📝 身边的故事

插　秧

一个博士在田间漫步，看见一位老农在插秧，秧苗插得非常整齐。博士觉得老农很不简单，上前问到："老大爷，您怎么插得这样齐？"老农递过一把秧苗说："你插插试试。"

博士接过秧苗，脱鞋挽裤腿下田插秧。他插了一会儿，发现自己插得乱七八糟，于是他问老农："为什么我插不直呢？"老农说："你应该盯住前面的一个目标去插。"对呀，我怎么没想到呢？博士就在前方寻找目标，看到了一头水牛，心里想，水牛目标大，就盯着它吧。他又插了一会儿，发现自己插得有进步但还是不直，歪歪扭扭，他再问老农："为什么我还插不直呢？"老农笑着说："水牛总在动，你盯着它当然要插得曲里拐弯了，你应该盯住一个确定的目标。"博士猛醒，盯着前方的一棵树去插，果然秧苗插得很直了。

📝 身边的故事

生 命 清 单

一个叫约翰·戈达德的美国人在 15 岁时，就把自己一生要做的事情列了一份清单，称之为"生命清单"，给自己明确了所要攻克的 127 个具体目标。比如探索尼罗河、攀登喜马拉雅山、读完莎士比亚的著作、写一本书等。44 年后，59 岁的他通过自己顽强的努力，实现了 106 个目标。这里的"生命清单"，其实就是人生规划。正是有了这样的一个规划，让他的人生始终围绕着自己的目标，从而少走了许多的弯路，终将实现自己无悔的人生。

4. 制订目标的好处

（1）目标清晰可见，可激发潜力，随时可激发你向上努力的意愿与力量。

（2）只要目标正确，终有一天你必会成功。

（3）没有目标就没有着力点，到头来一事无成。

美国波士顿塞尔提克篮球队的传奇人物 Bill Russell，有保留自己评分卡的习惯。他在每打完一场球之后，都用一张满分为 100 分的评分卡为自己评分。在他的篮球生涯中，他从来没有得过 65 分以上。很多人说："可怜的 Russell，打了 1200 多场的球赛，从来没有达到过自己的标准！"然而，就因为他拼命要达到自己的标准，他成了最杰出的篮球运动员。

"将军赶路，不追小兔。"有了明确的目标，就会减少很多干扰前进的因素。我们时常听到不少关于鲸鱼搁浅海滩的报道，有些新闻说是这些鲸鱼在集体自杀，并对它们自杀的原因感到困惑。鲸鱼研究专家在对鲸鱼进行跟踪研究的过程中发现，它们之所以被搁置在海滩甚至暴死滩头，是因为它们追逐沙丁鱼的缘故，是这些微小的沙丁鱼群将这些庞大的鲸鱼引入到死亡的歧途。鲸鱼是因为追逐眼前的小利而死亡的，他们经不起蝇头小利的诱惑，将自己巨大的潜能和力量耗费在没有多少意义的小事情上，结果葬送了自己的生命。可见，如果目标选择不正确，一切努力都是徒劳的，甚至会毁了一生。

二、目标制订的原则

目标是一个非常有力量的工具，它能带领我们走向成功。目标的建立可以为你提供一个从此起步的平台。当你制订了目标以后，大脑会直接引导你注意和目标有关的一切东西，就会帮助你去达成目标。

（1）你必须确定你的目标和起跑线。

当你一个人时，你可以向自己提问以下的问题，并把答案写下来。

- 我拥有什么才干和天赋？
- 我的激情是什么？
- 我的经历有什么与众不同的地方？
- 我所处的社会、时代和环境有什么特点？
- 我与什么卓越人物有来往？
- 我期望何种需要得到满足？
- 在我的一生中，我可以想象的并且自己能做出的最伟大的事情是什么？

（2）你必须把目标清楚地表述出来。

切记，你在表述你的人生目标时，一定要以你的梦想和个人的信念作为基础。

（3）把整体的目标分解成一个个易记的目标单元。

起初，你没必要判断这些目标是不是能够实现，也不要管它们是长期的还是短期的。这个阶段重要的是有创意、有梦想。把能想到的都写下来后，再对照你的人生目标仔细地检查一下。其后，不妨问自己以下两个问题。

其一，目标是否使自己向确定的理想迈进了一步？

如果你发现这些目标之中有什么与你的人生目标和你的理想不符合，一般来说你可以有以下两种选择。

- 把它去掉、忘掉。
- 重新评估你的人生目标，考虑改写。

其二，你已经记下了为实现理想必须达到的2～5个目标了吗？

这个问题能帮助你弄清楚你所定下的目标是不是齐全了。如果发现你的理想要求你达到另外几个目标，就把这几个也写下来。当你把目标都记下来后，你就可以着手制订走向成功的战略了。

（4）你的短期目标不但要有激励价值，而且要现实可行。

（5）你的中短期目标应尽可能具体明确，并有具体的时间限制。

（6）你必须行动起来，否则一切都成为空想。

（7）你应该定期评估计划的执行情况。

定期评测进展，这和你的行动同样重要。随着计划的进展，你有时会发现你的短期目标并没有使你向长期目标靠拢；也许，你可能发现你当初的目标不怎么现实；又也许你会觉得你的中长期目标中有一个并不符合你的理想及人生的最终目标。不管是怎样的情况，你都需要做出调整。

（8）你应该庆贺自己已取得的成就。

当一切都已经成为现实之后，一定要记住抽点时间庆祝已取得的成就。小成果小奖，大成果大奖，但是绝不能在完成任务之前提前奖励自己。

知识链接

SMART 原则

针对目标的制订指导，最经典的莫过于 SMART 原则。SMART 原则是一个很实际、很方便的实施原则。

（1）S（specific）具体：目标一定要是具体的，比如你想要减肥，就要明确到"我要通过每周3次慢跑30分钟3个月内减肥10斤"。

（2）M（measurable）可衡量，可量化：任何一个目标都应有可以用来衡量目标完成情况的标准，你的目标愈明确，就能提供给你愈多的指引。

（3）A（attainable）可达到：设定的目标要有挑战性，但要符合客观情况。目标不是凭空想象的，是需要经过缜密的测算才能达成的。设定那些无法实现的目标只能说是幻想、白日做梦。例如，"十三五"规划目标，2020年全面建成小康社会，通过全国人民的努力奋斗得以实现，就是一个既客观又有挑战性的目标；而1958年6月，国家计委在《第二个五年计划要点》中提出五年超过英国，十年赶上美国，就脱离了当时的实际情况。

（4）R（relevant）相关的：讲的是实现此目标与人生目的、愿景、使命是相关的。否则，如果不相关，或者相关度很低，那么，即使这个目标达到了，意义也不是很大。

（5）T（time-based）时限：对设定的目标，要规定什么时间内达成，没有规定完成时限的目标，是没有任何意义的。

知识链接

目标的特征

一个好的企业战略目标应具有以下特征。

1. 可接受性

企业战略的实施和评价主要是通过企业内部人员和外部公众来完成的，因此，战略目标首先必须能被他们理解并符合他们的利益。但是，往往不同利益的集团有着互不相同，而且经常是冲突的目标。

例如，在企业中，股东追求利润最大化，员工需要工资和有利的工作条件，管理人员希望拥有权力和威望，顾客渴望获得高质量的产品，政府则要求企业尽可能多地纳税，企业必须力图满足所有公众的要求，以使他们能继续与组织合作。

一般地，能反映企业使命和功能的战略目标易于为企业成员所接受。另外，战略目标的表述必须明确，有实际含义，不易产生误解，易于被企业成员理解的目标也易于接受。

2. 可检验性

为了对企业管理活动的结果给予准确衡量，战略目标应该是具体的、可检验的。目标必须明确，具体地说明将在何时达到何种结果。

目标的定量化是使目标具有可检验性的最有效的方法。如"极大地提高企业销售利润率"的目标就不如"到2025年，产品的销售额达到2亿元，毛利率40%，税前净利为23%，税后利润为1500万元，五年内使销售利润率每年提高1%"的目标恰当。又如企业生产目标不应是"尽可能多地生产产品，减少废品"，而应是"2022年产品产量为4万个，废品率降至2%"。

事实上，还有许多目标难以数量化。时间跨度越长、战略层次越高的目标越具有模糊性，此时，应当用定性化的术语来表述其达到的程度，要求一方面明确战略目标实现的时间，另一方面须详细说明工作的特点。如党的十九大对实现第二个百年奋斗目标做出分两个阶段推进的战略安排，即到2035年基本实现社会主义现代化，到21世纪中叶把我国建成富强民主文明和谐美丽的社会主义现代化强国。

对于完成战略目标的各阶段都有明确的时间要求和定性或定量的规定，战略目标才会变得具体而有意义。一般地说，企业的战略目标一经制订，应该保持相对稳定。同时要求战略目标应保持一定的弹性以对客观环境的变化做出反应。

3．可实现性

在制订企业战略目标时，必须在全面分析企业的内部条件的优势和劣势以及外部环境的机遇和威胁的基础上，判断企业经过努力后所能达到的程度。既不能脱离实际将目标定得过高，也不可妄自菲薄把目标定得过低。过高的目标会挫伤员工的积极性、浪费企业资源，过低的目标容易被员工所忽视，错过市场机会。一句话，战略目标必须适中、可行。

其次，战略目标必须是可分解的，即必须能够转化为具体的小目标和具体的工作安排，从而帮助管理者有效地从事计划、组织、激励和控制工作。企业战略目标是一个总体的概念，必须按层次或时间阶段进行分解（使每一目标只包含单一明确的主题），使其将应完成的任务、应拥有的权利和承担的责任，具体分配给企业的各部门、各战略单位乃至个人身上。

4．可挑战性

目标本身是一种激励力量，特别是当企业目标充分体现了企业成员的共同利益，使战略大目标和个人小目标很好地结合在一起，就会极大地激发组织成员的工作热情和献身精神。

一方面，企业战略目标的表述必须具有激发全体员工积极性和发挥潜力的强大动力，即目标具有感召力和鼓舞作用；另一方面，战略目标必须具有挑战性，但又是经过努力可以达到的。因而员工对目标的实现充满信心和希望，愿意为之贡献自己的全部力量。

三、目标制订的注意事项

（1）你的目标必须是长期的。没有长期的目标，你也许就会被短期的种种挫折所击倒。设定了长期的目标后，起初不要试图去克服所有的阻碍，就像你早上离家不可能等路口所有的交通灯都是绿色你才出门，你是一个一个地通过红绿灯，你不但能走到你目力所及的地方，而且当你到达那里时，你经常能见到更远的地方。

（2）你的目标必须是特定的。一个猎人，当他面对树上的一群鸟时，如果说他能打下几只鸟的话，那么他肯定不是向这群鸟射击，几只鸟的收获一定是猎人瞄准特定目标的结果。

（3）你的目标一定要远大。一旦你确定只走1千米路的目标，在完成还不到1千米时，你便有可能感觉到累而松懈自己，因为反正快到目标了。然而，如果你的目标是要走10千米路，你便会做好思想及其他一切必要的准备，并调动各方面的潜在力量，一鼓作气走完7、8千米后，才可能会稍微松懈一下自己。

（4）你的人生大目标并不一定要详细精确。只要有个较明确的方向和大致程度要求就可以，例如，立志做个卓越的科学家、立志做个大企业家或是立志做个改变世界的政治家等。

下面将分别介绍生涯决策与方法、捕捉创业商机的方法，以及将内外部环境分析有机结合在一起做出战略、策略选择的SWOT分析方法。

第二节 生涯决策与方法

人生由一个个决策组成，专业选择、职业选择、伴侣选择……对于我们每个人来说，人生的每一次选择和决策都不是一件容易的事情，小到选一双什么样的鞋，大到选择职业或伴侣，都不乏因此而惘然失措的人。我们很多人都缺少为自己做决策的信心，总是担心自己选错了或是将来会后悔，所以在面对选择的时候左右为难，也有很多人就会想办法拖延此事，那么如何做出有利于我们每个人长远发展的职业决策，就成了一个难题。

个案研究

文文：敢问路在何方

文文，女，工业设计专业学生，性格活泼开朗，大大咧咧，喜欢音乐，乐于参与各种课外活动。学校生活丰富多彩，忙碌而充实。进入大四后却变得厌学了，对专业学习的兴趣降低，课余生活也觉得不像过去那样新鲜而富有挑战。于是，她开始为工作打算，急于上班。可是工作并不好找，尤其是很难找到自己满意的工作。她决定把这个责任推给家长，一切听家长的，让家长决策比自己定好。即使决策错误也不会受到责骂，不用负责任。可家长认为工作难找，还是因为文凭不够硬，便鼓励文文考研。于是，文文又开始准备考研，补习外语，复习专业课程。她自己也不知道是否能考上，也没有认真分析研究哪所学校、哪位老师的研究方向适合她。接下来的问题是，文文考研不成功怎么办？考上了接下来下一步该怎么办？

想一想

（1）考研与就业，对文文来说，孰重孰轻？

（2）文文考研与就业选择的依据是什么？这种依据是否充分？

（3）文文生涯选择的主要问题在哪里？她为什么感到困难重重？

（4）那么当你在面对一件事情时，又会采用什么方式进行决策呢？

【小练习】

请回想并选择迄今为止你在学习、生活中所做的一件重大决定，从下面几个方面进行描述。

（1）目标或当时的情境。

（2）你所有的选择。

（3）你做出的选择。

（4）你的决策方式。

（5）对结果的评估。

一、决策的概念

决策，究其概念来说，时至今日不下上百种，决策的复杂性决定了不可能有统一的看法。归纳起来，基本上包括以下三种理解。

（1）把决策看作一个包括提出问题、确立目标、设计和选择方案的过程。这是对决策概念的广义理解。

（2）把决策看作是从几种备选的目标或行动方案中做出最终抉择，是决策者的拍板定案。这是从狭义方面的理解。

（3）认为决策是对不确定条件下发生的偶发事件所做的处理决定。这类事件既无先例，又没有可遵循的规律，做出选择要冒一定的风险。也就是说，只有冒一定风险的选择才是决策。这是对决策概念最狭义的理解。

本书认为决策是为了达到一定目标，采用一定的科学方法和手段，从两个以上的方案中选择一个满意方案的分析判断过程。职业决策是个人根据各种条件，并经过一系列活动以后，进行的目标决定，以及为实现目标而制订优选的个人行动方案。

职业决策涉及价值判断，而这一价值判断又涉及个人的人生价值观、职业价值观，以及性格、兴趣、能力等个人因素和职业需求、职业发展等社会职业环境因素，从而每一个人对某一职业方面的价值判断是不同的。因此，所走的道路，不是别人给的，而是你自己选择的结果。你有什么样的选择，也就有了什么样的人生。

个案研究

白龙马和他的朋友

唐僧西天取经的白龙马，据说从前住在长安城西的一家磨房，它和一头驴子是要好的朋友。平日，白龙马在外面拉东西，驴子在屋子里面推磨。没想到，当这匹马阔步西去之后，它和驴子的命运从此截然不同。

14年后，这匹马驮着佛经回到长安，他们相见，听到白龙马讲种种神话般的见闻，这头驴子惊叹道："你有多么丰富的见闻呀，那么遥远的征途，我简直连想都不敢想啊。"

"你知道吗？"白龙马说，"其实，这十多年我们跨过的路程是大体相等的。当我向西天前进的时候，你一步也没有停止，不同的是，唐僧和我有一个遥远的目标，按照始终如一的方向前进，所以我们看到了一个广阔的世界。而你被蒙住了眼睛，一生就围着磨盘打转，所以永远也走不出这个狭隘的空间。"

这个故事对当代大学生有很好的启示：我们经常可以看到，同样的课程和教育模式，同样的基础，同样的背景，也同样经历着忙碌的大学生活的大学生们，在毕业求职的时候却是千差万别，有的深受用人单位的欢迎，有的却屡屡碰壁。为什么呢？有人将之归为天赋，有人归之为机遇，其实最根本的原因在于有没有确立明确的目标，有没有选择合适的方向。一个清晰的、切合自身实际的个人发展定位和规划非常重要。古人云："凡事预则立，不预则废。"

我们的决定，决定了我们。这是存在主义大师萨特的名言。今天你之所以在这里是你昨天选择的结果，明天你将去哪里也是你今天决策的结果。然而，决策却并不容易做出，主要是因为以下两方面。

1. 决策的难为：不确定与难舍

做决定通常会伴随着焦虑，焦虑的来源很多，其中大部分来自于"不确定"和"难舍"。

做决定让人坐立难安的根源是对选择的"不确定感"。我什么都不害怕，也不害怕丢钱，但我害怕不确定性。也许你会问：我怎么能够知道从长远来看，选择 A 会比选择 B 要更好？

做决定让人坐立难安的另一个根源是对选择项目的"难舍"。鱼和熊掌难以兼得这是另外一种煎熬。抉择从表面上看是"取"，反面是"舍"，一体两面，难以割舍。驴子在两堆草中间饿死就是鲜活的例子。

决定做出后，会经历"下决定的后悔期"，其特征是对所"取"者缺点的评价值会上升，而其优点的评价值会下降，所"舍"者相反。经过短暂的天人交战，一种选择是肯定先前决定的正确性；另一种选择是全盘推翻，重新来过。有人发展出一套股票买卖的经验法则。买股票靠 IQ（智商），卖股票靠 EQ（情商）。

2. 决策的复杂：剪不断，理还乱

生涯决策的问题之所以造成困扰，在于其影响因素之纷杂，往往使人剪不断，理还乱，陷在生涯选择泥沼中。职业决策的两个基本点是选择因素的"轻重"和"概率"。

选择因素的"轻重"与难舍有关。轻重的权衡使得个体必须舍轻就重，如何介于伯仲之间则形成难以割舍的局面。

选择项目的"概率"与不确定有关。不确定是笼统的感觉，涉及对选择项目能否达成选择因素要求的一种心理期待，期待的量化就是概率。

二、决策方式与原则

1. 决策类型

典型的决策类型有如下几种。

（1）计划型："澄清事实。"考虑价值观、目标、重要的信息、替代方案和结果，以理性的方式平衡理智和感觉。

（2）冲动型："闭着眼跳下去。"很少去思考或调查，按涌入大脑的第一个想法做事。

（3）直觉型："我感觉这样做是对的。"自发的、基于内心潜意识选择。

（4）顺从型："你说怎么办，那就怎么办。"不果断，让其他人为自己做决定，模仿他人的计划。

（5）拖延型："待会儿再跨过那座桥。"延迟、逃避什么人的出现或什么事的发生，自己就不用做出决定了。希望获得合法的延期履约权，推迟思考和行动。

（6）宿命型："一切都在扑克牌中。"会发生的事自然会发生，让外部的因素来决定吧，把一切交给命运。

（7）痛苦挣扎型："如果要是……我不知道该怎么办。"担心做出错误决定，迷茫失落于各种数据之中，淹没于各种方案的分析之中。

（8）瘫痪麻木型："不敢直面现实。"比"如果要是……"的焦虑更严重，完全陷入不知所措和恐惧之中，承担了责任，但不知怎样去做。

知识链接

摘 桃 子

路边有一片桃园，假如你可以进入桃园摘桃子，但只许前进不许后退，只能摘一次，要摘一个最大的，你会怎么办？

A. 对视野内的桃子进行比较，形成一个大概的标准，再根据这个标准选择最大的桃子。

B. "我感觉这个大！"就摘这个了。

C. "去问看桃园的人，让他告诉我什么样的最大！"或者问旁边的人什么样的最大。

D. 先别管了，走到最后再说吧。

E. 稍微比较，迅速摘一个。

点评

A. 理智型。强调综合全面的收集信息、理智的思考和冷静的判断分析。

B. 直觉型。以自我判断为导向，在信息有限时能够快速做出决策，发现错误时能迅速改变决策。

C. 依赖型。倾向采用他人建议与支援，往往不能承担自己做决策的责任。

D. 回避型。拖延不果断，倾向于不考虑未来的方向，不知道自己的目标，也不思考，也不寻求帮助。

E. 自发型。不能容忍决策的不确定性以及由此带来的焦虑情绪，具有强烈的及时性，对快速做决策的过程有兴趣。

2. 生涯决策原则

生涯决策是一个判断的过程、审视的过程、决定的过程，也是追求科学的过程、追求适应的过程、追求完美的过程。因此，生涯决策就应当把握一定的原则，遵循一定的程序。

著名职业生涯规划专家、南开大学程社明教授指出，进行生涯决策应注意并把握四个准则：① 择己所爱，即生涯方向和目标首先要遵从个人的价值观和兴趣，只有这样才能从职业中体会到人生的价值和意义，才能品味并享受生活的快乐；② 择己所能，即生涯决策要考虑到自身的能力、性格等与职业的匹配，你的选择要在自己的能力以及潜能范围之内，并具有一定的挑战性；③ 择世所需，即生涯决策必须遵循社会的发展规律，适应社会人才结构的需求，人的价值应该体现在对社会所做的贡献上；④ 择己所利，即应该知道决策的过程也是利益选择的过程，决策应该在个人利益和组织目标、集体利益不相冲突的前提下，或在合理的范围内，两弊相衡取其轻、两利相权取其重，追求利益的最大化。

生涯决策遵循的基本原则归纳起来主要包括以下十大方面。

（1）清晰性原则：目标、措施是否清晰、明确，实现目标的步骤是否直截了当。

（2）挑战性原则：目标或措施是否具有挑战性，还是仅仅保持其原来的状况而已。

（3）变动性原则：目标或措施是否有弹性或缓冲性，是否能依据环境的变化而做调整。

（4）一致性原则：主要目标与分目标是否一致，目标与措施是否一致，个人目标与组织发展目标是否一致。

（5）激励性原则：目标是否符合自己的性格、兴趣和特长，是否能对自己产生内在激励作用。

（6）合作性原则：个人的目标与他人的目标是否具有合作性与协调性。

（7）全程原则：拟订生涯规划时必须考虑到对生涯发展的整个历程，做全程的考虑。

（8）具体原则：生涯规划各阶段的路线划分与安排，必须具体可行。

（9）实际原则：实现生涯目标的途径很多，在做规划时必须考虑到自己的特质、社会环境、组织环境以及其他相关的因素，选择切实可行的途径。

（10）可评估原则：规划的设计应有明确的时间限制或标准，以便评估、检查，使自己随时掌握执行情况，并为规划的修正提供参考依据。

3. 生涯决策的注意事项

决策是一种广泛的生活技能，良好决策的重要性不言而喻。如果决策不正确，执行力越好越糟糕。天道有时惩勤，你辛辛苦苦往上爬一架梯子，然而多年以后等你爬到顶端，才发现原来梯子搭错了墙。

（1）最佳标准（理想标准）和接受标准（妥协标准）。做一个决定通常会在"退而求其次"的过程中完成。最佳选择往往不是中选项目，最后被选中的几乎都是次佳的选项。次佳却是最合适你的选择。

（2）关注过程，而不是结果。职业规划不是一个确定的选择，而是一个过程。将注意力集中在生涯决策的过程上，而不是一个选择的事件上。如果你考取了选调生，同时还考取了研究生，请问你如何决策？两个学生面临同样的抉择，选择却可能不同。

（3）消极认知重构为积极思维。发现自己头脑中的许多垃圾，把消极认知重构为积极思维。不是没办法，而是过去的方法失效了，需要探索新办法。

（4）决策的理性与非理性。感性与理性决策宛如太极图，就动态的观点，理性的极致蕴含着感性，感性的极致蕴含着理性，秋水共长天一色，动静相生，尽在其中。遇到情绪波动的时候不做重大决定。

三、决策的程序和方法

1. 决策程序

📝**身边的故事**

昭丽的选择

昭丽，某重点高校计算机专业学生。临近毕业，她常常对自己的职业动向难以选择。就现在来说计算机专业属于热门，找一份差不多的工作并不难，但由于自己是女生，在就业时肯定又不如同班的男生，同时她对教师的职业比较喜欢。在这种存在多种矛盾的情况下，我们不妨和她一起进行一次有关职业规划方面的认真思考，并通过对其职业前途的规划确定其就业方向。

1. 我是谁

某重点高校计算机专业毕业生；优秀学生干部，学业成绩优秀，通过大学英语六级；辅修过心理学、管理学；参加过高校演讲比赛，拿过名次；家庭状况一般，既不属于有钱之类，同时生活也不是拮据的那种，父母工作稳定，身体健康，暂时还不需要有人特别照顾；自己身体健康；性格上不属于内向，但也不是特别活跃，喜欢安静。

2. 我想干什么

很想成为一名老师，这不仅是儿时的梦想，而且比较喜欢这种职业；其次可以成为公司的一名技术人员；如果出国读管理方面的硕士，回国成为一名企业管理人员也是可以接受的。

3. 我能干什么

做过家教，虽然不是自己的专业，但与孩子交流有天生的优势，当自己带的学生成绩进步时很有成就感；当过学生干部，与手下人相处比较好，组织过几次有影响的大型活动；实习时在公司做过一些开发，虽然没有大的成就，但感觉还行。

4. 环境支持或允许我干什么

家里亲戚推荐去一家公司做技术开发；雅思考得还可以，已经申请了国外几所高校，但能不能有奖学金还很难说，况且现在签证比较困难；去年曾有几家学校来系里招聘教师，但不是当老师，而是要去学校做技术维护，今年不知会不会有学校再来招聘教师；有同学开了一家公司，希望自己能够加盟，但自己不了解这个公司的具体业务，也不知道它有多大的发展前途。

5. 我的职业生涯规划是什么

最后的选择可能有四种，分别如下。

（1）到一所学校当老师，自己有这方面的兴趣和理想，在知识和能力方面并不欠缺，在素质教育大趋势下，与师范类专业相比，自己有专业方面的优势，讲授知识时可以让学生了解更多前沿的知识，特别是现在计算机在中学生中有了相当的普及和基础，并且自己有信心成为学生心目中理想的好老师；不足的就是缺乏作为一名教师的基本训练以及一些技巧，但这可以逐步提高。

（2）到公司做技术人员，收入上会好一些。但通过这几年的发展看，这种行业起伏较大，同时由于技术发展较快，需要随时对自己进行知识更新，压力较大，信心不足，兴趣也不是很大。

（3）去同学的公司，丢掉专业从最底层做起。风险较大，这与自己求稳的心理性格不符，同时家庭也会有阻力。

（4）如愿获得奖学金，出国读书，回国后还是去做一名企业管理人员。不确定因素较多，且自己可把握性较小，自己始终处于被动状态。

上述例子告诉我们，生涯中决策程序起着至关重要的作用。所谓决策程序，就是做决策的步骤。决策程序是一个提出问题、分析问题、解决问题，遵循科学的完整的动态过程。决策程序包括以下四个基本步骤。

（1）提出问题，确定目标。

❑ 你能将问题转化为确切定义的目标吗？

- ❑ 在规定期限内你能达到什么样的目标？
- ❑ 你现在能够清晰地表述你的目标吗？

（2）拟定具备实施条件、能保证决策目标实现的可行方案。

- ❑ 你的各种备选方案是什么？
- ❑ 你的各种备选方案和你最重要的价值观是否相符？
- ❑ 你能否用文字描述你的最重要的价值观？
- ❑ 完成各种备选方案需要多长的时间比较合理？
- ❑ 你对各种备选方案了解的程度如何？
- ❑ 你所做出的哪些假设需要仔细地检验？
- ❑ 对各种备选方案你需要做哪些更深入的了解？
- ❑ 哪些信息资源可以帮助你收集更多的有关备选方案的信息？
- ❑ 哪些资源可以帮助你发现更多的备选方案？

（3）分析评估，方案择优。

- ❑ 可行性。

每一个备选方案成功的概率有多大？

每一个备选方案都能反映你最重要的价值观吗？

- ❑ 满意度。

你能否立即从清单中剔除满意度最低的备选方案？

你对最佳备选方案的期待值有多大？

为了得到你想要的，你愿意做出多大牺牲或付出什么样的代价？

（4）慎重实施，反馈调节。

- ❑ 权衡有关决定所掌握的一切信息，你准备做出一个什么样的行动计划？
- ❑ 确定行动计划的启动日期了吗？
- ❑ 你的行动计划是否有一个明确的目标？
- ❑ 行动计划是否包含一个具体的完成目标的步骤？
- ❑ 行动计划是否包含详细的完成目标所必须具备的条件？

在你将行动计划付诸行动之前，你都不算是做出了一个决定。

当你感到陷入困境无法做出决定时，试问自己下列问题。

- ❑ 我的假设是什么？
- ❑ 我的感觉是什么？
- ❑ 为什么我总是重复这类行为（这样做我得到了什么好处）？

（1）我的假设是什么？

许多人认为只要我们对当前的问题做出一个正确的决定，一切都会自然而然地好起来。事实上，大多数决定并不会对生活有如此巨大的力量。决定从结果上看一般都不是黑白分明的，它只是推动你走向某一个方向。决定为你打开了某些选择之门，同时也关闭了另外一些。大多数决定都是可以改变或调整的，大多数决定事实上都不是生死攸关的。因此，你不必过于犹豫做出决定。

（2）我的感觉是什么？

有些人由于给自己强加了一个"是或不是"的最后通牒，让自己处在一个不必要的压力之中。没有一个选择是真正感觉正确的,他们恐慌和盲目,随意选择一个仅仅是为了缓解心中的焦虑,或是陷入麻木状况无法做出任何决定,任凭事态的发展。当你感到做决定使你受到压力或感觉麻木了,停下片刻深深地吸口气,换一个思路想想还有哪些替代方案。这时,一个朋友、顾问或是善于倾听的人都会对你有帮助。只要你掌握了更多的关于你选择的信息之后,你才会发现某一个决定对你最有利。

还有一些人为煮沸溢出的牛奶哭泣,换一句话说,他们为过去的决定而悔恨不已,伤感于当时为什么没有这样或那样做。这种心理状态浪费时间和精力,并且会损害你的自我形象。当你产生自我怀疑或者是对过去的决定悔恨时,提醒自己做出的决定在当时的时间、环境和信息条件下是所能做出的最好的决定。

(3)为什么我总是重复这类行为?

首先要了解并承认自己是产生这种优柔寡断行为的原因,这会为你带来一种新思路。例如,有时人们反复地表现出一些固有的、没有效率的行为。因为这样做很安全,他们不用面对那些未知事物或犯错误。但是,离开风险也就没有了挑战和成长。

我们一般都很难改变旧的习惯,因为这些习惯给我们某种形式的奖励。一个习惯于由于学业表现优异而经常得到荣誉和表扬的学生会发现,在工作环境中出色的表现使人们疏远了他。所以,必须认识到一些曾经习惯了的、让你感到舒适的做事方式,在新的形势下可能不再为你提供好处。

不论你是否自认为是个冒险者,事实上像所有人一样,你已经冒过许多风险。你经历过的最大风险是什么?最近两周内你冒过什么风险?从最基本的含义上说,冒风险意味着从安全和熟悉转入未知和恐惧。我们大多数人都是相当保守的冒险者,只有在机会均等时我们才肯冒险。但是,数以百万计的人们每天都在玩彩票、创立新公司和结婚,尽管有时候他们的胜算明显不大,为什么呢?原因是不管成功的概率有多大,人们有时还是会因迫切地想要获得梦想中的结果而冒险。

彩票中的赢面只有百万分之一,但是人们仍然不断地赌,因为他们渴望能够赢钱。当你知道赢和输的概率时,你是在冒一个经过计算的风险。不去比较输赢的机会就去冒险是最常见的不成功的冒险方式。例如,大多数人都害怕变换职业甚至变换工作,他们会马上联想到最坏的结果:"我会失败",或是"我辞掉这份工作后,决不会找到另一份"。他们不去问自己出现某种结果的可能性有多大,以及自己对这种结果的渴望程度。实际上,他们所担心的结果出现的可能性极低。

许多人让这种"最坏的结果"式的思维吓垮了,不敢去冒险,结果感觉到进退维谷,像是掉到陷阱里。他们需要做的是,寻求其他一些可能性更高、更值得期待的结果。什么是可能的结果?一份新的、让人激动兴奋的、报酬更佳的工作,一个具备发展机会的职业,一个接受培训的机会。这些结果实现的可能性和事后的满足感实际上都很高,因此做出追求这些结果的决定风险并不那么高。许多人错失机会是因为他们并没有去寻找和估价所有的可能结果。在你犹豫不决时,可以求助于能帮你的人。

了解和发现你是谁、你想要干什么,为决定新的生活方式提供了机会。每条道路都充满了机遇,想象一下,做出一个好的决定,新生和成长就近在咫尺。运用自我肯定和自我鼓励,积极的变化是可以实现的。

下面的问题涉及那些干扰你实现梦想的障碍。

- ❑ 你到底有多大的决心？
- ❑ 实现你的目标是否会对你的地位产生影响？例如，一份好工作是否会让你过于独立，或者是挣得比你的配偶要多？新工作会不会投入更多的时间，减少你履行母亲或丈夫职责的时间？
- ❑ 你是否暗暗地认为自己并不值得努力去实现梦想？
- ❑ 你是否正在向某一个人证明你无法变化？
- ❑ 努力去变化对于你是否值得（时间、精力、工作）？
- ❑ 你是否按照本书建议的步骤行事？
- ❑ 它是你真正想得到的吗？

2. 生涯决策的方法

1）人职匹配——5W 问题澄清法

（1）Who am I ?我是谁？

（2）What will I do ?我想做什么？

（3）What can I do ?我会做什么？

（4）What does the situation allow me to do ?环境支持或允许我做什么？

（5）What is the plan of my career and life?我的职业与生活规划是什么？

回答这五个问题，找到它们的最高共同点，你就有了自己的职业生涯规划，如果你有兴趣可以试试。取出五张白纸，一支铅笔，一块橡皮。在每张纸的最上边分别写下上述五个问题。然后静下心来，排除干扰，按照顺序，独立地仔细思考每一个问题。

2）持续循环——CASVE 循环

C——沟通，使当局者清醒意识到我需要做出一个选择，我会有个比较适当的选择。

A——分析，将问题的各个部分结合在一起，考虑各种可能性。

S——综合，形成可能的选项，不宜过多。缩小或者扩展我的选择清单。

V——评估，对各选项排序选出最适合的选项。

E——执行，采取行动消除差距，解决问题，实施我的选择。

在做大的决定时，为了尽量减少风险，我们应该首先尽可能地充分考虑决策所涉及的多方面因素。采用计划型决策，主要包括这样五个步骤：沟通—分析—综合—评估—执行。

（1）沟通。在这个阶段，我们收到了关于职业理想与现实之间存在差距的信息。这些信息可能通过内部或外部交流途径传达给我们。内部沟通包括情绪信号，例如不满、厌烦、焦虑和失望，还有身体信号，如昏昏欲睡、头痛、胃部疾病等。外部沟通包括父母对你的职业规划的询问，同事、朋友对你的职业评价，或者是杂志上关于你的专业正在逐渐过时的文章等。

这是意识到自己需要做出选择的阶段。在这个阶段，我们通过各种感官和思考充分接触问题，发觉存在一个差距已不容忽视。

（2）分析。在此阶段，问题解决者需要花时间去思考、观察、研究，从而更充分了解差距，了解自己有效地做出反应的能力。好的生涯决策者阻止用冲动行事来减小在沟通阶段所体验的压力或痛苦，因为他们知道，这是无效的，甚至可能令问题恶化。他们很清楚，要解决这个问题我需要了解自己的哪些方面，了解环境的哪些方面，需要做些什么才能解决问题，为什么我有这样的感受，家庭会怎样看待我的选择等问题。

这是了解我自己和我的各种选择的阶段。在这一阶段，生涯问题解决者通常会完善自我知识结构，不断了解职业世界和家庭需要。简单来说，在分析阶段，生涯决策者应尽可能了解造成在第一阶段发现的差距的原因。

分析阶段还需要把各种因素和相关知识联系起来，例如，把自我知识和职业选择联系起来；把家庭和个人生活的需要融入到职业选择中。

（3）综合。主要是综合和加工上一阶段提供的信息，从而制订消除差距的行动方案。其核心任务是，确定我可以做什么来解决问题。

这是一个扩大并缩小选择清单的过程。首先，尽可能多地找到消除差距的方法，发散地思考每一种办法，甚至采用"头脑风暴"进行创造思维。然后，缩小有效方法的数量，通常缩减到3～5个选项，因为这是我们头脑中最有效的记忆和工作容量。

（4）评估。评估阶段将选择一个职业、工作或大学专业。

它的第一步是评估每一种选择对生涯决策者和他人的影响。例如，如果选择了服兵役，这一选择将会给自己、伴侣、父母、孩子等重要他人带来什么影响？每一种选择都要从对自己和对他人的代价和益处两方面进行评价，并综合物质上和精神上的因素。

第二步就是对综合阶段得出的选项进行排序。能够最好地消除差距的选项排在第一位。次好的排在第二位，依此类推。此时，职业规划决策者会选出一个最佳选项，并且做出承诺去实施这一选择。

（5）执行。这是实施选择的阶段，把思考转换为行动。很多人都觉得在执行阶段制订行动计划是令人兴奋的和有价值的，因为他们终于可以开始采取积极行动去解决问题了。

（6）再循环。CASVE 循环是一个不断重复的过程，在执行阶段之后，生涯决策者又回到沟通阶段，以确定已经选取的选择是不是最好的，是否能最有效地消除理想与现实间的差距。

最后，CASVE 决策技术，无论是对解决个人职业规划问题，还是解决团体问题都非常有用。用系统的方法思考这五个步骤，能够提供一个有用的工具，使你成为一个更有效率的人。

个案研究

任正非的职业生涯

以华为集团总裁任正非的阶梯式职业生涯为例。

1963 年就读于重庆建筑工程学院，毕业后就业于建筑工程单位。1974 年应征入伍加入承担工程建设任务的基建工程兵，历任技术员、工程师、副所长。1988 年，任正非以 2 万元注册资本创办深圳华为技术有限公司，主营电信设备。2000 年被美国《福布斯》杂志评选为中国 50 富豪第 3 位。2011 年《财富》杂志"中国最具影响力的商界领袖"，任正非居首。在 2020 福布斯中国富豪榜中，任正非以 16 亿美元的财富排名 222 位。

分组讨论

（1）任正非的职业生涯具有怎样的特点？

（2）想要实现自己的职业目标需要做什么？

（3）你应该怎样规划自己的职业生涯？

人生是一个自我突破的历程，职业生涯决策的背后是责任和承担，我要为我的行为负责。市场经济社会没有终生职业，你是否有能力使自己终生有职业？

大学生的职业生涯规划就犹如钓鱼时选择池塘的大小一样，选对的池塘并不意味着一定是大的池塘，而应该关注的问题是：这个池塘是否有自己想钓的鱼；这个池塘的鱼我是否能够钓起来。只有选对了池塘，我们才可以钓到大鱼，钓到更多的鱼。

第三节　捕捉创业商机

我们正处在一个充满机会的年代。机会，是一个神圣的因素，就像夜空中偶尔飞过的流星，虽然只有瞬间的光辉，但却照亮了漫长的创业里程。机会对于所有的创业者都是均等的，每个创业者都不缺少机会。不同的是，有的人机会来了，抓住不放，闯出了一番事业；有的人面对机会，却无动于衷，错失良机、一事无成。其中的关键就是对机会的识别和把握。创业机会具有以下特征使我们难以识别和把握。

（1）隐蔽性：机会是一种无形的事物，人们只能凭感觉意识到它的存在，而无法用视觉看到它。机会总是隐藏在社会现象的背后，其真相往往被掩盖着，通常很难找到它的踪影。正如法国文学大师巴尔扎克所说："机会女神总是披着面纱，难以让人看到她的真面目。"也正因为机会的这种隐蔽性特征，才使它在人们的心目中是如此的神秘和可贵。如果机会没有了隐蔽性，人们一眼便能看到它，一伸手就能摸到它，那么，机会也就不能称其为机会了。

（2）偶然性：机会在大多数情况下是偶然造成的。尽管它普遍地存在于人们身边的事物中，但人们并不容易捕捉到它。人们越是刻意地寻找机会，就会越难见到它的踪影，而当你在毫无精神准备的时候，它却会突然出现在你的面前。在寻找机会的过程中，人们都曾有过"众里寻他千百度"的艰辛，但也有"蓦然回首，那人却在灯火阑珊处"的意外收获。

（3）易逝性：机会最显著的特征是它的易逝性，正所谓"机不可失，时不再来"。机会的易逝性表现在：一是稍纵即逝；二是一去不返。虽然天天都可能会有机会出现，但同样的机会是不会重新再来的。同时，由于机会往往是被社会所共有的，只要你稍一迟疑，机会就会被别人抢走。

（4）时代性：机会总是与时代紧密联系在一起，具有鲜明的时代特征。所谓机会的时代性，是指一定时代对各种机会打上的烙印和赋予的社会的、民族的、时期的色彩。时代是机会的土壤，好的时代能培养出大量的机会，为人们的成功提供条件；而差的时代则像碱性土壤，荒无生机，很少成功的机会和可能。

在商战中，如果把企业实力比作杠杆，那么商机则是这根杠杆的支点。企业如果能抓住商机，就能抢先一步占领市场。

创业机会是指创业者可以利用的商业机会。创业机会识别是创业的关键问题之一，它是创业的起点。创业过程就是围绕着商业机会进行识别、开发、利用的过程。本质上，成功创业者就是正确识别商业机会并将其转化为成功企业的人。因此，如何正确地识别创业机会是创业者应当具备的重要技能。机会识别一半是科学，一半是艺术。

美国人李维斯看到采矿工人工作时跪在地上，裤子膝盖部分特别容易磨破，于是他灵机一动，把矿区里废旧的帆布帐篷收集起来，洗干净重新加工成裤子，"牛仔裤"就这样诞生了，而且风靡全球。李维斯将问题当作机会，最终实现了致富梦想。创业需要机会，而机会要靠发现。

创业者如何寻找适合自己的创业机会？如何在茫茫商海之中把握创业商机？创业机会无处不在，关键是要靠发掘。本节将着重介绍创造、识别和捕捉商机的方法。

一、创造商机：创业思路生成法

1．创业思路、创业备选项目与创业商机

创业活动的实施首先要经历创业思路、创业备选项目和创业商机三个阶段，其中创业商机是关键。创业思路即我们常说的"生意点子"，是一种未经市场需求评价和竞争分析检验的生意性意念。它可能来自于环境中，也可能来自于人们的头脑中。创业思路可能成为创业备选项目，然而其中绝大多数会因未能通过创业商机评估而被放弃。但创业思路是创业商机之源泉。

创业备选项目是创业思路的具体化。一个创业思路可能展开成为一系列的产品或服务，也可能是一种营销模式，或者是一个新的管理体制。而创业商机是在一定时间和空间条件下，存在于客观环境中的一种未被别人发现或未被满足的夹缝市场需求，是具有潜在增长性、一定模糊性、较高回报性、与创业者相适宜和适度风险性的创业备选项目。

造成创业失败率很高的原因很多，其中一个重要原因是很多创业者分不清创业思路、创业备选项目与创业商机的区别，创业思路或创业备选项目往往被高估。许多创业者热衷于对创业思路或创业备选项目新、奇、特的孤芳自赏，而常常忘记市场的竞争和顾客的需要。其表现是：要么把一个突发奇想的创业思路或道听途说的生意点子误认为商机，未经商机评估，盲目创业，结果是"上船容易下船难"，激情创业，惨淡经营，凄凉倒闭，给创业者造成巨大损失；要么是不能把一个好思路创造和发育成为一个产品或营销模式，而是紧紧护着创业思路，别人摸不得碰不得，更不要说组成一个团队，将创业思路变成商机和好生意。

创业思路、创业项目和创业商机是创业活动的"三部曲"，既有联系又有区别，其关系如图 4-2 所示。创业商机来自于创业思路，但是一个好的思路未必就是一个好的商机，或者说就是一个属于你的好商机。思路是商机之源，但只有经过筛选的思路才可能成为商机，5～10 个创业思路可能展开成为 100 个备选的生意，从中可能筛选出一个好的商机。没有大量的创业思路和备选方案，就不会有好的商机。因此，需要创业者广泛地搜集和大胆地设想，开发大量的创业思路和备选方案。

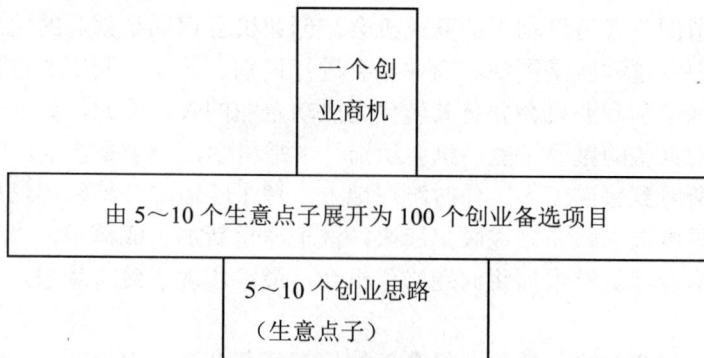

图 4-2　创业思路、创业备选项目与创业商机的关系

知识链接

创业商机的五大来源

（1）问题。哪里有需求，哪里就有市场，就有创业的机会。寻找创业机会的重要途径，就是善于去发现和体会自己和他人在需求方面的问题或生活中的难处。例如，有一位大学生发现学生放假时有交通难问题，于是创办了一家客运公司，专做大学生的生意，这就是把问题转化为创业机会的成功案例。

（2）变化。著名管理大师将创业者定义为那些能"寻找变化，并积极反应，把其当作机会充分利用起来的人"。产业结构变动、消费结构升级、城市化加速、人们观念改变、政府改革、人口结构变动、居民收入水平提高、全球化趋势等这些都是变化，其中都蕴藏着大量的商机，关键要善于发现和利用。例如，居民收入水平提高，私人轿车的拥有量将不断增加，这就会派生出销售、修理、配件、清洁、装潢、二手车交易、陪驾等诸多创业机会。

（3）创造发明。创造发明提供了新产品、新服务，更好地满足顾客需求，同时也带来了创业机会。例如，随着电脑的诞生，电脑维修、软件开发、电脑操作的培训、图文制作、信息服务、网上开店等创业机会随之而来，即使你不发明新的东西，你也能成为销售和推广新产品的人，从而给你带来商机。

（4）竞争。商场竞争非常残酷，但既是挑战，也是机会。如果你看出了同行业竞争对手的问题，并能弥补竞争对手的缺陷和不足，这就将成为你的创业机会。因此，平时做个有心人，多了解周围竞争对手的情况，看看自己能否做得更好？能否提供更优质的产品？能否提供更周全的服务？如果可以，你也许就找到了创业机会。

（5）新知识、新技术。知识经济的一个重要特征，就是信息爆炸，技术不断更新换代，这些都蕴藏着大量的商机。例如，随着健康知识的普及和技术的进步，仅仅日常的饮水问题就带来了不少创业机会，各种净化水技术派生出诸多的饮用水产品和相应的饮用水供应站，上海有不少创业者是通过加盟"都市清泉"走上创业之路的。

2. 从环境分析找思路

从创业环境中发现创业的思路，是每个创业者的出发点。环境中既蕴涵着无限的商机，也隐藏着威胁。创业者在环境中很渺小，他唯一的生存方式是适应环境的要求与变化，既充分地利用环境提供的机会，又小心地规避环境中的风险与威胁。

有人可能认为，我们刚刚创业，小得很，宏观大环境与我太遥远。其实并非如此，假设你要开一家小食品厂，当你得知"中国人吃什么才安全"已成为国务院总理和政治局讨论和关注的民族安全的政治问题时，那么生态、绿色就必将会成为卖点和商机，当然也可能成为你的威胁，就看你能否发现和利用这一宏观环境带来的机会。

利用表 4-1 和表 4-2，可以对创业的宏观环境与具体环境进行深入细致的分析，从环境的机会（O）与威胁（T）中可以发现创业思路或生意点子，填写这两个表需要做大量的社会调查和深入的思考。表 4-2 中，前 5 项为行业因素，后 2 项为地区因素。

表 4-1 宏观环境中发现创业思路

宏 观 因 素	分 析 指 标	提供了什么机会（O）	带来了什么威胁（T）	创 业 思 路
政治环境（P）	国家发展目标			
	国家方针政策			
	国家法令法规			
	其他			
经济环境（E）	GDP 及变化			
	利率及变化			
	通货膨胀率（CPI）			
	可支配收入			
	失业率			
	其他			
社会环境（S）	人口状况			
	价值观（时尚）			
	风俗和品位			
	保护消费者运动			
	其他			
技术环境（T）	国家技术政策			
	行业 R&D 支出			
	新技术/新方法			
	新产品			
	新材料			
	其他			

宏观环境总描述：

宏观环境提供的最大的机会（O）是：

宏观环境产生的最大的威胁（T）是：

发现和形成的创业思路是：

表 4-2　具体环境中发现创业思路

具 体 因 素	分 析 指 标	提供了什么机会（O）	带来了什么威胁（T）	创 业 思 路
供应商	人力资源供给			
	财务供给			
	原材料等供给			
	其他			
顾客	当前的需要			
	潜在的需要			
	需要的变化			
	讨价还价的能力			
	其他			
竞争者	提供的产品			
	价格			
	销售/渠道			
	促销政策			
	其他			
潜在竞争者	进入壁垒			
	潜在进入者情况			
	产品			
	其他			
替代品	技术			
	产品			
	服务			
	其他			
政府	省政府政策			
	市政府政策			
	区政府政策			
	社区政策			
	其他			
公众集团	当地居民			
	环保组织			
	其他利益集团			
	新闻媒介			
	其他			

具体环境总描述：

具体环境提供的最大的机会（O）是：

具体环境产生的最大的威胁（T）是：

发现和形成的创业思路是：

3. 从调查研究找思路

调查研究是发现创业思路的催生剂，没有深入实际的市场调查和社会调查，就不会发现与环境相容且满足顾客需要的商机。调查研究不能走马观花，要"一看二想"。只想不看，不做市场调研，凭想当然选项目，十有八九因不能满足顾客的需要而失败；只看不想，缺乏深入的分析，仅凭看到的表面现象就得出"无市场"或"市场巨大"的结论，也必败无疑。调查与研究缺一不可。我们要对市场需求进行调查研究，还要对社会进行调查研究，不仅从调查中获得关于产品设计、财务核算和生产规模等的相关信息，而且还要研究出相应的经营对策。

在拟经营的范围和经营的区域内，有目的地进行社会调查和市场调查，是创业者必须具备的形成创业思路、产生创业项目的一个基本方法，是创业活动的成事之基、谋事之道。直接收集与创业有关的真实资料，并对所得资料进行认真整理、深入分析，发现市场状态及其变动规律，是发现创业机会的依据。创业思路调查研究的主要方法包括以下几个方面。

1）观察法

观察法即对事物进行仔细的察看和了解，包括直接观察法、痕迹观察法、行为记录法等。观察法主要是用眼睛看。例如，您准备在一条 200 米长的街面上开一家饭店，那么就应该在这条街上至少来回走上 10 趟，反复观察这条街的整个环境、结构、布局、现状、联系、相关因素等每一个细节；而且每走一趟都要有新的发现和新的问题，都要对商机的发现和项目的选择有帮助。例如，顾客的状况、竞争者的状况、公众的状况、街区环境的状况等，发现其中所蕴藏的商业机会，并把这些记录下来，作为创业思路和备选项目的依据。

通过观察法能客观地获得准确性较高的第一手信息资料，因为它是调查人员亲自参与得到的。但是，这种方式也有一定的局限性：一是它只反映了事物的现象，而不能说明事件发生的原因；二是此种方式调查面窄，花费时间较长。

2）体验法

体验法即通过亲身实践来认识周围的事物。俗话说："不尝梨子就不知道梨子的滋味"，体验法是比观察法更深入一步的调查研究。用体验法则去捕捉商机比观察法更可靠。由于多数创业者对自己发现的创业思路和选择的创业项目往往具有强烈的偏爱，而事实上，人们对不曾经历过的事情往往缺乏准确的把握和认识，或是觉得太难，或是觉得很容易，因此，这种偏爱往往是靠不住的。

好多创业者都有过这样的经历，看似容易的事情和应该成功的项目，一做才发现不是想象中那样轻易成功。只有亲自实践才能体验到事物的本质。例如，只有你到饭店去品尝人家的手艺，才知道人家的菜肴的风味和魅力；只有你去体验他们的服务员为你提供的服务质量，才知道招聘和培训服务员的重要性；只有你去参与促销活动，才能知道促销活动的实际作用和效果等。

3）询问法

询问法是把事先拟定的调查项目或问题以某种方式向被调查对象提出，要求给予回答，由此获取信息资料，包括面谈法、电话询问法、邮寄询问法和留置问卷法等。询问法不是自己直接去看或体验，而是了解别人的看法和感受。观察法和体验法所得到的结果是你自己亲眼所见和亲身感受，无疑是客观事实；但你的知觉未必就是消费者和竞争者的知觉，因此还要向有创业经验的亲朋好友请教和询问，向相关的顾客询问，向周围的公众询问，向其他业主询问。无疑，他们的经验、看法、意见与建议会使你确认自己的商机判断正确与否，使你少走弯路。

4）换位法

换位法即转换自己的位置，从项目干系人的位置和利益方面对商机进行调查研究。换位法不仅是调查研究的方法，更是调查研究的一种理念。创业思路与备选项目是否具有商机，来自于外部（包括顾客、竞争者、供应者和公众等）的需要与认可，因此，创业是给别人选择项目，而不是给自己选择项目。所以，在进行创业机会调查研究时，就不能仅从创业者的一厢情愿出发，而应该站在顾客、竞争者、供应商和公众等的位置，从他们的角度和利益出发，运用观察法、体验法和询问法去调查和收集第一手资料。换位调查研究的理念，在一定意义上说是确认创业机会成败的关键。

毛泽东同志有一句至理名言："没有调查研究就没有发言权。"这句话应该成为创业者的座右铭。调查研究的其他方法，如跟踪调查、抽样调查、蹲点调查、问卷调查等方法要随时随地选用，当然大学生创业者更需要应用互联网手段进行调查研究。

表 4-3 是根据上述思想拟订的调查研究大纲。该调查大纲提供了一般方法，读者可以根据调查对象与调查目的不同，做适当的改动。但是，必须深入实际中进行调查研究，千万不可以凭想当然填写。调研方法可根据需要选择其中一项或几项。

表 4-3　创业思路调查大纲

调 研 方 法	调 研 对 象	调查的目的与含义	发现的生意思路
观察法	地址	观察企业周围环境并发现创业思路	
	社区环境	观察企业所在社区的特点并发现创业思路	
	公众	观察公众的偏爱和态度并发现创业思路	
	顾客	观察顾客购买习惯和状况并发现创业思路	
	竞争者	观察竞争者的行为并发现创业思路	
	产品	观察市场提供的产品与服务并发现创业思路	
	价格	观察产品与服务的价格并发现思路	
	销售方式	观察产品与服务销售方式并发现创业思路	
	促销手段	观察产品与服务促销方式并发现创业思路	
	其他		
体验法	服务质量	身临其境体验服务质量并发现创业思路	
	产品质量	身临其境体验产品质量并发现创业思路	
	产品特色	身临其境体验产品特色并发现创业思路	
	经营风格	身临其境体验经营风格并发现创业思路	
	视觉效果	身临其境体验视觉效果并发现创业思路	
	营销方式	身临其境体验营销方式并发现创业思路	
	促销手段	身临其境体验促销手段并发现创业思路	
	其他		

续表

调 研 方 法	调 研 对 象	调查的目的与含义	发现的生意思路
询问法	顾客满意度	询问顾客有什么不满意并发现创业思路	
	成功者经验	请教成功者并发现创业思路	
	失败者教训	请教失败者并发现创业思路	
	行业的规范	向经营者打听行规并发现创业思路	
	竞争者的经历	向经营者打听竞争状况并发现创业思路	
	其他		
换位法	产品	以干系人的价值感受产品并发现创业思路	
	服务	以干系人的价值感受服务并发现创业思路	
	地址	以干系人的价值感受地址并发现创业思路	
	视觉	以干系人价值感受视觉效果并发现创业思路	
	营销方式	以干系人价值感受营销方式并发现创业思路	
	促销手段	以干系人价值感受促销手段并发现创业思路	
	价格	以干系人价值感受价格并发现创业思路	
	经营风格	以干系人价值感受经营风格并发现创业思路	
	其他		

4. 从热点旁边找思路

从产品市场的发展规律来看，由潜在的市场变为现实的产业化市场，大致有以下五个主要步骤。

（1）种子市场阶段。消费者对尚未存在的东西具有需要和欲望，形成种子市场。（例如，我国近年来出现的私有高档住宅和小区，催生了业主们期望有人为他们"看家护院"的需要和欲望。）

（2）市场具体化阶段。有人推出适合潜在市场的产品或服务，导致市场的具体化。（例如，中国物业的出现。）

（3）市场扩展化阶段。跟进者的行为，使市场得以扩展。（例如，我国多种形式的物业公司的出现。）

（4）市场独立化阶段。市场被跟进者占满后，新产品就需要高度独特化，市场出现分裂。（例如，满足业主不同需要的各类物业服务的出现。）

（5）市场再结合阶段。市场走向再结合。（例如，我国目前正由房地产商为主体的物业销售模式转变为由业主为主体的物业购买模式，以及提供各类独特业务的物业公司。）

从上述发展过程来看，创业最容易成功的时机是在市场具体化和市场再结合两个阶段。因为在这两个阶段变化最为剧烈，产品市场最热，热烈而剧烈的变化则蕴涵着商机，蕴涵着新的需求，蕴涵着创业项目。因此，创业者要善于在热点产业旁边找创业思路和项目。

按照变化会产生热点，热点会产生机会的规律，除了产业热点，还有社会热点现象。社会热点又分为社会时尚和社会趋势两类。创业者要特别关注那些具有大趋势性质的社会热点现象。在这些热点旁，往往是新需求和新商机的诞生之地。

我国目前具有许多大趋势性质的社会热点现象。例如，社会老龄化产生的老年需求热、独生子女产生的校外特长教育需求热、环境污染产生的优良环境需求热、食品安全问题产生的绿色食品需求热、环境污染产生的优良环境需求热、下岗失业问题产生的就业需求热、网络时代的到来产生的网络游戏热等。类似的还有单亲家庭问题、城市扩大与农民转入城市问题、个体创业现象、宗教的兴起、文明病的增多、国外求学等。这些热点旁聚集着庞大的人群，他们有着共同需要，满足他们需要的创业项目是他们的盼望。

请你根据以上观点，利用表 4-4 在社会热点或热点产业的市场具体化或市场再结合阶段，寻找创业思路。

表 4-4　热点中搜集创业思路

热点产业与社会热点现象	市场具体化阶段发现的生意思路	市场再结合阶段发现的生意思路
网络时代到来		
数字电视普及		
高档住宅产业		
轿车走进家庭		
视觉产品增多		
电脑的家庭化		
教育的国际化		
儿童校外教育		
旅游业的兴起		
健身业的兴起		
收入水平提高		
社会老龄化		
独生子女		
环境污染		
食品安全		
失业现象		
单亲家庭		
农民工进城		
个体创业现象		
三农问题		
城市扩大化		
宗教的兴起		
文明病的增多		
其他		

5. 从不满意中找思路

几年前，中央电视台《同一首歌》节目一炮打响，如今已经火了几年，成为全国人民喜闻乐见的好节目。为什么《同一首歌》节目如此受欢迎呢？因为"没有什么东西比歌曲的代沟更强烈了"，正所谓"一代人（唱）听一代人的歌"，在歌曲演唱和欣赏上，从来都是"隔代如隔山"，中央电视台年轻导演孟欣恰恰看准了人们对歌曲"代沟"的不满意，将不同时代的歌曲在同一个舞台上进行了重现、反串、送戏、应时，很像沈阳近年兴起的一道菜——"乱炖"，这种表演方式满足了各代人对歌曲的需要，不论是观众还是歌手都举双手赞成。《同一首歌》是针对人们对歌曲代沟的"不满意"所进行的产品创新，它的卖点正是这一"不满意"给予的商机。

　　不满意可能产生商机，在不满意中能够发现大量的创业思路和创业项目。其实我们每个人都生活在创业思路和创业项目中，因为我们身边实在有太多的不满意。但只有敏锐的创业者才能从不满意中生成创业思路并开发为有商机价值的创业项目（见表4-5），作为涉世不深的大学生创业者要成为不满意的有心人。

表4-5　从不满意中找创业思路

	人们对什么不满意	为什么会产生不满意	发现的创业思路
衣			
食			
住			
行			
精神文化			
物质文化			
其他			

二、催生商机：创业项目展开法

　　下面将首先介绍产生构思的技法；然后按照前面阐述的创业思路与创业备选项目、创业商机的关系，具体介绍四种创业备选项目的展开方法。创业者应该顺着创业思路展开，挖掘出若干创业备选项目，供后面创业商机评价法进一步筛选。

1. 产生构思的技法介绍

创业者要想开发一个新商品、一个新市场或一项新服务，首先必须有一个点子、想法、创意，甚至是一个梦想、一个突发奇想或近乎一个幻想等。这样的构思越多，创业者开发新商品、新市场、新服务的机会就越多，而且成功的概率也就越大。

1）产生构思的属性分析法

其主要思考方法是把一个现行商品的主要属性列成一览表，然后对每一属性进行处理，以找到一个改进后的商品构思。以自行车为例，自行车由以下部分构成：车把、车座、车轮、车的链条、链条盒、刹车、车铃、车的支架、车的框架、车的后座架……然后，再罗列每一部分的属性，以车把为例，车把的造型、耐用程度、重量、材料、硬度、宽度、颜色……通过以上罗列，可以使人们产生新的看法。从中发现的缺陷将是商品的改进方向，发现的优势将是企业扩大销售的潜在机会。

再如，从商品的效用角度分析，轿车的效用对不同的消费者来讲，可能是交通、旅游、显示地位等；自行车的效用，主要包括：交通、运输、娱乐、锻炼、接送、节省开支、观赏景色、便捷、个性、激发活力、环境保护……不同的消费者由于生活环境等方面的原因，同一商品提供给他们的效用是有一定差异的。在我国，自行车是居民的一种主要交通工具，而在"车辆文化"充分发达的美国，它提供给人们的效用则是锻炼、刺激、个性等。这就要求创业者根据目标市场的特点，通过调查研究来把握某一商品所能提供给消费者的主要效用。通过增加或较少效用来开发新商品。

著名管理专家奥斯本（Alex F. Osborn）设计了一个表格来检查已有的商品，以便提出新的构思。具体内容如表 4-6 所示，如果答案是肯定的，则表明现有的商品可以按此思路进行改进，在改进时要考虑目标市场上消费者的需求特征，不能闭门造车。

表 4-6　奥斯本的检查表

问 题 项 目	是	否
是否能改变它？如功能、形状、颜色、气味、速度、成本等		
是否能替代它？如采用其他材料、零部件、能源、色彩等		
是否能改进它？如更方便、更正确、更完美、更便宜等		
是否能放大它？如增加、加重、加厚、加长、加大等		
是否能缩小它？如省去、减轻、减薄、减短、缩小等		
是否能颠倒它？如上下、左右、正反、里外、前后颠倒等		
是否能以某种方式重组它？如叠加、复合、化合、混合、综合等		

2）产生构思的需求分析法

属性分析法基本上都不要求顾客参与新商品构思的产生过程；而需求分析法是从另一方面，即从顾客（消费者和使用者）角度开始的方法。它要求顾客提出他们使用一个特定的商品或商品类型时所遇到的问题。常见的需求分析法有以下几种。

（1）综合列表法。将某一种或某一类商品所能满足客户的一切需求全部罗列出来，进行分析，寻求以前所不知道的需求，促进改善现有商品，并使改进后的商品能更有效地满足顾客的需求。

（2）问题分析法。每一类商品都不会十全十美，都会存在许多有待解决的问题，而发现解决这些问题的思路可能是探索潜在的新商品的极重要的方法。

（3）缺口分析法。缺口分析法是通过研究用户来确定他们感受到的各种商品之间的关系，从而找出各种商品间的缺口。缺口就是市场空隙或不足，亦即市场上存在有某种需求，但却没有相应的商品，找出这种缺口，就可产生新商品构思。

（4）市场细分法。这是一种非常有效的产生新商品构思的方法。市场细分是将某个商品的整体市场，按能够区分消费者需要类型的有关因素加以划分；通过不断地细分市场，去发现和找到未满足或未完全满足的市场需求，通过开发相应的商品和服务来满足这些需求，有可能成为创业和企业发展的机会。

3）产生构思的关联分析法

事物之间可能存在某种联系，通过分析、比较这种联系，有可能发现一些新的东西，这对于开发新商品是大有好处的。关联分析法正是通过考察事物之间的关系，去启发思维、创造新商品。

（1）两维矩阵分析法。这是一种通过矩阵表把两种属性结合在一起，从而启发创新思维的方法。矩阵分析法的关键是要确定商品的各种属性。商品之间、顾客之间、顾客使用商品方式之间的任何缺口，都可能是矩阵法选择的对象，而且选取的属性越多越好，因为运用矩阵法的目的就是要找出以前没有预计到的各种关联，进行重新组合，而这种组合又是可行的，这就是创新。

（2）强制关联法。所谓强制关联，是使表面上看起来毫无关系的事物之间发生联系和结合，或者说把通常没有关系的事物强制地联系在一起。通过这样的强制联系，可以获得许多新颖的、奇特的构思。

知识链接

"多彩"的手表

选择手表作为创造的对象，再列举一些与手表无关的事物，如话筒、香烟、计算机、动物、鲜花等，现在把它们强制结合起来。

手表与话筒结合：报时的手表、会听话的手表、会说话的手表、可以打电话的手表。

手表与计算机结合：带有计算器的手表、智能手表。

手表与动物结合：不同动物形状的手表、十二生肖礼品手表、带有热爱动物提示和标志的手表。

手表和鲜花结合：色彩鲜艳的手表、花形手表、可变色的手表。

……

（3）类推法。类推法就是通过比较而产生构思的一种创新方法。类推在激发创造力的思维中，通常能起到三种作用，即启发、模仿和解释。因为在对不同的事物进行比较时，会发现它们之间存在相似点、差异点和中性点。当由少数相似点促使发现其他相似点时，就是启发作用；当排除差异点，将中性点转化为相似点时，就是模仿作用；当通过区别相似和差异点来探讨所比较事物的异同时，就是解释作用。通过类比进行创新，可以产生大量的方案。

知识链接

自行车与汽车

骑自行车可以与开汽车类比：掌握方向、运行、减速、转弯等，汽车载人多，有四个轮子，稳定性好，功率大且可变，内装通信设备等。由于相似或者差异，都会使人联想到各种新型的自行车，而有些已成为现实——电瓶自行车、带发动机的助力自行车等。自行车也可以与飞机比较，与溜冰、潜水艇、游泳比较，甚至与迷宫里的老鼠比较。

（4）自由联想法。联想是一种普遍使用的创造性思维形式，自由联想就是让思想插上翅膀，自由驰骋，以获得新商品的构思。

2. 思路-项目展开法

有时创业思路可能已经很具体了，但有时思路可能很模糊，表 4-7 被称为"思路-项目展开表"。该表的左侧是创业思路，右侧是按创业思路展开的具体创业备选项目。在填写该表时，要求创业者尽可能地开发自己的想象力，把看到和想到的全部商业项目分列出来，越多越好，越具体越好。

表 4-8 是一位创业者认为汽车进入中国家庭是一个很好的环境机会，于是他把汽车作为生意方向和创业思路，并将其展开成了若干具体的创业备选项目。下面请参考表 4-8 的方式，利用表 4-7，把前面学到的创业思路写在左侧，在右侧展开成具体的创业备选项目。

表 4-7　思路-项目展开表

创 业 思 路	把创业思路展开成为创业备选项目
（创业思路1）	
（创业思路2）	
（创业思路3）	

表 4-8 汽车-项目展开表

创 业 思 路	把创业思路展开成为创业备选项目
汽车进家庭 我做汽车生意	销售汽车
	汽车维修
	销售汽车配件
	汽车美容
	汽车库出租
	生产移动汽车库
	开办停车场
	生产汽车装饰品
	生产吉普车护杠
	办汽车俱乐部（男）（女）
	生产汽车粘贴
	收集老爷车

3. 兴趣-项目展开法

按照上述思想和方法，表左侧的内容可以在创业思路的范围内根据创业者的需要任意选取，如兴趣、资源优势、创业动机与成功标准等。

表 4-9 就是根据创业思路与创业者的爱好展开的创业备选项目。正所谓"好"为"好"，如果能够按照个人的兴趣选择创业项目，做自己爱做的事情，那将是创业者最大的快乐。如表 4-9 中例如所示，一位钓鱼爱好者将自己的兴趣展开为若干创业备选项目。请照此法，把你自己的兴趣与爱好写在左侧，并在右侧将其展开成创业备选项目。

表 4-9 兴趣-项目展开表

我的兴趣是	按我的兴趣展开的创业备选项目
例如 钓鱼	卖鱼诱饵
	生产制作钓鱼工具
	开钓鱼器具店
	办钓鱼学习班
	组织垂钓活动（交通、餐饮、住宿、垂钓等系列服务）
	出版垂钓刊物
（我的兴趣1）	
（我的兴趣2）	

续表

我的兴趣是	按我的兴趣展开的创业备选项目
（我的兴趣3）	

4. 资源优势-项目展开法

表 4-10 为根据创业思路和自己的资源优势展开创业备选项目。表 4-10 例如是一位师范院校英语专业的大学生，她最大的资源优势是具有创业的欲望和较好的英语交流能力，这是她根据自己的资源状况展开的创业备选项目。请参照此例，将你自己的优势资源写在左侧，并在右侧展开成创业备选项目。

表 4-10　资源优势-项目展开表

我的资源优势是	按我的优势资源能够展开的创业备选项目
例如 强烈的创业愿望和较强的英语技能	办双语幼儿园
	开办家教品牌中介公司
	办各种英语学校
	在网上开办为外国旅游者提供导游的公司
	为出国人员办理中介服务
	开英语书店（英语发烧友音像店）
（我的资源优势1）	
（我的资源优势2）	
（我的资源优势3）	

5. 创业动机与成功标准-项目展开法

如表 4-11 中的例如所示，把你认为最重要的创业动机与成功标准作为项目展开的标志，写在表 4-11 的左侧，然后在右侧将其展开成创业备选项目。

表 4-11　创业动机与成功标准-项目展开表

我的创业动机与成功标准是：	按我的创业动机与成功标准能够展开的创业备选项目
例如 很小的投资，维持生活 成功标准是每月 2000 元利润	开办社区报亭（点） 办擦皮鞋店（点） 炸油条、豆腐脑、家庭早餐点 接送社区孩子上学 社区居民汽车包月清洗 开社区小杂货店
（我的创业动机和成功标准 1）	
（我的创业动机和成功标准 2）	
（我的创业动机和成功标准 3）	

三、把握商机：创业商机评价法

上述创业备选项目的展开仅仅是根据创业者的客观情况和主观偏好进行的判断。其实创业活动决策中最大和最难的问题有三个：一是是否创业；二是入什么行；三是定什么位。入什么行决策的实质是根据市场的环境机会和自身的条件优势，在众多的创业思路和备选项目中进行判断并选择出最具有潜在价值、最适合你的创业项目。

一个好的创业思路和备选项目对于创业者来说仅是创业者的创造力转变为创业商机历程的第一步，由创业思路到创业商机再到成功生意之间还有遥远和漫长的历程。要知道未经商机识别的创业思路和创业项目中十有八九是玫瑰色的创业陷阱，这一陷阱的可怕和可悲之处是：陷阱是由创业者自己满怀激情挖掘的，然后创业者满怀期望地跳下去，他们面带微笑地下沉、下沉，直到坠入井底，摔得粉身碎骨才发现，这是一个陷阱。

所以，创业思路和创业备选项目必须接受商机评估，只有通过商机评估的创业项目，才具有商业投资和开发价值。

1. 如何识别创业商机

当你看到了创业商机之后，接下来就是考察商机的可行性。有想法、有点子只是第一步，并不是每个大胆的想法都能转化为创业机会。那么，如何判断一个好的商业机会呢？《21 世纪创业》的作者杰夫里·A. 第莫斯教授提出，好的商业机会有以下四个特征：第一，它很能吸引顾客；第二，它能在你的商业环境中行得通；第三，它必须在竞争对手想到之前及时推出，并有足够的市场推广的时间；第四，你必须有与之相关的资源，包括人、财、物、信息、时间以及技能。

🔑 知识链接

识别创业机会所需的条件

面对具有相同期望值的创业机会，并非所有潜在创业者都能把握。成功的机会识别是创业愿望、创业能力和创业环境等多因素综合作用的结果。

首先，创业的愿望是机会识别的前提。创业愿望是创业的原动力，它推动创业者去发现和识别市场机会。没有创业意愿，再好的创业机会也会视而不见，或失之交臂。

其次，创业能力是机会识别的基础。识别创业机会在很大程度上取决于创业者的个人（团队）能力，这一点在《当代中国社会流动报告》中得到了部分佐证。报告通过对1993年以后私营企业主阶层变迁的分析发现，私营企业主的社会来源越来越以各领域精英为主，经济精英的转化尤为明显，而普通百姓转化为私营企业主的机会越来越少。国内外研究和调查显示，与创业机会识别相关的能力主要有：远见与洞察能力、信息获取能力、技术发展趋势预测能力、模仿与创新能力、建立各种关系的能力等。

最后，创业环境的支持是机会识别的关键。创业环境是创业过程中多种因素的组合，包括政府政策、社会经济条件、创业和管理技能、创业资金和非资金支持等方面。一般来说，如果社会对创业失败比较宽容，有浓厚的创业氛围；国家对个人财富创造比较推崇，有各种渠道的金融支持和完善的创业服务体系；产业有公平、公正的竞争环境，那就会鼓励更多的人创业。

🔑 知识链接

如何培养发现创业机会的能力

发现创业机会不是一件容易的事情，对于创业者来说，发现创业机会的能力也是当老板必备的素质之一。创业者在日常生活中需有意识地加强实践，培养和提高这种能力。

首先，要培养市场调研的习惯。发现创业机会的关键点是深入市场进行调研，要了解市场供求状况、变化趋势，考察顾客需求是否得到满足，注意观察竞争对手的长处与不足等。

其次，要多看、多听、多想。见多识广，识多路广。每个人的知识、经验、思维以及对市场的了解不可能做到面面俱到，多看、多听、多想能广泛获取信息，及时从别人的知识、经验、想法中汲取有益的东西，从而增强发现机会的可能性和概率。

最后，要有独特的思维。机会往往是被少数人抓住的。要克服从众心理和传统的习惯思维模式，敢于相信自己，有独立见解，不人云亦云，不为别人的评头论足、闲言碎语所左右，才能发现和抓住被别人忽视或遗忘的机会。

2. 选择创业项目的原则

调查显示，在我国，个人创业的成功率是比较低的。如此多的创业项目归于失败，不但造成创业者个人财富的巨大损失，而且也浪费了一定的社会资源。究其原因，除创业过程本身客观具有的高风险以外，创业者选择创业项目方法失当也是一个重要原因。如果创业者在选择创业项目时采取科学的思路与方法，准确识别和把握市场机会，做到有的放矢，不仅能够在很大程度上降低创业风险，而且可以有效提高创业成功率。

如果一个人确实具备创业者素质并有创业打算，那么他在创业准备期，不应该急于考察和选择具体项目，也不必考虑资金筹集、人员组织等常规性经营问题，而是要认真思考并接受一些重要的理念和行为准则，这些理念和行为准则可以帮助创业者在选择项目时不犯或少犯错误，最大程度上减少投资风险。

1）知己知彼原则

从某种意义上讲，创业活动不啻是一场惊心动魄的战斗，创业者本人不但是这场战斗的战斗员，也是指挥员。为取得战斗的胜利，必须做到知己知彼。

所谓知己，就是创业者在选择项目之前，应该首先对自己的状况有一个清楚的认识和判断。例如，自己可以提供多少创业资金，有哪些从业经验和技能专长，自己的兴趣和爱好是什么，社会关系状况如何，自己在性格上有哪些优势和弱点，家庭成员是否支持等。从创业者本人的角度看，"知己"越深入，越详尽，就越容易找到扬长避短并适合自己的项目，越能提高创业成功率。

所谓知彼，就是要了解创业所在地的社会经济环境。要认真分析当地的发展政策，包括产业结构政策、金融政策、税收政策、就业政策等；当地的消费环境，例如居民的购买力水平、购买力投向、购买习惯等；当地的自然和人文资源，包括具有市场开发价值的工业原料和农林渔牧产品、传统的生产加工技术、独特的自然和人文景观等；当地市场的竞争强度，包括拟选择项目所在行业的竞争者数量、规模、实力水平等。深入考察创业环境能够帮助创业者开拓视野，敏锐地捕捉到市场机会，增强项目选择的合理性。

2）自有资源优先原则

创业者在审视了创业环境之后，应该从中甄选出重点利用和开发的资源。甄选应贯彻自有资源优先原则。所谓自有资源，就是创业者本人拥有的或自己可以直接控制的资源，包括专有技术、行业从业经验、经营管理能力、个人社会关系、私有物质资产等。相对于其他非自有资源，自有资源的取得和使用成本往往较低；同时这些资源在利用过程中也容易使项目获得标奇立异优势，在将来的市场竞争中占据主动地位。我国许多老字号品牌如"北京烤鸭""山西老陈醋"，能够历经百年而长盛不衰，与这些品牌商家在最初创业时开发并有效利用自己的专有技术有密切关系。

3）量入为出原则

在创业行动开始之前，不少创业者对未来满怀激情，雄心勃勃要干一番大事业，于是创业时必须考虑的财务问题往往被忽略掉，最终发展前景很好的项目因资金周转困难中途夭折，所以量入为出是创业者必须切实遵循的一个原则。首先，创业者要考虑项目启动需要的资金量是否可以承受。在当今国内银行信用和商业信用较不发达的情况下，有些项目即便市场前景非常看好，但庞大的启动资金投入也足以让创业者望而却步。其次，后续资金投入规模也必须考虑。后续资金投入不足很可能造成创业者中途退出，成为他人创业路上的"铺路石"。最后，要考虑项目投入中固定部分和流动部分的合理比例，不能顾此失彼。

4）短平快原则

出于先天条件不足，创业者在创业之前普遍缺乏资金、客户等资源，因此为尽快脱离创业"初始危险期"，使项目的运作进入良性循环，在同等条件下，应优先考虑那些"短平快"项目。这样操作一方面可以迅速收回投资，降低投资风险；另一方面，即便项目后期成长性不好，创业者也可以选择维持经营或后期主动退出，利用掘到的"第一桶金"另寻出路。实践中，不少富豪目前经营的产业与当初创业时的选择大相径庭就说明了这一点。

专论摘要

创业项目选择六要点

（1）要选择适合自己的项目。俗话说："隔行如隔山。"应尽量选择与自己的专业、经验、兴趣、特长能挂得上钩的项目。

（2）要看准所选项目或产品的市场前景。所发展项目要有直观的利润。有些产品需求很大，但成本高、利润低，忙活一阵只赚个吆喝的大有人在。

（3）要从实际出发，不贪大求全。当你瞄准某个项目时最好适量介入，以较少的投资来了解认识市场，等到自认为有把握时，再大量投入，放手一搏。不要嫌投入太少而利润小。"船小好调头"，即使出现失误，也有挽回的机会。

（4）要尽量选择潜力较大的项目来发展。选择项目不要人云亦云，尽挑一些目前最流行最赚钱的行业，没有经过任何评估，就一头栽入。要知道，这些行业往往市场已饱和，就算还有一点空间，利润也不如早期大。

（5）要周密考察和科学取舍。对获取的信息要善于分析，没有经过实地考察和对现有用户经营情况进行了解的，千万不要轻易投资。重考察，一要看信息发布者的公司实力和信誉，最好向当地工商管理等部门了解情况；二要看项目成熟度，有无设备，服务情况如何，能不能马上生产上市等；三要看目前此项目的实际实施者在全国有多少，经营情况如何等。

（6）要做到三个"万万不可"。在项目实施过程中，万万不可先交钱后办事，不要把自己的辛苦钱，仅凭一纸合同或协议，就轻易付给对方；万万不可轻信对方的许诺，在签订合同时就应留一手，以防止对方有意违约给自己带来损失；万万不可求富心切，专门挑选看上去轻而易举就赚大钱的项目去干，越具有诱惑力的项目，往往风险也越大。

3. 选择创业项目的思路

在以上四个基本原则的指导下，需要创业者开动脑筋、睁大眼睛细致搜索创业项目。当然这种搜索不是盲目的，而是要讲究方法和技巧。下面介绍一些思路供大家参考。

1）关注政策变化

有变化就有机会。环境的变化往往可以带来商机。当前在众多的环境要素中，各地发展政策的优化是比较频繁的。这就要求有创业动机的人在日常生活中积极收集这些方面的信息，很可能在某个时间就会出现适合自己的机会。现在相当一部分成功的民营企业家，就是在我国改革开放初期，借助国家政策的变化，找到了创业机会，顺利起步。随着近几年改革开放政策的不断深化，涌现出的商机将会越来越多。举一个简单的例子：河南省叶县的农民根据国家粮食收购政策的变化——即允许个体进入粮食流通领域，当起了粮食经纪人，既方便了农民卖粮，自己又获得了不菲的收益。不少人把这项业务作为长期事业来做。

2）搜索市场空白

搜索市场空白可能是最简单、最直接的选项方法了。有空白就存在着巨大的消费需求。但问题是创业者本人看到的市场空白别人往往也能看到，即便你先看到，以后也容易被后来者模仿甚至超越。因此使用这种方法适合于寻找那些"短平快"项目。等到别人回过神来，你已经赚得盆满钵满。在温州有一个拥有千万资产的老板叫叶建林，他创业成功的秘诀就是"生意一火就转行"。从开酒楼开始，陆续做过鞋革市场、大排档，现在又在做火锅店的生意。每一次他都创当地行业之先河，而且盈利颇丰。道理就在于他能敏锐地发现和抓住市场空白，捷足先登。

3）发挥技能专长

创业者自身具备的技能是成功创业的有力武器，也是选择创业项目的重要依据。由于技能是创业者在以前工作过程中长期积累形成的，如果创业项目的运作与此项技能的运用密切相关，那么就比较容易地形成自己的经营特色，他人难以模仿，而且也有助于实现项目的永续经营，同时经营中的技术问题也便于解决。基于这些优点，选项时创业者应尽可能挑选与自身技能密切相关的项目。需要说明的是，这里所说的技能涵盖项目运作过程中使用到的所有技术和能力，既包括生产技术也包括经营管理技能甚至创意能力等。河南泌阳的张海涛拥有桶壁飞车杂技技术，就凭此他创建了一家民营飞车杂技团，获得成功。试想，他的创业项目还有比这个更合适的吗？

4）利用自然和社会资源

俗话说，"靠山吃山，靠水吃水"，这种选项的途径应该说是最方便的了。自然资源是指创业所在地具备的在现代经济技术条件下能为人类利用的自然条件，例如，自然风景、气候、水土、地理位置、能源等。从创业选项的角度讲，这些自然资源应该具有独特性。社会资源内涵更为丰富，包含除自然资源之外的所有物质，如民族风俗、传统工艺、人际关系等。由于当地独特的自然和社会资源不可复制，这使得借助这种方式选择的创业项目具有独占性，客观上提高了他人进入和竞争的门槛。黑龙江有一个叫黄季霜的人用当地的一种特殊的草做成草笔，其使用性能已经远远超出了毛笔。经过他的精心运作，产品顺利打开了市场并获得了广大消费者的好评。

5）改变经营模式

长期以来，人们总是习惯于一种固有的企业经营模式。这种模式由于屡见不鲜，便使得人们觉得这是最合理、最科学的选择。实际上，只要我们转换一个角度去观察和思考，在我们面前就会出现一个全新的世界。就如切苹果，我们总是竖着切，如果横着切，就会发现结果是如此的不同。同样道理，如果我们把这种思想移植到企业经营领域，对某个产业的经营全过程进行全部或局部的重新整合，就可能产生商业机会。管理学将此称之为"价值链重构"。美国的戴尔就是将计算机产业的价值链进行了重新设计，以直销代替从前以至现在普遍运用的代理制销售模式，使戴尔公司一跃成为世界最著名的公司之一。戴尔本人也可以说是最成功的创业者之一。

6）关注外围经营项目

任何一项具体的产业都是生产某种物质产品和提供某种劳务活动的集合体。其中包括众多的相互关联、相互影响的经营项目，这些经营项目有核心和外围之分。例如，运输行业的核心经营项目是交通工具运输，外围经营项目则是零配件供应、燃料供应、交通工具修理等。人们往往看重的是核心经营项目，而对外围经营项目则漠不关心。孰不知，这些不显山不露水的项目借助一荣俱荣的便利，获取"一人得道，鸡犬升天"的效果。安徽有个聪明人叫奚兴根，在当地政府决定大力发展养蟹的时候，他却做起了供应蟹苗的生意；大家看到蟹苗生意火纷纷进入的时候，他又去做成品蟹的销售生意；别人也卖成品蟹的时候他又去做成品蟹交易市场。总之，他在成品蟹养殖这个产业核心项目外围打转转，靠着这种方法，他的项目做一个成一个。

7）理性"跟风"

这种项目选择的思路看上去有些矛盾，因为人们一般把"跟风"和"盲目"联系在一起，觉得"跟风"没有吃肉的福，只有喝汤的份，搞不好连汤也喝不上。其实，"跟风"本身也不是完全不好，关键在于把什么情况下跟、怎么跟的问题处理好。创业者首先要分析一下"拟跟项目"，它是否具备发展潜力，项目的生命周期是否长久，是否具备特色经营的可能性；其次，创业者要评估自身的状况，是否具备长期与竞争者抗衡的资金实力，是否拥有将"拟跟项目"做成特色品牌的能力等。当这些条件搞清楚以后，决定"跟风"就不盲目，而是理性的了。

当然，选择创业项目的思路还有很多，例如，市场重新细分、产品重新定位等，限于篇幅，这里就不一一介绍了。

专论摘要

创业项目选择的四大步骤

1. 排除一大片

知道什么事情是不可以做的。说有个地方有100户人家，每家有1元钱；你有很大本事，把所有人家的所有钱都赚来了——100元。还有个地方有100户人家，每家有1万元；你本事不大，只能把1/10人家的1/10的钱赚来——10 000元。

2. 划出一个圈

知道哪些事情是能长期做的。把社会恒久需要的、已初露端倪的大趋势划进来。例如，由于环境保护治理江河的需要，关闭了中小造纸厂，使纸制品的供求出现了不平衡，腾出了一块市场。如果用再生纸做资源去添补，会怎么样呢？

3. 列出一个序

把可能做的事情排列起来。回头看看过去的20年中，做强、做长的企业是生存在哪些行业，很大程度上能够证实行业与发展的联系，如房地产、医药、保健品、证券、建材、装修、交通、教育、通信等。那么，就把大的范围圈定在这里，选出若干项。

4. 切入一个点

成就事业的公认法则是集中和持续在已经缩小的范围内，可做的事仍然很多，这时，比较优势的道理是有用的——认真地审视自己的强项、优势、兴趣何在，可能同时有几个，与他人比较哪个优势是最有利的。这时，机会成本的概念也是有用的——同样多的时间，同样的付出，哪个能力所对应的事业会有更大的前景收益，比较中优势会凸显出来。

4. 选择创业项目的方法

1）陷阱判别法

如果说创业思路主要是靠敏感和直觉的话，那么评估创业商机则是对创业者判断力和决策力的挑战。我们常说，"发现商机是一回事，把握商机是另一回事"，把握商机的第一件事就是在众多的"近似正确"和"可能错误"备选项目中发现具有真正商机的创业项目。创业思路、备选项目和商机之间是"广种薄收"的关系，5～10个创业思路展开成100个备选项目，其中可能只有一个能够成为你的创业商机，其余99个都可能是"你的"创业陷阱（但可能是别人的创业商机）。所以说，提出创业思路和备选项目是"务虚"，选择创业商机是"务实"。因此，我们的态度是善待思路和项目、慎对商机，即对创业思路和备选项目要用头脑风暴法，广泛地进行采集，大胆地进行设想，深入地进行挖掘，来者不拒，激情，激情，再激情；但对创业商机的选择一定要战战兢兢、如履薄冰、三思而后行，冷静，冷静，再冷静。

如果说前面的任务是为发现商机"找"思路和备选项目的话，那么下面的任务就是为了商机"杀"思路和备选项目。因为，创业思路和备选项目不等于创业机会，创业机会与创业陷阱只有一步之遥。

例如，人们早就发现中国没有风靡世界的碳酸饮料和咖啡饮品，显然，这是一个商机，但是为什么只有可口可乐和雀巢咖啡利用了这一商机，并成为世界饮品和中国饮品的第一品牌呢？因为这一商机只能够为可口可乐、雀巢咖啡这样世界顶级的大企业所用，只有他们可以在中国市场上先做启蒙教育，将止咳药水似的可口可乐和苦苦的雀巢咖啡培育成多数人爱喝的饮料和时尚，他们可以几年不赚钱，最终"制造"一个中国第一品牌。几年不赚钱一般企业亏得起吗？即便亏得起，你是一个有着丰富的市场营销经验的战略型企业吗？你能否通过有利的品牌运作，将自己培育的果树成长为高不可攀，使竞争对手无法望其项背的消费文化吗？如果不能，那么这一商机就不属于你，你就别急，耐心地研究一下什么样的环境机会才是你的创业机会，再"下手"不迟。

每个创业者都有着不同的条件。面对市场营销环境不断变化所产生的环境机会，一定要与自己的创业条件相结合，准确判断出现的环境机会能否成为企业机会。在选择商机的决策过程中，应考虑以下几个甄别思路和项目的原则。

（1）狐狸原则。狐狸对猎物的判断原则用在创业中就是：创业项目所在的行业中是否有多个实力雄厚、占绝对优势的行业霸主存在？如果有，他们为什么不做该项目？如果是他们认为"盘子"太小，不值得做，或是事情太麻烦，不好做，或他们判断失误，没有发现其中的价值，那么该项目就有可能成为创业的商机。否则，就要小心行事。

（2）螳螂原则。"螳螂捕蝉，黄雀在后"，螳螂丧生的原因是由于捕蝉的行为为黄雀提供了信息，暴露了目标，为蝉而丧生。选择创业项目与螳螂捕蝉是一个道理，当你在环境中发现一个市场空白点，有了一个新产品或新创意，切不可窃喜不已，而是首先要审视这一环境机会的启蒙教育的周期有多长，能否给消费者带来立竿见影的利益点，如果这一利益点不是立竿见影，而是需要较长时间的市场启蒙教育期，需要投入大量的启蒙教育资金，那就要谨慎行事，别学那只螳螂，花了大量的资金，好不容易开辟的新市场，却成为紧随其后的黄雀的腹中之物。如果创业者选择了创新或填补空白性的创业项目，那么这一原则就显得尤为重要。

（3）照镜子原则。当你已经被创业项目的"美女"所征服，并将此项目作为商机，倾其所爱，甚至海誓山盟要与她厮守终生的时候，就需对该项目需要多少人力投入、管理投入、资金投入进行认真的核算，然后再拿着镜子照照自己，看看自己"能吃几碗干饭"，摸摸自己的口袋，看看自己是否有综合实力追求到这个"美女"，追到后能否养得起，千万别弄得千辛万苦开业，没有半年又往外兑，弄得人财两空。正所谓：相爱容易相处难，海誓山盟难兑现。

请按照以上三原则，利用表 4-12 对前面所讲的创业思路与备选项目逐一进行比较和判断：是创业陷阱——坚决杀掉；非创业陷阱——进一步甄别。

表 4-12　商机-陷阱评价法

第_____ 个创业项目是：
1. 该项目所在的行业中是否有实力雄厚的霸主存在？他们为什么不做该项目？ 　　A. 没发现　　　　　　　B. 不屑做　　　　　　　C. 太麻烦不好做　　　　D. 有陷阱
2. 该项目能否给消费者带来立竿见影的利益点？项目的启蒙教育周期有多长？ 　　A. 有立竿见影的利益点　　　　　　　　　　　B. 需要较长期的启蒙教育才能够显现利益点
3. 你的资源能否养得起该创业项目？ 　　A. 力所能及　　　　　　　B. 很勉强　　　　　　　C. 力所不及
4. 对该思路的评价： 　　A. 是好创业思路　　　　　B. 是一般创业思路　　C. 说不清　　　　　　　D. 是陷阱
综合评价： 经过以上三原则的判断和比较，对该项目的最终评价是： 　　A. 作为备选方案保留　　　B. 是创业陷阱杀掉

2）生存评价法

目前，大学生属于创业的弱势群体，他们创建的企业多为小企业甚至是自雇型企业。在企业之林中，他们的企业像森林中的小草，大树的目标是成长，小草的第一目标是生存。但你是否发现，和小草相比，大树是强者，但在有限的大树之间，生长着数量无限的小草。企业间的竞争恰如自然界中不同生物物种之间的竞争，弱者之所以能够生存繁衍，是因为他们与强者的生存空间不完全重合，即有各自的生存空间。因此，美国著名管理专家彼得·德鲁克指出：中小企业的成长空间依赖于它在一个小生态领域中的优势地位。

选择"小企业生存空间"的经营领域，实际是要垄断市场中某一个小的细分领域，使自己免遭竞争和挑战，在大企业的边缘地带发挥自己的独到专长，争取在一些特殊产品和技术上成为佼佼者，逐步积累经营资源，寻找机会，以求发展。为了获得经营资源的相对优势，大学生选择经营领域和创业项目的原则应是谋求企业生存位置，即生存第一原则。适合新创小企业的生存空间主要有以下四种。

（1）夹缝生存空间。为了获得超额利润，追求"规模经济性"，大企业一般采用少品种、大批量的方式，这就为小企业留下了很多大企业难于涉足的夹缝地带，该地带的产品或服务对于大企业来说生产价值不大，具体特点如下。

- 市场规模小的产品。
- 多品种、小批量生产方式的产品。
- 小批量特殊专用产品。
- 大企业认为信誉风险大的产品（例如，海尔曾一度进军餐饮业，但因为餐饮业质量的非标准性有可能损害海尔在制造业的高品质形象，因此很快退出了该经营领域）。

显然，这些被大企业遗漏而社会又需要的产品，正是小企业求得生存和发展的领域，在这些领域进行拾遗补缺的创业，恰是小企业力所能及的，因此构成了小企业的"空白小生位"。

（2）空白生存空间。当老一代产品开始衰退，新一代产品尚未投入之前，市场往往出现"空白"。小企业的灵活、敏感往往在填补空白方面具有优势，因此，空白为小企业的生存和发展提供了空间。例如，上海有一家做衬衫的小企业，看到传统衬衫趋于饱和，销售量衰退，而人们冬天穿厚衣服感觉臃肿、不潇洒，并且没有替代的新产品的情况时，迅速生产出超薄型保暖系列服饰。由于补缺空白的新产品利益点明显，消费者接受快，迅速打开了市场。短短几年，就做到几个亿的销售量。

创新是小企业的特点，有资料表明，小企业提供了55%的创新。无论是开创新产业性质的填补空白创新，还是在新产品、新服务方面的填补空白创新或是区域性填补空白的创新，只要利益点明显，顾客认同，都会为企业带来可观的收益，使企业生存并迅速地发展和壮大。因此，通过创新填补空白几乎是所有创业者的共同行为。

顾客的利益点由"四大"和"四小"八个指标组成。"四大"指标是指对顾客而言，越大越好的四项指标，具体如下。

- 产品价值大：产品在质量、品种、功能等方面能为客户创造较高的价值，值得购买。
- 服务价值大：为购买和使用产品所提供的各种服务，如购买方式、运送安装、维修等。
- 人员价值大：员工的专业知识、工作态度、责任心等。
- 形象价值大：企业文化、管理制度以及上三项的综合在顾客头脑中形成的企业印象。

"四小"指标即对顾客而言，越小越好的四项指标，具体如下。

- 货币价格：便宜。在品质不变的条件下，顾客偏爱购买价格低的产品。
- 时间成本：省时。购买省时、使用省时的产品受顾客欢迎。
- 精力成本：省心。不必为购买和使用操心。
- 体力成本：省事。购买和使用不费劲。

（3）协作生存空间。企业的经济规模是生产各类零部件经济规模的最小公倍数。例如，一个企业的产品是由3个零部件生产部门生产，3个零部件生产部门的经济规模分别是4、8、14，那么该企业的经济规模就是56。显然，对于生产复杂产品的大企业来说，不可能使每一道工序都达到经济规模要求。大企业欲谋求利润最大化或成本节约，摆脱"大而全"生产体制的桎梏，可以去追求与其外部（下包厂）完美协作，建立外包式"供应链"系统。比如，日本丰田公司一次向下发包的企业就有248家，这248家还要向四千多家企业二次发包。日本松下电器公司由协作厂生产的零部件达80%，一个大企业网罗一大批小企业的

"供应链"被美国人称为隐性经济。除此之外，还有连锁加盟、品牌专卖等形式。

一旦创业的小企业成为这一巨大供应链上的一个环节，就变为"企业系列"，以专用资产与大企业长期合作，"背靠大树好乘凉"，形成"协作小生位"。

（4）专知生存空间。如果你创办的企业具有独特技术和生产工艺，并足以防止大企业染指你的"领地"，那么你就具有了"专知小生位"。例如，饭店的老汤、中医的祖传秘方、刺绣和传统工艺等。许多手工作坊式的家庭小企业之所以能够成为百年老店，关键就是有自己的绝活，一旦企业创业者掌握了通过技术开发和工艺创新，取得具有新颖性、先进性和实用性的技术发明和专有，完成从技术开发着手的企业创业，形成了自己特有的专知小生位，那它就具备了长期生存的能力。

专知小生位的本质是有别于他人的、别人难以模仿的并且可以用来赚钱的特色。它既可以是秘方一类绝对技术，也可以是洁净、和气等品质性标准化的行为规范（如日本企业的那种严谨的工作作风与工作态度所支撑的全面质量管理），关键是要做成绝活，做成别人明明知道，就是无法效仿才行。

请依据上述观点和提示，利用表 4-13 从生存性的角度对创业思路和备选项目进行判断和取舍。

表 4-13　项目生存性评价表

第_____个创业项目是：
1. 从夹缝生存空间的观点看，该项目是：（请在以下各项目选择） 　A. 市场规模小的产品，大企业不愿意做 　B. 是多品种、小批量生产方式的产品，大企业嫌麻烦不愿意做 　C. 是小批量特殊专用产品，大企业不愿意做 　D. 是大企业认为信誉风险大的产品而不做 　E. 其他 该项目是否构成了"夹缝小生位"：　　　　是　　　　　否
2. 从空白生存的观点看，该项目：（请填写） 　A. 创新点是 　B. 能够填补的空白是 　C. 创新和填补空白带给消费者的主要利益点是 　D. 预计该利益是否显著而被消费者接受 该项目是否构成了"空白小生位"：　　　　是　　　　　否
3. 从协作生存空间的观点看，该项目：（请在以下各项中选择） 　A. 是大企业供应链上的一个链条 　B. 是连锁经营方式 　C. 是品牌专卖方式 该项目是否构成了"协作小生位"：　　　　是　　　　　否
4. 从专生存空间的观点看，该项目：（请在以下各项中选择） 　A. 具有独特技术 　B. 具有独特工艺 　C. 具有品牌专有 　D. 具有别人做不来的标准化体系与行为规范 该项目是否构成了"专知小生位"：　　　　是　　　　　否

续表

综合评价：
5．从生存角度看，该项目的生存性： 　　A．强　　　　　　B．中　　　　C．弱 6．从生存性角度对该项目的最终评价是： 　　A．作为被选方案保留　　　　　B．是创业陷阱杀掉

3）保本点评价法

不做亏本的生意，这是创业项目选择的基本要求。一个生意要到多大，才能够保本获利？如果保本点很高，即销售量要很大才能够赚回本钱的生意，一般来说就不是一个好创业项目。从保本的角度来评价项目，我们寻求那种保本点较低的创业项目。小本创业就很难接受那种保本点很高、利润回报时间很长的创业项目。

每个生意都有自己的"本""量""利"，而且成本、销售量和利润之间有以下关系：

$$保本点 = \frac{项目总投资}{单位销售价格 - 单位变动成本}$$

降低保本点的做法如下。一是控制总投资，特别是一次性资本投资更需严格控制，能不花的钱尽量不花。例如，如果你要开一个面向大众的小饭店，就要尽量降低装修费用。二是提高单位销售价格，但要知道，价格的下限就是成本，上限是市场，你可以定高价，但高价格可能降低企业的竞争力和消费者的购买量，除非你的产品或经营具有溢价的独特之处，否则提价是危险的。三是降低变动成本，但这也是有极限的，因为一定的成本支持一定的质量。四是加快产品循环周期，快速运转增加流量，这是一个最有潜力的好办法。

当然，一旦越过保本点后，往往投资最大的项目赚钱也最多，投资少的项目赚钱也少，看来风险与利润总是同伴而行，到底该做怎样的选择，还是要分析市场的需求情况，自己的资源情况以及风险的承受情况等众多因素。利用表4-14从保本点角度评价创业备选项目。

表4-14　保本点评价表

创 业 项 目	总 投 资	单位销售价格	单位变动成本	保 本 点
1.				
2.				
3.				
4.				
5.				
6.				
7.				
8.				
9.				
10.				

保本点最低的项目是：

该项目的市场需求情况：　　　　　高　　　　　　　　中　　　　　　　　低

该项目占创业者资源的：　　　　　9%　　　20%　　　50%　　　80%　　　90%

该项目的风险情况：　　　　　　　高　　　　　　　　中　　　　　　　　低

该项目的回报率：

保本点第2低的项目是：					
该项目的市场需求情况：	高		中		低
该项目占创业者资源的：	9%	20%	50%	80%	90%
该项目的风险情况：	高		中		低
该项目的回报率：					
保本点第3低的项目是：					
该项目的市场需求情况：	高		中		低
该项目占创业者资源的：	9%	20%	50%	80%	90%
该项目的风险情况：	高		中		低
该项目的回报率：					
保本点第4低的项目是：					
该项目的市场需求情况：	高		中		低
该项目占创业者资源的：	9%	20%	50%	80%	90%
该项目的风险情况：	高		中		低
该项目的回报率：					
从保本点角度对项目的综合评价：					
作为被选方案的是：					
作为陷阱杀掉的是：					

　　根据上述一系列甄别方法对创业思路与备选项目进行展开和筛选，最终确定最适合自己的创业机会和项目开始创业。如何有效实施，请看第五章第二、三节制胜战略。

第四节　SWOT 分析方法

　　SWOT 分析思想最早由安索夫于 1956 年提出，目前已经发展成为一个用于企业战略分析的非常重要的实用方法，应用很普遍。此方法也适用于人生规划，将第三章人生环境分析的结论有机结合在一起，为实现人生目标寻求解决方案（行动方案）。

一、SWOT 分析的基本思路

　　SWOT 分析是一种综合考虑自身条件和外部环境的各种因素，进行系统评价，从而选择最佳人生规划的方法，其中的 S 是指自身的优势（strength），W 是指自身的劣势（weakness），O 是指外部环境的机会（opportunity），T 是指外部环境的威胁（threat）。

　　SWOT 分析方法的基本思路如图 4-3 所示。首先要进行自身条件和外部环境的分析，然后将自身的优势和劣势与环境中的机会和威胁进行配对分析，形成依托环境的人生规划设想，并进行持久竞争优势检查，最后形成人生规划。

　　该分析法的基本要点就在于人生规划的制订必须使自身条件分析中的优势和劣势与外部环境分析中的机会和威胁相适应，并且要对自身的综合情况进行客观公正的分析。

　　SWOT 分析的完成应该是在下列一些问题得到解答之后。

　　（1）在目前的自身条件下，如何最优地运用自己的资源，在分配自身资源时哪些机会应该拥有最高优先权。

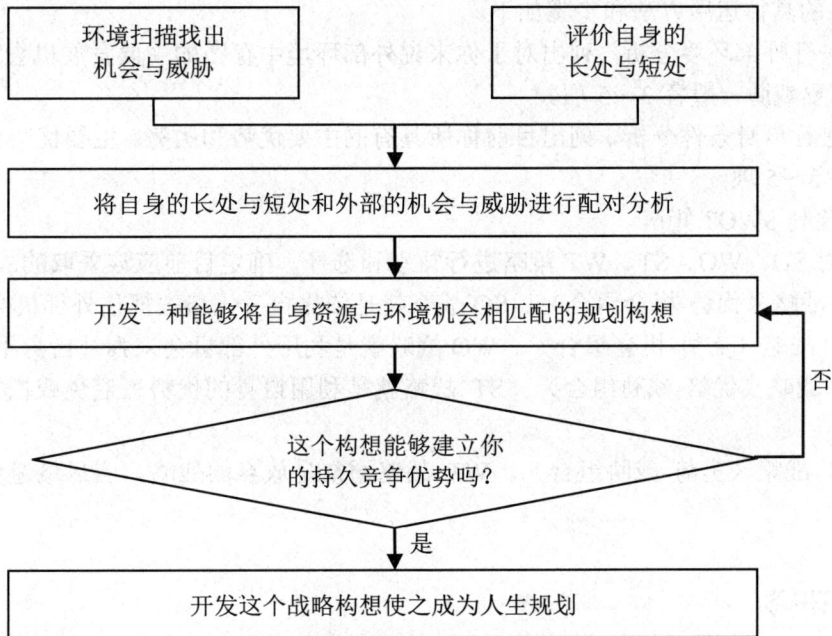

图 4-3　SWOT 分析的基本思路

（2）为了更好地对新出现的竞争环境做出反应，必须对自身的资源采取哪些调整行动。

（3）是否存在需要弥补的资源缺口，需要从哪些方面加强自身资源。

（4）要建立未来的资源优势必须采取哪些行动。

二、SWOT 的具体运用方法和步骤

从表现形式上来看，SWOT 分析采用矩阵结构，如表 4-15 所示。

表 4-15　SWOT 分析矩阵

外 部 环 境	内 部 环 境	
	优势（S） 列出主要优势	劣势（W） 列出主要劣势
机会（O） 列出主要机会	（SO 战略/增长战略） 发挥优势利用机会	（WO 战略/转型战略） 利用机会弥补劣势
威胁（T） 列出主要威胁	（ST 战略/多样化战略） 利用优势抵御威胁	（WT 战略/防御战略） 放弃

SWOT 分析如下。

❑ 外部有什么机会？什么威胁？如何利用？如何抵御？

❑ 内部有什么优势？什么劣势？如何发挥？如何改进？

再次说明：内外部环境因素分析一定要与企业性质、企业目标有明确的相关性，即目

标、环境与自身条件的匹配性问题。

SWOT 的具体运用方法和步骤如下。

（1）进行外部环境分析，列出对于你来说外部环境中存在的主要发展机会和威胁。主要机会与主要威胁一般各 3～5 项。

（2）进行自身条件分析，列出目前你所具有的主要优势和劣势。主要优势与主要劣势一般也是各 3～5 项。

（3）绘制 SWOT 矩阵。

（4）对 SO、WO、ST、WT 策略进行甄别和选择，确定目前应该采取的战略和策略。

① SO 战略（优势-机会组合）。SO 战略就是依靠自身优势去抓住外部机会的战略。

② WO 战略（劣势-机会组合）。WO 战略就是利用外部机会来弥补自身不足的战略。

③ ST 战略（优势-威胁组合）。ST 战略就是利用自身的优势去避免或抵御外部威胁的战略。

④ WT 战略（劣势-威胁组合）。WT 战略通常是放弃的战略。应尽量避免处于这种状态。

个案研究

Chrysler 的 SWOT 分析

表 4-16 为一个 SWOT 分析矩阵的应用实例，即美国克莱斯勒汽车公司（Chrysler）的 SWOT 分析矩阵，其据此做出了 5 项战略选择。

表 4-16　SWOT 分析矩阵应用示例：Chrysler 的 SWOT 矩阵

	内 部 环 境	
	优势（S） 1. 1985—1987 年产品质量提高 35% 2. 劳动成本比 Ford、GM 低 3. Gulfstream 航空发动机处于领先地位 4. 盈亏平稳点从 240 万辆降至 150 万辆 5. 微面市场占有率达 50%	劣势（W） 1. 兼并 AMC 使负债率达 60% 2. 固定资产占 42% 3. 合资企业比 GM、Ford 少 4. 生产厂只限于美国、加拿大、墨西哥
外 部 环 境		
机会（O） 1. 美元贬值 2. 航空/航天工业年增长 20% 3. 公司收入年增长 5% 4. 银行利率下降 5. GM 新车计划遇到问题	SO 战略 1. 兼并一个航空企业 （S3，O2） 2. 增加微面出口 50% （S1，S5，O1）	WO 战略 1. 建立航空/航天合资企业 （W3，O2） 2. 在西欧建生产厂 （W4，O2）
威胁（T） 1. 进口汽车增加 2. 石油涨价 3. Ford 新建了先进生产线	ST 战略 增加广告投入 50% （S1，S5，T1，T3）	WT 战略

注：列出主要的优势与劣势、机会与威胁，一般每项列出 3～5 个关键因素即可，多了反而淹没了重点，失去了意义。

战略选择一：利用优势 3（Gulfstream 航空发动机处于领先地位）把握机会 2（航空/航天工业年增长 20%）兼并一个航空企业。

战略选择二：利用优势 1（1985—1987 年产品质量提高 35%）和优势 5（微面市场占有率达 50%，二者说明其微面有竞争优势）把握机会 1（美元贬值，利于出口）增加微面出口 50%。

战略选择三：利用机会 2 来弥补劣势 3（合资企业比 GM、Ford 少）建立航空/航天合资企业。

战略选择四：利用机会 2 来弥补劣势 4（生产厂只限于美国、加拿大、墨西哥）在西欧建生产厂。结合战略三和四，即为在西欧建立航空/航天合资厂。

战略选择五：利用优势 1 和优势 5 来化解威胁 1（进口汽车增加）和威胁 3（Ford 新建了先进生产线来抢占市场）增加广告投入 50%来维持和巩固市场地位。

个案研究

作者的 SWOT 分析和五年发展目标

2006 年作者从大型金融企业转入大学时，对自己进行的 SWOT 分析如表 4-17 所示。

表 4-17　SWOT 分析矩阵应用示例：作者的 SWOT 分析案例

外 部 环 境	自 身 条 件	
	Strengths-S 1. 丰富的实践经验，基层到高层 2. 名牌大学双硕士，清华/哥大 3. 视野宽阔，国内、国外 4. 独到的眼光，超前的意识 5. 擅长演讲、报告、讲课	Weaknesses-W 1. 对学历教育规律把握不够 2. 对目前课程体系认识不透 3. 学历不够高 4. 教育资历积淀不够 5. 对纯理论纯技术手段荒疏
Opportunities-O 1. 精英教育到大众化教育转折点，经济新的增长点，有前途的产业 2. 教师既过剩，又稀缺 （1）结构性；（2）素质性	SO 战略 1. 扬长避短，迅速提升 2. 开设能发挥自身优势、实践性强的课，如企业战略管理、创业学、保险学 3. 保持与实践不脱离，研究中心	WO 战略 1. 积极进行教改立项，筹编教材，申办新专业 2. 加大相关教学论文发表的力度 3. 专著、高质量论文
Threats-T 1. 大学教师盲目追求高学历，非博士不进 2. 挑战：学生总体素质下降，学习态度与精神有待提高	ST 战略 1. 案例教学、体验式教学与互动教学，自编案例、改编案例 2. 教学改革与考试改革	WT 战略

前提：厌倦了做职业经理人，想当老师和再创业。

作者的五年目标

根据上述 SWOT 分析，作者确定的五年奋斗目标是成为名副其实的专业带头人，主要指标如下。

（1）建成一门省级精品课程。

（2）建成一个省级优秀教学团队或示范专业。

（3）出版三门特色教材。

（4）申办新专业。

问题

1. 这个目标高不高？

2. 这个目标能否实现？

3. 你觉得这个目标是否有足够的激励性？

三、SWOT 模型分析

上面介绍了 SWOT 分析方法，现在进一步介绍 SWOT 模型分析。SWOT 模型分析的做法是：依据自身的发展方针列出对自身发展有重大影响的内部和外部环境因素；继而确定标准，对这些因素进行评价，判断优劣势的大小和外部环境的好坏，最终形成一个 SWOT 分析表。在此基础上，可以根据得分来判定属于何种类型，如图 4-4 所示。

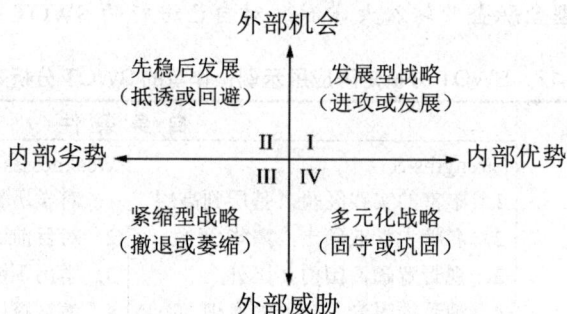

图 4-4　SWOT 战略选择图

（1）若处于第 I 象限，外部有众多机会，又具有强大内部优势，宜于采用发展型战略和进攻策略。

（2）若处于第 II 象限，外部有机会，但内部条件不佳，应抵制或回避诱惑，也可采取措施扭转内部劣势，可先采用稳定战略后发展战略。

（3）若处于第 III 象限，外部有威胁，内部状况又不佳，应设法避开威胁，消除劣势，可采用紧缩战略。

（4）若处于第 IV 象限，拥有内部优势，而外部存在威胁，宜于固守巩固原有的地位或采用多元化发展策略分散风险，寻求新的机会。

使用 SWOT 模型分析的注意事项如下。

（1）进行 SWOT 分析的时候必须对自身的优势与劣势有客观的认识。

（2）进行 SWOT 分析的时候必须区分现状与前景。

（3）进行 SWOT 分析的时候必须考虑全面。

（4）进行 SWOT 分析的时候必须与竞争对手进行比较，比如优于或是劣于你的竞争对手。

专论摘要

对 SWOT 分析的评价[①]

1. 价值与长处

传统的 SWOT 分析模型广为人知，也是最常用的态势分析手段。近年来，SWOT 分析模型得到普遍应用。因为通过 SWOT 模型分析可以使组织认识自身客观竞争优势，而且也可使个人和团队获得竞争优势。

SWOT 分析模型的最大长处是应用范围广泛。它可以用来分析不同的单元，如管理者和决策者、团队、项目、产品/服务、组织的各项职能（即财务、市场推广、产品和销售）、业务单位、公司、集团和产品市场等。它对营利组织和非营利组织都能起到同样好的作用。

在战略管理课程教学中，它还是最常用的教学分析工具。而且，它可以迅速地对影响组织与外部环境之间互相适应的关键因素进行排序。

SWOT 分析模型并不要求大量的财务（或计算）资源，只需要一些必需的数据，就可以迅速而部分有效地完成 SWOT 分析。当面对复杂的情况仅有有限的时间时，没有必要试图分析所有的战略议题。相反，战略研究人员应该用他们有限的精力去研究对状况最有影响的问题，并利用组织的资源和能力有效地处理这些问题。SWOT 为研究者提供了一个有效地研究这些问题的框架。

SWOT 分析模型不仅有助于分析企业环境，而且，它促使组织全盘考虑组织的战略，以适应组织所处的不断变化的竞争环境。另外，SWOT 分析模型还可以用来有效地评估组织的核心能力、竞争力和资源。

2. 不足与局限

SWOT 分析模型只是一个纯粹的描述性模型，因为它并不能给研究者提供明确的、格式化的战略建议。并且，SWOT 分析模型不会给决策者一个明确的答案。相反，它只是一种处理信息和应对可能发生事件（无论好坏）的方法，是组织制订经营战略和运营计划的基础。SWOT 分析模型仅能为研究者提供一些普遍的、不言而喻的建议，例如，让企业回避威胁；把企业的优势和机会结合起来，通过剥离或改进等手段来改善自己的劣势等。

SWOT 分析模型的简单易懂掩盖了它具有大量复杂性的一面。研究者在进行状况分析的过程中，根本的焦点是收集和解释大量有关环境因素的数据，然后决定如何做出反应。解释其实是呈现判断的一种形式，会因人而异。举例来讲，一个管理者视一个环境因素（如降低国家间的贸易壁垒）为一个开拓市场的机会；相反，另外一个管理者则认为这是一个威胁，因为它加剧了竞争。

SWOT 分析模型的反对者认为：对一个处境艰难的组织来讲，SWOT 在制订出组织可以遵循的行动方案方面的能力有限。由于每项业务的复杂程度不同，SWOT 提出的建议必须经过校准。

此外，如果组织仅试图执行那些强化企业的优势并改善劣势的战略时，组织就有可能

---

① 赵越春. 企业战略管理[M]. 北京：中国人民大学出版社，2008（6）：70-71.

错过许多诱人的机会，因为这些机会只有在组织情况变糟时才会出现。其他一些批评者指出：SWOT 分析模型只强调数据的质，而忽略了数据的量；强调事后而不是事前；在区分优势、劣势、机会和威胁时过于简化。最后，由于没有经过测试和检验，研究者会对组织的劣势估计不足，对优势估计过高，经常盲目乐观。

为了克服这些不足之处，研究者必须紧密联系实际，而且不能被组织的主流思想所左右。由于存在管理盲点，SWOT 分析模型经常失效。因此，公正的外行加入分析小组可以确保偏差降低到最低程度。

确保分析模型应用成功的因素是，在分析的过程中应严谨、准确和有创造性。以下是几个容易遗漏的注意事项。

（1）用于管理战略的数据和信息的审查标准一定要简洁。

（2）在分析时，长长的列表表明缺乏优先次序。

（3）对 SWOT 各个因素的简短而模棱两可的描述，表明没有考虑战略的含义。

案例讨论

某大四学生的发展规划

1. 个人概况

基本情况：2017 年 9 月考入上海某高校，将在 2021 年 7 月毕业。为人诚恳，性格温和，有主见，富有创造能力，积极进取；喜欢能让自己静下心来的工作环境。喜欢一切有关计算机方面的知识，结合所学专业及课程，本人希望从事自动化、电子、电气设备以及计算机控制系统设计、协调、运行等相关领域的职业。

2. SWOT 分析

某大四学生的 SWOT 分析如表 4-18 所示。

3. 未来五年职业生涯的目标

1）探索阶段：学生

在这个阶段的主要目标是发现兴趣，学习知识，开发工作所需的技能，同时也发展自己的职业价值观、动机和抱负。

2）进入阶段：应聘者

在这个阶段的主要目标是进入职业市场，得到工作，成为单位的新雇员，从事自动化、电子、电气设备以及计算机控制系统设计、协调、运行等相关领域的职业。

3）新手阶段：实习生、资浅人员

在这个阶段的主要目标是了解单位、熟悉操作流程，接受组织文化，学会与人相处，并且承担责任、发展和展示技能和专长，迎接工作的挑战性，在某个领域形成技能、开发创造力和革新精神。

4）发展阶段：任职者、主管

个人绩效可能提高，也可能不变或降低。在这个阶段的主要目标是选定一项专业或进入管理部门，力争成为专家或职业经理人；或是转入需要新技能的新工作、开发更广阔的工作视野。

表4-18 某大四学生的SWOT分析

	自身条件	
	Strengths-S	**Weaknesses-W**
	1. 做事比较认真、踏实，有浓厚的学习兴趣和一定的实力，尤其在计算机方面有着浓厚的兴趣 2. 乐观积极的生活态度，善于发现事物和环境乐观积极的一面 3. 富有极强的责任心、爱心，并且喜欢做相关的工作 4. 对一切问题有寻根究底的兴趣，一定要将事情想想清楚，并且喜欢思考问题，有一定的分析能力 5. 有较强的竞争意识，能充分主动地利用环境资源，即与环境的交互能力强 6. 有一定的书面表达能力，逻辑思维性和条理性较强	1. 性格较内向，并不善于与人交往和沟通 2. 办事不够细腻，有时考虑问题不全面 3. 做事不够果断，办事有时拖拉，不够雷厉风行，尤其事前做决定的时候老是犹豫不决 4. 组织能力和管理人员的经验有欠缺 5. 工作、学习有些保守，冒险精神不够，没有结合长远目标，并且创新能力有待提高
外部环境 **Opportunities-O** 1. 改革开放四十多年来，我国的经济飞速发展，国家发展的同时对人才的需求也大为增长。对大学生的就业前景是乐观的 2. 加入世贸组织后，中国面临的国际化形势给个人也提供了更多的机会，可以在更宽广的舞台展现个人优势，如英语作为国际交流的工具发挥的作用很大 3. 在学校还有很多的学习机会，并且有构建良好的人际关系的条件，身边很多优秀的同学利用友，有很多向他们学习的机会 4. 就业知识如烟海，现在是一个信息爆炸的时代，各种渠道获得的各种类型的信息只会让他们感到无所适从，而这就对进行组织和管理信息之有序化所适从，因此大的环境来说，这也就对于信息管理使之有序化的管理产生了对于组织和管理信息之有序化发展前景的个专业方向是很有发展前景的	**SO战略** 1. 在学校的现阶段继续努力学习，努力提高自己的竞争力 2. 多参加各企业的招聘活动，为自己的就业创造更多的机会，积累更多的经验	**WO战略** 1. 积极参加一些就业的培训和招聘企业的宣讲会，锻炼自己提高自己的自信心 2. 利用自己乐观积极的工作态度，勇于创新，去尝试更多的不同工作，增加就业机会
Threats-T 1. 距离毕业还有不到一年的时间，而距离找工作只有半年的时间，并且找工作的时候并不是用人单位用人高峰期，就业的机会不是很多 2. 国际化的环境同时也意味着国际范围的竞争和挑战，对个人素质要求也更高了，对于英语来说，就不能只满足于听、写，表达能力也至关重要 3. 公司及用人单位对毕业生的要求越提高，更需要有经验人才。而对于刚毕业的我没有任何工作和实践的经验 4. 当今比我优秀的人才很多，而机会不一定是均等的，这时就不单是知识的比拼，更是对个人发现机会，展示自己并把握机会能力的考验	**ST战略** 现阶段多学习专业知识，特别是自己感兴趣的计算机方面的专业知识，将来可以在此方面有所发展	**WT战略** 多参加集体和社交活动，增强与他人的交往和沟通能力，提高自己的自信心，构建良好的人际关系网络

4. 未来 5 年的行动计划

1）探索阶段：学生

加强适应职业要求的专业素质，提高英语能力。多学习有关计算机和电子方面的专业知识，提高自己的专业素养和培养对该行业的浓厚兴趣。

2）进入阶段：应聘者

积极参加各种招聘活动和各企业的宣讲会，制作一份精美的简历，为各种招聘活动做充分的准备，以便找到一份既能跟个人爱好结合，又能有比较满意待遇的工作。

3）新手阶段：实习生、资浅人员

要学会自己做事、被同事接受，学会面对失败、处理混乱和竞争、处理工作中的冲突、学习自主。根据自身的才干和价值观和组织中的机会和约束，如果不合适，可以重新评估选择，决定去留。

4）发展阶段：任职者、主管

保持竞争力，继续学习，提高个人绩效；或是技术更新、培训和指导的能力，此时必须承担更大的责任，确认自己的地位，开发长期的职业计划，寻求家庭与事业之间的平衡。

课堂讨论

1. 该同学的 SWOT 分析还存在什么不足？
2. 未来 5 年的职业生涯目标还存在什么问题？
3. 未来 5 年的行动计划还存在什么问题？

本章思考题

1. 描述你的人生目标以及分解的阶段性目标。
2. 从具体环境，循着创业思路、创业备选项目、创业商机挖掘 1～2 个身边的创业机会。

实训练习

为自己做 SWOT 分析

实训项目：
每个学生设计并分析自己的 SWOT 矩阵。

实训目的：
通过每个学生为自己做 SWOT 分析考查学生对 SWOT 分析方法的掌握程度，并提升学生运用此方法解决实际问题的能力。

实训要求：

1. 在学习并掌握本章 SWOT 分析矩阵应用示例的基础上，为自己做一个 SWOT 矩阵。
2. 要求要认真分析外部机遇与威胁，自身优势与劣势，特别是对自身的分析。
3. 按 SWOT 分析的流程步骤进行。

成绩评定：

1. 流程形式占 50%，考察对 SWOT 分析方法流程、规范的理解和运用。

2. 内容占 50%，考察分析实际问题的运用能力。

SWOT 分析

外 部 环 境	自 身 条 件	
	Strengths-S 1. 2. 3.	Weaknesses-W 1. 2. 3.
Opportunities-O 1. 2. 3.	SO 战略 1. 2. 3.	WO 战略 1. 2. 3.
Threats-T 1. 2. 3.	ST 战略 1. 2. 3.	WT 战略

【阅读材料 4-1】关于考研、公务员考试、就业与出国留学

阅读材料 4-1

第五章

走向人生成功

——向人生目标进发

瞄准月亮开枪，即使你没打中它，你也会打中某个星星。

——莱斯·布朗（Les Brown）

个案研究

作者的 SWOT 分析和五年发展目标（续1）：五年后的结果

作者已成为有一定知名度的学科带头人。

（1）2010 年省级精品课程，主持人。

（2）2011 年省级优秀教学团队，负责人。

（3）2011 年省级综合改革试点专业，联合负责人兼项目执行人。

（4）2009 年主持辽宁省社科基金项目"大学生创业教育通俗读本"，2011 年主持省教育科学"十二五"规划课题"跨学科复合型应用人才培养模式研究"。

（5）作为第一作者已出版《创业学：理论与实践（第 2 版）》《企业战略管理》《拯救AIG：解读美国最大的金融拯救计划》《保险战争》等特色教材和著作十余部，其中《创业攻略：成功创业之路》2010 年获省自然科学学术成果奖著作类二等奖，《保险学概论》2011年获省人力资源和社会保障科学研究成果二等奖。

（6）作为第一作者已在《光明日报》《现代经济探讨》《江西财经大学学报》《云南财经大学学报》《经理人》《企业管理》《中外管理》等核心期刊发表论文三十余万字，其中多篇文章被人大报刊复印资料全文转载，2008 年在《中国教育报·高等教育》上发表《以需求为导向培养技术应用型人才》并被广泛转载，2010 年获省教育科学"十一五"规划优秀成果三等奖。

最新进展

（1）2012 年、2014 年、2016 年分别主持省教育厅本科教学改革研究立项"'满足学生就业、升学、个性化发展'的分类培养、分级教学的多元化人才培养模式探索与实践""理工科专业适应大学生就业与企业职业化选择的职业素养课程体系研究与实践""应用型本科院校大学生创新创业课程体系建设研究与实践"。

（2）"借力国际品牌、深化校企融合、立足学以致用、培养应用型卓越计算机工程人才"2012 年获省教学成果二等奖，排名第二；"适应学生个性化发展需求的多元化人才培养模式构建"2014 年获省教学成果二等奖，排名第一。

（3）作为第一作者出版《西方经济学概论（第 2 版）》《战略管理（项目教学版）》《用友 ERP 企业经营沙盘模拟实训（第 6 版）》《管理综合实训（第 3 版）》等，其中《创业学：理论与实践（第 2 版）》《保险学：原理与应用（第 2 版）》2013 年入选省级首批"十二五"本科规划教材；《企业战略管理：规划理论、流程、方法与实践（第 2 版）》2014 年入选省级第二批"十二五"本科规划教材，目前以上 3 部教材均已更新出版第 3 版。

（4）2013 年国家级综合改革试点专业，联合负责人兼项目执行人。

（5）2013 年省级实验教学示范中心建设项目，负责人。

（6）2014 年入选省级专业带头人。

（7）2015 年省级大学生创新创业实践教育基地（建设项目），负责人。

（8）2016 年省级大学生创业孵化示范基地，负责人。

（9）2016 年省级创客空间云启众创负责人。

（10）2017 年教育部第一批产学合作协同育人项目负责人。

（11）2018 年省级、2019 年国家级、2020 年省级大创训练项目指导教师，2020 年省级大创竞赛一等奖指导教师。

课堂讨论：在前面讨论中，我们认为难以实现的目标如何就实现了呢？

第一节　制订具体行动方案

为了保证宏伟目标的顺利实现，一是要确定主要任务和保障措施，进行有效的资源配置；二是将看似不可能实现的宏伟目标进行分解，分解成看得见、摸得着的阶段性目标，以利于实施和控制。

一、明确主要任务和保障措施

为了保证目标的顺利实现，需要找出并确定主要任务，同时要制订相应的保障措施。

1. 主要任务

❑　影响目标能否实现的那些关键因素。

❑　为了达成目标确定要完成的关键任务。

例如，对于考公务员而言，申论及面试就是关键因素；对于考研而言，英语、数学及专业课就是关键因素；如果你的数学成绩差，如何有效提高你的数学成绩就是你实现考研目标的主要任务之一。这些主要任务可以从表 4-15 SWOT 分析矩阵里 SO 策略、WO 策略、ST 策略中延伸出来。

在主要任务确定时，要注意考虑以下三个问题。

❑　设定里程碑：明确关键节点的关键任务。

❑　考虑综合平衡：注意主要任务的彼此协同。

❑　主要任务要有取舍：资源有限，有所为有所不为。

2. 保障措施

❑　措施：通常是指针对问题的解决办法，在各项主要任务里可以有相应的措施。

❑　这里的保障措施是指从整体上为了保证主要任务的实现，继而保证主要目标得以实现的相关措施，如人、财、物配置政策，考核（奖励）政策，时间分配，等等。

📝 身边的故事

某二级学院 2012 年工作计划（节选）

一、指导思想

以科学发展观为指引，认真贯彻落实学校确定的"十二五"发展目标、发展任务和发展方针，结合分院的实际情况，以夯实"简单和谐、目标一致、积极向上"的分院文化为基石，以队伍建设为重点，以深入践行"应用为本、学以致用"办学理念为己任，以构建适应个性化发展需求的多元化人才培养模式为抓手，围绕物联网技术及产业拔尖打造学术研究型人才，主体培养高素质技术应用型人才，创新培养跨学科复合型应用人才；以省级综合改革试点专业的实施为牵引，带动计算机类、电信类和自控类三大专业群的协调发展。

未来三年发展规划的初步构想如下。

（1）成为最有效率和最自豪的团队，各项主要工作走在全校的前列（1～2 名）。

（2）在省内拥有足够的知名度和一定的全国影响力。

（3）形成比较鲜明的办学特色，使学生具有较强的就业竞争力。

2012 年主要目标如下。

（1）获批一项以上（含一项）省级重点专业建设项目、省级试点专业、精品视频课、教学团队、省级校外实践教育基地、规划教材或省级教学成果奖等省级项目。

（2）获批一项以上（含一项）省级教研、科研或战略联盟项目。

（3）本科报到率 90.5%；初次就业率 80%，年终就业率 90%。

（4）获省级及以上学生科技竞赛奖项一项以上（含一项）。

（5）力争考研率达到 3%以上。

二、主要工作

为了有效实现上述目标，应着重做好以下八项工作。

（1）专业建设与课程建设。

以省级综合改革试点专业（电子信息工程）的实施为牵引和突破口，以省教育科学"十二五"规划课题（跨学科复合型应用人才培养模式研究和以项目教学为载体实施 CDIO 工程教育模式的探索）的教学实践为重点，构建适应个性化发展需求的多元化人才培养模式，带动整个教学改革水平的提升，在省级重点专业建设项目、省级试点专业、精品视频课、教学团队以及规划教材等项目上要不断有所突破，建立后备项目群。做好计算机科学与技术专业水平及条件评估，做好学校特色专业建设项目的中期验收，做好年底校内教学评估工作。申报物联网工程专业，备案 1～2 个专业方向。

由于国家教育部和省教育厅对普通高等学校本科教学改革与质量提高工程的新安排，

需要我们尽快调整思路，改变以往对于省级项目的认识，按照新的思路设计、实施教学改革。启动电子信息工程（自动识别技术/电子商务/物联网）专业资源库建设。推动现有校级及以上精品课程的网络精品资源库建设。

以创业指导精品课建设为牵引，引领和强化职业素质教育，带动职业素质课程体系（含职业生涯规划、职业素质养成、就业指导、创业指导）的全面发展，力争使职业素质教育贯穿整个大学阶段。为确保此项工作的有效贯彻落实，筹建职业素质教研室。

在教材建设方面，打造系列化的特色教材，信息类先行，与清华大学出版社联手启动高等院校信息技术应用型规划教材项目和信息类项目驱动型规划教材项目，召开编委会和主要作者会议；带动电信类和自控类教材建设。配合综合改革试点专业（电子信息工程）启动物联网基础/自动识别技术基础的立体化教材建设。

（2）合作办学与实习基地（为节省篇幅，具体略，下同）。

（3）实践教学与实验室建设。

（4）队伍建设。

（5）学生工作。

（6）招生就业工作。

（7）党群与文化建设。

（8）科研与教研工作。

三、保障措施

（1）完善各项管理规范，同时加强执行和检查的力度（具体略，下同）。

（2）强化分院文化建设，树立正确的价值观导向。

（3）加强学习和交流，加强干部队伍的培训。

（4）加强自控类专业的整体规划，尝试定制班的突破。

（5）协调好专业结构与招生计划，做好招生宣传。

附件：2012年分解目标如表5-1所示。

表5-1　2012年分解目标（节选配合主要工作（1）"专业建设与课程建设"的部分）

项 目 名 称	任 务	工作措施与办法	目 标 要 求	完 成 时 间
专业建设	综合改革试点专业建设	落实省级综合改革试点专业电子信息工程专业（自动识别技术/物联网方向）的一系列改革。启动专业资源库建设	通过省级中期验收。启动资源库建设	按省里要求
	专业水平评估	计算机科学与技术专业水平及条件评估	取得较好名次（前30%）	10月
	特色专业建设项目	已有校级特色专业建设项目中期验收	通过验收	按学校要求
	省级项目申报	参与省级重点专业建设项目、省试点专业、校外实践教育基地等的申报	积极参与	5月、6月、9月
	新专业申报	申报物联网工程专业，备案1~2个专业方向	新专业积极参与，方向力争成功	6月

续表

项 目 名 称	任 务	工作措施与办法	目 标 要 求	完 成 时 间
课程建设	精品开放课程建设	校级及以上精品课程启动网络精品资源库建设，备战 2013 年省级精品资源共享课	参考省级标准	12 月
	精品视频课	联合艺术与传媒学院等共同申报	积极申报	12 月
教学改革与研究	省级教改立项	信息学院已经存在的教改立项结题，并新申请 1~2 个省级教改立项项目	1 个省级	6 月
	省教学成果奖	积极组织申报省级教学成果奖	1 个省级	8 月
	CDIO 项目教学改革	完善网络工程与测控专业的工程教育改革；在电子信息工程专业中开展实施 CDIO 工程教育改革，根据各专业培养目标，完善具体项目的分解与归纳；组织修订相应的教学计划、大纲和知识点、考点	2 个专业改革的推进、实施，1 个专业改革的设计	全年
	教学项目评比	积极组织参加学校优秀教案、多媒体课件评选	4~6 个奖	9 月
		积极组织参加第五届青年教师教学基本功大赛，上半年分院选拔	2~3 个奖	按学校要求
	分级教学	继续深化专业（基础）课分级教学改革并及时总结交流	3~5 门	全年
教材建设	特色系列教材建设	开展系列特色教材建设，与清华大学出版社联合组建信息类、电信类和自控类 3 个系列应用型规划教材编写队伍	出版教材 2~3 部，编写内部讲义若干	全年
	立体化教材	配合综合改革试点专业启动物联网基础/自动识别技术基础的立体化教材建设	组建相关队伍	全年

2012 年该二级学院主要目标完成情况

（1）电子信息工程被确定为国家级综合改革试点专业。

（2）获批 3 项省级教研立项，省部共建辽宁省自动识别产业技术创新战略联盟获批成立。

（3）本科报到率 94%；初次就业率 85%。

（4）获省级学生科技竞赛一等奖 4 项、二等奖 4 项。

（5）恰好达到考研率 3%。

在年终学校各二级学院的综合排名中位居第一。

个案研究

作者的 SWOT 分析和五年发展目标（续 2）：

作者当年为实现五年目标确定的主要任务及完成情况

1. 课程建设

2007 年企业战略管理被确定为学校精品课建设项目，2008 年被定义为校级精品课；2010 年年初出版应用型特色教材《企业战略管理：规划理论、流程、方法与实践》，目前已出版第 3 版；2010 年企业战略管理获批为省级精品课，2013 年出版《战略管理（项目教学版）》。

2. 特色教材

除了上面两部教材，2007 年《成功创业之路：创业理论与实践》被确定为学校 10 项特色教材建设项目之一，2008 年出版《创业攻略——成功创业之路》，2010 年该书获辽宁省自然科学学术成果奖著作类二等奖；2008 年出版特色实践教材《用友 ERP 企业经营沙盘模拟实训手册》，目前已出版第 6 版，累计印数近 20 万，连续多年获得东北财经大学出版社年度优秀教材奖和畅销教材奖。

3. 教学改革立项与教学实践、教学计划

2009 年主持辽宁省社会科学规划基金项目"大学生创业教育通俗读本"，同年出版《创业学：理论与实践》，2013 年入选辽宁省"十二五"普通高等教育本科省级规划教材，目前已出版第 3 版。制订了多个人才培养方案和教学计划。

4. 教科研论文、编写案例

2008 年在中国教育报高等教育上发表论文《以需求为导向培养技术应用型人才——对独立院校发展建设与人才培养的思考》，被广泛转载，2010 年获辽宁省教育科学"十一五"规划优秀成果三等奖。在《光明日报》《现代经济探讨》《江西财经大学学报》等核心期刊发表学术论文，在《经理人》《企业管理》《中外管理》等期刊发表管理案例并用于教学。

二、对人生目标进行分解

将人生目标分解成阶段性目标，以利于实施和控制。

身边的故事

爆冷的冠军

1984 年，在东京国际马拉松邀请赛中，名不见经传的日本选手山田本出人意外地夺得了世界冠军。10 年后，这个谜终于被解开了，他在他的自传中是这么说的：每次比赛之前，我都要乘车把比赛的线路仔细地看一遍，并把沿途比较醒目的标志画下来，比如第一个标志是银行；第二个标志是一棵大树；第三个标志是一座红房子……这样一直画到赛程的终点。比赛开始后，我就以百米的速度奋力地向第一个目标冲去，等到达第一个目标后，我又以同样的速度向第二个目标冲去。四十多千米的赛程，就被我分解成这么几个小目标轻松地跑完了。起初，我并不懂这样的道理，我把我的目标定在四十多千米外终点线上的那面旗帜上，结果我跑到十几千米时就疲惫不堪了，我被前面那段遥远的路程给吓倒了。

美国当代管理大师彼得·德鲁克（Peter F. Drucker）于1954年在其名著《管理实践》中最先提出了"目标管理"的概念，其后他又提出"目标管理和自我控制"的主张。德鲁克认为，并不是有了工作才有目标，而是相反，有了目标才能确定每个人的工作。所以，管理者应该通过目标进行管理。

所以"企业的使命和任务，必须转化为目标"，如果一个领域没有目标，这个领域的工作必然被忽视。因此管理者应该通过目标对下级进行管理，当组织最高层管理者确定了组织目标后，必须对其进行有效分解，转变成各个部门以及各个人的分目标，管理者根据分目标的完成情况对下级进行考核、评价和奖惩。

📚 专论摘要

目 标 管 理

目标管理是一种参与的、民主的、自我控制的管理方法，也是一种把个人需求和组织目标结合起来的管理方法。它调动了组织员工的主动性、创造性和积极性，将个人利益和组织利益紧密联系在一起，因而能鼓舞士气，极大地激励组织人员为实现目标而努力，具有很好的激励功能。

经典管理理论对目标管理（management by object，MBO）的定义为：目标管理是以目标为导向，以人为中心，以成果为标准，而使组织和个人取得最佳业绩的现代管理方法。目标管理亦称"成果管理"，俗称责任制，是指在企业个体职工的积极参与下，自上而下地确定工作目标，并在工作中实行"自我控制"，自下而上地保证目标实现的一种管理办法。

目标管理的基本思想：① 企业任务必须转化为目标，管理人员必须通过这些目标对下级进行管理，从而保证企业总目标的实现；② 目标管理是一种程序，即上下各级管理人员会同起来制订共同的目标，并进行目标分解；③ 每个人的分目标都完成了，企业总目标才能完成；④ 企业管理人员依据分目标对下级进行考核和奖惩。

目标管理模式的实施可分为四个阶段：首先是确定总体目标；其次是目标分解（总目标→阶段性目标→部门目标→个人目标）；再次是资源配置；最后是检查和反馈。

综上所述，目标管理在组织内部建立了一个相互联系的目标体系，而这种体系把员工有机地组织起来，使集体力量得以发挥！同时目标管理的实行就意味着组织管理民主化、员工管理自我控制化、成果管理目标化。于是，目标管理事实上是一种总体的、民主的、自觉的和成果的管理。这也正是目标管理的魅力所在！

🔑 知识链接

分解目标最有效的方法：剥洋葱法

像剥洋葱一样，将大目标分解成若干个小目标，再将每一个小目标分解成若干个更小的目标，一直分解下去，直到知道现在该去干什么。即先将自己的愿景/梦想，按照SMART

原则明确为具体的终极人生目标，然后，将人生目标分解成几个五年至十年的长期目标。再继续分解下去，把每个长期目标分解成若干个两到三年的中期目标。然后把两到三年的中期目标，分解成若干个六个月到一年的短期目标。然后将每个短期目标分解成月目标、周目标、日目标，最后一直分解到现在该去干些什么。总之，所有的目标，不管它有多大，一定要分解到——你现在去做些什么！

为此，可以从一生的发展目标写起，然后分别制订十年规划，五年、三年、一年计划，以及制订出一月、一周、一日的计划。然后，从一日计划、一周计划、一月计划实行下去，直到实现你的人生目标。表 5-2 是一个示例。

表 5-2　人生目标分解示例

目　　标	内　　容
人生目标	你想成为什么样的人 你想做哪件大事或哪几件大事 你想成为哪一领域的佼佼者 你想发挥自己哪些方面的优势和特长
十年规划	今后十年你想成为什么样子 事业上有什么成就 收入达到多少 你的家庭及健康水平如何 你的生活状态怎样、社会地位怎样
五年计划	将十年计划进一步具体，把目标进一步分解
三年计划	使五年计划更具体，制订出自己的行动准则
明年计划	制订实现明年计划的步骤、方法和时间表，并确保这些是切实可行的
下月计划	包括下个月计划做的工作、应完成的任务、质和量方面的要求、财务上的收支、学习计划、结识新朋友的计划等
下周计划	在每周末提前制订好下周的行动计划，把下月计划中的一部分分解在下周
明日计划	明天要做哪几件事？分清楚轻重缓急，制订出执行的顺序和相应事情对应的时间

小目标是一些具体的、操作层面的为实现大目标而采取的步骤。小目标是短期的小步骤，它们是显而易见的，便于衡量的，可以表示出相对于大目标的距离标志。

我们的目标越具体，实现它的可能性越大。一个具体的目标包括具体的行动方案、条件和时间计划。我们常说的"我打算减肥"就是一个典型的不具体的目标。我们虽然知道行动是什么，但是不知道什么时间、怎样和在什么程度上实现这个目标。我们很少会将一个不具体的目标付诸实施。偶尔地，我们也听到这样的说法："我准备通过在饮食中减少面包、黄油和甜品的摄入，从而在本周内降低一磅体重。"这个行动目标很具体，同时提供了什么时间及如何去完成它的信息。

在建立目标时有以下四点必须记住。

第一，要想清楚为了得到你想得到的，你能做出多大的牺牲。大多数人在变换职业时，他们的生活一般都会发生变化。你可能不得不暂时地或永久地减少收入以换取更好的福利、工作的稳定性，或在另一个行业中得到晋升的机会。你可能不得不放弃已经在岗位上获得的老资格的身份，而要像一个新手一样重新开始，你还必须再次证明自己在新的岗位上仍然是一名优秀的员工。

第二，制订一个现实的完成目标的时限。如果能够把每一个步骤和短期目标考虑进你的时间表，完成目标的可能性就增大了。制订时间表是一个把所有为了完成大目标而要实现的小目标按某种顺序排列出来的方法。

当你制订了一个时间表后，最好找一个朋友或职业顾问像签合同一样为它签个字。实际上它是一份你自己和自己签的合同。最佳结果是你实现了你的目标，最糟的情况是你需要修改目标和调整时间表。

第三，把目标定高一点。当然这个目标必须是现实的，可以实现的。提醒自己只要最初的步骤足够清晰、具体，你值得为一个较高的目标付出并且能够实现它。"目标示例"的成功策略中说明每一个小目标本身必须很重要，而且都指向总目标的最终实现。

第四，在实现每一个小目标和最终实现大目标后要奖励你自己。有些人会说目标的实现本身就是对自己的一种奖励。但是，对我们大多数人来说，一套内在的和外在的奖励制度会激励我们更加努力获得成功。内在的奖励是成功的感受；外在的奖励是自身以外的东西。你是怎样在实现目标之后奖励自己的？

另一种奖励自己的方法是更好地管理好自己的时间，从而大大提高成功的可能性。所有的成功者都知道如何去管理好自己的时间。许多的高中毕业生和大学在校新生都在大学中面临一个混乱的局面，他们特别需要安排好学习、工作、放松以及其他责任之间的时间。

知识链接

时间管理策略

（1）每天根据轻重缓急做出计划。
（2）安排好具体的任务。
（3）排除各种不必要的工作或任务。
（4）对你的判断要有自信。
（5）聚精会神地工作。
（6）积极地倾听。
（7）紧紧抓住今天。
（8）接受别人的帮助。
（9）制订严格的时间节点。
（10）安排放松时间。
（11）借鉴别人安排时间的成功经验。
（12）行动起来。
（13）自问："我应该如何最好地利用现有的时间？"

为了保证目标能够顺利达成，必须辅以确切的行动方案，这个行动方案就是计划。我们谁也不知道将来会怎样，但有了计划，我们就对未来有了一定的预见性，从而减少了未来的不确定性，减少变化的冲击，使浪费和冗余减至最少。

同时，有了明确的计划，也才能有效利用自己的时间，使行动有条不紊，确保目标的达成。如果你没有能力去筹划，就只有时间去后悔了。

第二节 制胜战略：基本竞争模式

战略没有好坏，适合自己的就是最好的。寻找适合自己的创业制胜战略是成功创业的关键。

创业企业无论是在内部实力、应变力，还是外部的市场占有率、顾客认知度方面，都比不上处于盛年期的企业。因此，创业企业必须根据自身实力和所面临的环境采取相应的战略，才能顺利度过创业期。下面首先介绍三种典型的基本竞争模式。

竞争优势说明了企业所寻求的、表明企业某一产品与市场组合的特殊属性，凭借这种属性可以给企业带来强有力的竞争地位。一个企业要获得竞争优势，或寻求兼并，谋求在新行业或原行业中获得重要地位；或者企业设置并保持防止竞争对手进入的障碍和壁垒；或者进行产品技术开发，产生具有突破性的产品，以替代旧产品。图 5-1 列示了美国战略学家麦克尔·波特（Machael Porter）的竞争优势实证研究成果。竞争优势有三种基本形式，即成本领先（低成本）、别具一格（差异化）和集中一点（专业化/聚焦战略）。

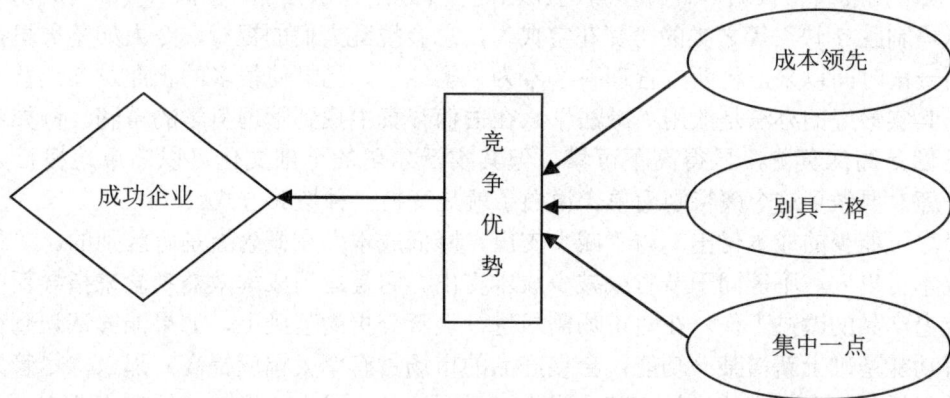

图 5-1 波特竞争优势模型

目前，市场越来越规范，同业竞争越来越激烈，改革开放初期那种一夜暴富的神话已难再有，追寻财富的人们应该怎样面对这个生意难做的"微利时代"？这个时代之所以被有些人称之为"微利时代"，其主要原因是产业竞争格局的变化、供需关系的变化、产销理念的变化、消费行为与模式的变化等因素，造成了产业整体利润水平的下降。

利润是产品的价格、销售量和销售利润率三者的乘积，在其他条件不变的前提下，价格和销售量通常是负相关的，也就是说，产品价格越高，市场对该产品的需求量就越小。要想扩大产品的销售量，就要降低产品的价格。无论是依靠降价以刺激销售量增长，还是维持高价而牺牲销售量，都难以对销售利润产生太大的影响。因此，从表面看，"微利"是一个难以克服的必然趋势。英国实业家李奥·贝尔根据自己的经验，结合时代的特点，把微利时代赚钱的要点概括为六字法则，即"预测""差异""创新"。这六字法则是他在微利时代常胜的武器，也是我们当今创业，打开"微利时代"赚钱之门的金钥匙。

进入微利时代，经营者除了赚钱的思路、观念需要及时进行调整、转变、更新，还需讲究赚钱的方式、方法。在买方市场的今天，从表面上看市场似乎饱和、产品似乎过剩，经营者感觉生意难做，不知从何做起。其实在市场上，经营者和消费者几乎同样痛苦：有卖不掉的，也有买不到的；有买不起的，也有没有东西可买的。出现这种局面，其根本原因就是经营者看不到市场的个性需求，不对市场进行细分，不注重产品或服务的个性差异，不去寻找市场的空隙，结果是"你有我有全都有""你没我没全都没"。

当今时代，人们消费呈现多元化的倾向，个性消费日趋明显。经营者在微利中取胜，除了"你有我优"外，更重要的是"你无我有"，即打造产品或服务的个性差异，以个性优势占领市场、取胜市场。只有"风景这边独好"，才能吸引消费者、刺激消费者，吊起他们的胃口、激发他们的消费欲望。

一、低成本（成本领先）

1. 低成本战略模式介绍

沃尔玛为什么能成为 500 强之首？人们找到的理由中有规模经营、成本管理、人力资源、科技应用和价格策略等许许多多的原因。一味地用加法去加，类似"沃尔玛成功 10 法""沃尔玛制胜 5 诀"等之类的"葵花宝典"，总会搅乱人们的视线，令人如坠雾里找不着北。而一段时间以来，将西方管理科学奉为"圣经"，已经使很多的企业及其经营者吃亏不少。其实最好的办法是改用"减法"，在去伪存真中找到管理科学的精髓。例如对沃尔玛，好像是高深莫测，显得高不可攀，但其实沃尔玛的全部文化可以简单地概括为一个字——廉。要做到这个廉特别简单，说白了就是变换一种核算方式。

"尽可能少的成本付出"与"减少支出、降低成本"在概念上是有区别的。"尽可能少的成本付出"，不等同于节省或减少成本支出。它是运用成本效益观念来指导新产品的设计及老产品的改进工作。在对市场需求进行调查分析的基础上，如果能够认识到在产品的原有功能基础上新增某一功能，会使产品的市场占有率大幅度提高，那么，尽管为实现产品的新增功能会相应地增加一部分成本，只要这部分成本的增加能提高企业产品在市场的竞争力，最终为企业带来更大的经济效益，这种成本增加就是符合成本效益观念的。

5 厘、一分钱打天下的首要原则就是抠成本，根据自身的实际运作成本来抠，而不是盲目地缩减工人、工序。邵东人又是如何计算"微利创暴利"这笔账的呢？主要一点是邵东有得天独厚的生产条件——地租便宜、劳动力集中，邵东仅占邵阳市 1/16 的面积，却有 115 万人口——是邵阳市人口的 1/7。显然，劳动力密集的邵东最合适"玩弄"打火机产业。这种自然环境无疑制造了"一分钱优势"，那就是体现了劳动力资源优势。举个例子，夏天是打火机生产的淡季，邵东可以让部分员工回家务农，也可让部分员工"补休"，而广东却做不到这些。所以，广东打火机出口市场被邵东所取代，就不足为奇了。

其实，从成本中可以挖出暴利，很多人已经明白了这个道理，但是能够做到的人很少。什么是成本控制？仅仅是"降能节耗，减员增效"吗？如今，将成本控制简单地理解为"避免费用的发生或减少费用的支出"的观点普遍流行在许多企业之中。这些企业满足于降低消耗和裁减冗员，甚至尽力降低第一线工人的工资，认为成本已得到了控制。然而，问题也随之凸显出来：如果一个企业已经将员工的数量削减到了底线，那么，这是否意味着该企业已经没有了进一步降低成本的空间呢？如果一个企业依靠削减员工待遇实现了成本的下降，但却由此引发了员工的不满和人事上的动荡，那么，利与弊又该如何权衡呢？如果一个企业在产品的研发与生产上减少支出，导致在新产品的开发与产品的品质上停步不前，那么，企业岂不是成了"掰棒子的狗熊"，握住了成本却又丢掉了另一个企业的核心竞争力吗？因此，有专家指出，这种"以成本论成本"的成本控制观已经落伍，企业需要重新去定义成本控制的概念。

2. 成本领先战略模式解读

成本领先战略在 20 世纪 70 年代由于经验曲线概念的流行而得到日益普遍的应用，即通过采用一系列针对本战略的具体政策在产业中赢得总成本领先。成本领先要求积极地建立起达到有效规模的生产设施，在经验基础上全力以赴降低成本，抓紧成本与管理费用的控制，以及最大限度地减少研究开发、服务、推销、广告等方面的成本费用。为了达到这些目标，有必要在管理方面对成本给予高度重视。尽管质量、服务以及其他方面也不容忽视，但贯穿于整个战略中的主题可以使成本低于竞争对手。

尽管可能存在着强大的竞争作用力，处于低成本地位的公司可以获得高于产业平均水平的收益。其成本优势可以使公司在与竞争对手的争斗中受到保护，因为它的低成本意味着当别的公司在竞争过程中已失去利润时，这个公司仍然可以获取利润。低成本地位有利于公司在强大的买方威胁中保卫自己，因为买方公司的能力最多只能将价格压到效率居于其次的竞争对手的水平。低成本也构成对强大供方威胁的防卫，因为低成本在对付卖方产品涨价中具有较高的灵活性。导致低成本地位的诸因素通常也以规模经济或成本优势的形式建立起进入壁垒。最后，低成本地位通常使公司与替代品竞争时所处的地位比产业中其他竞争者有利。这样，低成本可以在全部五类竞争作用力（波特五力）的威胁中保护自己，原因是讨价还价使利润蒙受损失的过程只能持续到效率居于其次的竞争对手也难以为继时为止，而且在竞争压力下效率较低的竞争对手会先遇上麻烦。

赢得总成本最低的地位通常要求具备较高的相对市场份额或其他优势，如良好的原材料供应等。或许也可能要求产品的设计要便于制造生产，保持一个较宽的相关产品系列以分散成本，以及为建立起批量而对所有主要客户群进行服务。由此，实行低成本战略就有可能要有很高的购买先进设备的前期投资，激进的定价和承受初始亏损以攫取市场份额。高市场份额又可进而引起采购经济性而使成本进一步降低。一旦赢得了成本领先地位，所获得的较高的利润又可对新设备、现代化设施进行再投资以维持成本上的领先地位。这种再投资往往是保持低成本地位的先决条件。

二、差异化（别具一格）

1. 差异化战略模式介绍

差异化战略是企业通过提供特殊服务以及优势技术等手段来强化产品的特点并树立品牌形象。因为降低成本终归是有限度的，但是差异化价值会随着品牌的深入人心而不断增大。一般来说，在消费品领域的市场竞争总是十分激烈，以降价让利为主的价格战是竞争性行业商家普遍运用的竞争手段。但成功的企业总是能在这种情况下通过产品和市场创新、管理和组织创新，找到提高而不是降低价格、增加而不是减少利润、引导而不是误导市场、带领同行把竞争的注意力转向新产品开发而不是降价的发展之路，差异化战略是对这些活动的高度总结和概括。

面对国外跨国公司纷纷逐鹿中国市场的强大实力，和国内大企业纵横捭阖的咄咄气势，脆弱的中国中小企业在这险峻的市场夹缝中如何积极寻找自己生存和发展之路，已成为企业一直在探讨研究的重大课题。（广告策划人叶茂中出的主意是：中小企业不要到大池塘里冒着吃不到东西的危险，而是应到大鱼不去的小池塘里去找足以饱腹的食物。叶茂中的这个主意其实就是差异化战略。）所谓差异化战略，就是企业经过调研向市场提供的独特经营方式，它具有个性化的优良品质和较强的利益内涵，是在竞争激烈的市场经济中，在产品同质化越来越普遍的情况下，向市场展示并获得市场认可的别具一格的经营战略。

在如今的市场上几乎没有一种产品没有自己的竞争对手，今天有一种产品在市场上畅销，明天就有同类产品出现在市场上来与你对抗、与你竞争，构成产品同质性的较量。在这种情况下，中小企业应该努力研发和展示具有自己独特文化内涵和使用功能的产品，从产品的设计、制造、包装以及附加功能上寻找与同质产品的区别点，形成自己的产品优势，为自己的特定顾客提供特定的产品品种，表现出中小企业在发展中的差异化战略和特殊的智慧。

差异化战略，就是你无我有、你有我精的特色经营，是经过细分后市场制胜的奇策。最近美国政府颁布了一条法规，对那些死缠烂打的电话推销说"不"！电话推销的确是一种快捷方便的营销方式，在相当一段时间内对产品推销具有特殊意义。然而，当人们都在采取这种方式的时候，那么它就成了令人讨厌的聒噪和搅扰了。一位中小企业的经理非常苦恼地说："每天推销产品的电话不下十几次，对工作和情绪影响很大，这样的推销方式烂透了！"因此，有些人一拿起电话听到又是推销的，连个"不"字都懒得说就把电话挂断了。这就是电话销售已经成为一种大众销售方式，没有了差异化可言的原因，它不被人们欢迎自然是情理之中的事了。市场营销也应该选择一套独特的方式，要努力发现和挖掘自己的优势和潜力，要从天时、地利，从消费者特殊需求的角度，找到营销的兴奋点，充分发挥自己的长处，最大限度地满足客户需求。北京东郊边缘上的一家便利店实行的销售差异化比较耐人寻味。

企业的差异化经营还表现在诸多方面，例如以对环境进行解剖和细分的环境设计差异化；对资金的不同需求所产生的资金来源差异化；根据不同的销售现场进行的销售方式差异化；针对不同的产品而采取的营销模式的差异化，还有组织形式差异化、运行机制差异化，等等。只要有一种事物的存在，就可以找出事物的多个侧面，以及事物与事物之间的不同性，这就要求创业者有敏捷的市场眼光，灵活机动的应变能力，从差异中寻找出创新契机，从可持续发展中把握自己的准确定位。

2. 差异化战略模式解读

差异化战略是将公司提供的产品或服务标新立异，形成一些在全产业范围内具有独特性的东西。实现差异化战略可以有许多方式：设计或品牌形象、技术特点、外观特点、客户服务、经销网络及其他方面的独特性。最理想的情况是公司使自己在几个方面都标新立异。当然，差异化战略并不意味着公司可以忽略成本，但此时低成本不是公司的首要战略目标。

如果差异化战略可以实现，它就成为在产业中赢得超常收益的可行战略，因为它能建立起对付五种竞争作用力的防御地位，虽然其形式与成本领先不同。差异化战略利用客户对品牌的忠诚以及由此产生对价格敏感性下降使公司得以避开竞争。它也可使利润增加而不必追求低成本。客户的忠诚以及某一竞争对手要战胜这种"独特性"需付出的努力就构成了进入壁垒。产品差异化带来较高的收益，可以用来对付供方压力，同时缓解买方压力，当客户缺乏选择余地时其价格敏感性也就不高。最后，采取差异化战略而赢得客户忠诚的公司，在面对替代品威胁时，其所处地位比其他竞争对手也更为有利。

实现产品差异化有时会与争取占领更大的市场份额相矛盾。它往往要求公司对于这一战略的排他性有思想准备，即这一战略与提高市场份额二者不可兼得。较为普遍的情况是：如果建立差异化的活动总是成本高昂，如广泛的研究、产品设计、高质量的材料或周密的客户服务等，那么实现产品差异化将意味着以放弃低成本地位为代价。然而，即便全产业范围内的客户都了解公司的独特优点，也并不是所有顾客都愿意或有能力支付公司所要求的较高价格。

三、专业化（集中一点）

1. 专业化战略模式介绍

专业化的意思就是专精一门，也就是俗话说的"一招鲜，吃遍天"，也称为聚焦战略。在这样一个诱惑多多的年代，要静下心来，专精一门是不容易的，要不然就不会有几年来"多元化"在国内企业界的甚嚣尘上了。

也许你认为指甲钳太"小器"了吧，指甲钳是很小，但你想过没有，只要有 1/5 的中国人使用你生产的指甲钳，你的利润会有多大？要是全世界 1/5 的人都用你生产的指甲钳呢？如果这样的利润空间还不算大的话，你不妨再想想，普通档次的指甲钳利润空间的确有限，但是如果是高档产品呢？如果是专业化生产的全套指甲修护工具呢？

梁伯强就是紧紧抓住指甲钳这个主业不放，在指甲钳上做精做强，所以他顺利进入了利润区。借助"非常小器"的指甲钳，使得圣雅伦牌成了中国第一、世界第三的指甲钳品牌，梁伯强也成了亿万富翁。

个案研究

"非常小器·圣雅伦"

1998 年 4 月，梁伯强从茶几上用来包东西的旧报纸上读到一则名为《话说指甲钳》的文章，文中提到朱镕基以指甲钳为例，要求轻工企业努力提高产品质量开发新产品的讲话。

他便产生了一个念头：做一个响当当的中国品牌指甲钳。

很快他便赶去广州"555"国营指甲钳厂，但该厂已经停产。后来他又去了天津、北京、上海和苏州的4家具有代表性的国营指甲钳厂，这些工厂全都已经关门大吉。国企不行固然可惜，但也给民营企业腾出了市场。于是，梁伯强开始学技术，把目标锁定在韩国著名的"777"牌指甲钳上。

梁伯强从韩国订了30万元货，然后组织人员研究"777"的技术，再把买来的指甲钳卖出去，研究人员一遇到什么不懂的地方，梁伯强就飞去韩国。由于梁伯强是以中国经销商的身份前去考察的，韩国人不仅详细解释了梁伯强提出的问题，还亲自带他去厂区参观。这样梁伯强仔细了解了他们的自动化生产技术和设备。

一年里，梁伯强飞了二十多次韩国，买进了一千多万元的货。这段时间，他的研究人员基本上把"777"的技术学到了，通过做"777"经销商，他也逐渐铺开了自己的销售网络，不久，他的第一批名为"圣雅伦"牌的指甲钳新鲜出炉。

梁伯强不惜重金请来各方专家，数次拿着精心改良的样品飞赴沈阳五金制品检测中心接受检测。2000年6月，"圣雅伦"得到了全国五金制品协会有史以来颁发的第一张"指甲钳质量检测合格证书"。

当然，真正成就了"非常小器"在中国指甲钳制造业专家地位的，并非是这一纸证书。做品牌必须增加产品的附加值，梁伯强就在产品的细节和文化含量上下功夫，强调产品的个性化和环保概念。仅仅一个小小指甲钳，就开发出了200多个品种。这奠定了"圣雅伦"在指甲钳的专业地位。梁伯强始终循着专业化模式发展，不但让"圣雅伦"成为全世界的名牌，最关键的是让小器终成大器，凭借小小指甲钳获得了巨大的财富。

专业化为什么可以成为你的竞争优势？一个最简单的解释是：因为它精，所以它深。深就提高了门槛，别人不容易进来竞争，而专业化的生产，其组织形式比复合式生产要简单得多，管理也相对容易。在市场营销方式上，一旦市场打开，后期几乎不需要有更多的投入。成本降低的另一面，就是利润的大幅度提高。而在通常情况下，专业化生产一般最后都会形成独占性生产，至多是几个行业寡头同台竞争，行业间比较容易协调，从业者较易形成相互保护默契，有利于保持较高的行业平均利润。这是一个封闭或半封闭式市场，不像开放市场上的产品，一旦见到有利可图，大家便蜂拥而入，利润迅速摊薄，成本迅速攀升，本来有利可图的产品很快变成鸡肋，人人都觉得食之无味，同时又觉得弃之可惜。

经测算，普通产品的生产者，如果其利润是15%，那么，一个专业化生产的产品，它的边际利润通常可以达到60%～70%。当一个企业进行专业化生产时，其多数成本都用在解决方案的开发和创意阶段，一旦方案成立，就可不断复制，并依照自己的意愿，确定一个较高的市场价格，因为你是唯一的或少数能提供该解决方案（或产品）的人，所以，市场对你的高定价根本无力反对。专业化生产的另一个方式是，以简单化带动大规模，迅速降低行业平均利润，使小规模生产者根本无利可图，从而不敢也不愿与你进行同台竞争。格兰仕用的就是这种办法。

梁伯强采用的方法则是使产品个性化。在德国的来根州，梁伯强见过世界上最好的指甲钳，就是德国"双立人"指甲钳，但就是这样一家企业也只把指甲钳当作一个附属产品生产。"双立人"的主业是做厨房用品。日本的绿钟、玉立等品牌，也是依附在卡通产品上，进行代理生产。这几个著名指甲钳品牌的利润率都远超过梁伯强的"非常小器"，但它们所赚取的是依附性利润，即依附于其他产品，借助其他产品而产生的利润，而并非指甲钳本身所产生的利润。这是一种很好的生产形式，也是一种有效的利润生产方式，但它们都称不上是专业化生产。

梁伯强是专业化生产，只生产指甲钳，所有利润都来源于指甲钳，所以他有兴趣研究男人的指甲是什么样，女人的指甲又是什么样，小孩的指甲是什么样，老人的指甲又是什么样，脚指甲和手指甲有什么不同，并针对不同人群设计专门性产品。比如专门针对婴儿的指甲钳，指甲钳面是平的，比成人的要短一半，这样的设计充分考虑到婴儿指甲的特点，避免因器具原因对婴儿造成伤害。产品一经推出就成为妈妈们的爱物。从产品研发到生产组织，再到市场营销，因为面对的都是同一产品，只是外形的变化，实质完全一样，所以，同一过程可以反复重现，不断复制，基本不会增加什么新的成本。相反，随着各个环节熟练程度的加深，成本反而会悄悄下降。这就是专业化生产的优势，简单而优雅。

专业化利润的另一个来源是专家，不但有研发方面的专家，还有生产和组织管理方面的专家、市场营销方面的专家。专业化生产，反复重复的过程，有利于迅速培养专精于一个环节的专业人员。这里所说的专家与人们通常意义上所理解的专家有所不同，但这是一种更能产生和带来利润的专家。一般来说，这种专家型员工会比普通员工给企业多带来10%～15%的利润，这是专业化生产独有的好处。

2. 专业化战略模式解读

专业化战略，也即集中一点战略，是主攻某个特定的客户群，某产品系列的一个细分区段或某一个地区市场。正如差异化战略一样，专业化战略可以具有许多形式。虽然低成本与产品差别化都是要在全产业范围内实现其目标，专业化的整体却是围绕着很好地为某一特定目标服务这一中心建立的，它所制订的每一项职能性方针都要考虑这一目标。这一战略的前提如下：公司能够以更高的效率、更好的效果为某一狭窄的战略对象服务，从而超过在更广阔范围内的竞争对手。结果如下：公司或者通过较好地满足特定对象的需要实现了差异化，或者在为这一对象服务时实现了低成本，或者两者兼得。尽管从整个市场的角度看，专业化战略未能取得低成本或差异化优势，但它的确在其狭窄的市场目标中获得了一种或两种优势地位。

专业化战略常常意味着对获取的整个市场份额的限制。专业化战略必然包含着利润与销售量之间互为代价的关系。正如差异化战略那样，专业化战略不都会以总成本优势作为代价。

第三节 制胜战略：开局制胜战略

更多创业者已经意识到，创业先要创势，创造出了良好的开局，形成了自己的气势，创业才能得以更好地顺利进行下去。

《左传·曹刿论战》有云：一鼓作气，再而衰，三而竭。用兵之道是如此，创业开办企业也同样讲究这个道理。近年来，很多创业成功学的研究者都提出，开局对创业者非常重要。一个屡战屡败的人，也许终有一天能够看到成功的希望，但是相对而言，他的历程会更坎坷、创业过程会有很多磨难。同时，失败的经历会磨损一个人的意志，消耗一个人的斗志，也会一而再、再而三地误导一个创业者的决策力和判断力，更重要的是屡战屡败的过程中，创业者也极容易产生赌博心理，以至于在失败的路上越走越远。

创业之初，谁不想开门红呢？创业者拿出最大的勇气去开创事业，同样也期望自己的努力可以迅速得到回报。然而很多创业企业都遇到这类问题：申请营业执照前，海阔天空、事业前景无限大，然而当攥着营业执照、搬入办公室后，却发现万事开头难。难在哪里？项目的开展不顺利、资金的运转不流畅、业务始终推广不开、产品少人问津。创业的激情在种种问题中被渐渐消磨，创业者的万丈豪情也一天天低落。

可见，在创业之初，足以使创业企业生存下来的开局尤为关键。事实上对一个创业企业来说，生存是第一位的。创业是一个系统的、复杂的体系，从创业之前、创业之初到企业规模不断发展，都是需要创业者凭借智慧和勇气，不断寻找出每个阶段的关键点并迅速突破的过程。而创业初期的智慧更为关键，它将使创业企业在诸多不利因素中或在边缘罅隙中取得自身的资本收益，从而使创业者的创业激情保持高昂和创业头脑始终保持活跃，使企业步入良性循环的创业成功阶段。

通过对数百个创业案例进行深入、细致的研究后发现，企业创业实现良好开局并非高不可攀。从诸多创业成功企业的案例中抽丝剥茧，寻找出了六大创业开局制胜战略。下面通过案例分析的形式，将这六种创业开局制胜战略展示在读者面前。当然，战略并不是一成不变的，只有掌握这六种战略的精髓，并且学会将之组合，才可以使自己的企业迅速迎来良好的开局。

一、创意制胜战略

模式安全指数：★★★
持续赢利指数：★★★★★
创新能力指数：★★★★★

创意创业，也称概念创业。顾名思义，就是凭借创意、点子、想法创业。当然，这些创业概念、创意必须标新立异，至少在打算进入的行业或领域里是个创举，只有这样才能抢占市场先机，才可能吸引风险投资的眼球。当然，这些超常规的想法还必须具有可操作性，而非天方夜谭。

强手过招，靠什么取胜？靠创意。在快速变迁的时代中，突破过去的框架，掌握新的环境，面对新的课题，迎接新的挑战，才能赢得新的财富。研究发现，对于绝大多数在激烈竞争中初创的企业来说，通过精巧构思推出的新招数、新想法，不仅可以使自己的企业之路展开一线生机，而且可以在短时间内见到利润。所谓新招数、新想法，从其运作思路上看未必出奇，一旦被点拨开了，谁都可以做得到，但其根本却是创业者具备的功力。

1. 新招数，未必出奇

"新"，通常意味着创业竞争压力的减轻、创业空间的拓展。事实证明，很多创业者在创业初期时都巧妙地运用了这一方法，从而使自己先站住了脚。称其为新招数、新想法，而不是新技术，是因为与后者相比，新招数、新想法更容易萌生，特别是创业者自己可能瞬间闪现出的新思路，也更容易根据自身的条件进行完善并加以运作。借助巧妙的运用，创业者在创业初期的日子通常都会过得比较滋润，开门见喜，利润得来也轻松了很多。

认真分析每一个"新"创业的案例，我们可以发现，很多时候寻找一个新的经营项目，一个新的行业，一个新的产品，并不需要搜肠刮肚去想，但是一定要会去利用。

个案研究

"蒋嫂"的营养汤①

蒋瑞颖，一位很普通的南京市民。很长一段时间里，创业无门苦苦寻觅。没有想到一碗汤让她的名声远扬，当上了创业明星，大家都亲切地叫她"蒋嫂"。靠热汤创业并不新奇，但蒋嫂的思路明确而且有针对性。她专门给自己家对面南京妇幼保健医院的产妇熬营养汤。产妇是一个极大的消费群体，她们最集中的消费就是营养。绝大多数产妇的家属为了产妇的身体和未来的宝宝，也为了产妇生产时能够更顺利，生产后恢复更快，通常不计金钱，只要认为是好的、有营养的食品。蒋嫂这一新招数恰好准确地抓住了产妇及其家属的这一心理，开门红自然手到擒来。

从蒋嫂的创业项目选择看，从自己身边寻找，从自己的特长寻找，出"新"并不难，蒋嫂由于打工住在妇幼保健医院，平日里总有不少产妇家属拎着冷汤找她帮忙热一下，时间长了，蒋嫂还曾经专门竖过一个牌子："收费热汤菜，每位1元！"在不断替人热汤的过程中，产妇爱喝什么汤、什么汤更有营养也就心知肚明了，加之守着一个如此好的地理位置，蒋嫂的"新招"得来也就极为自然了。

2. 出新，需求是关键

说起来不难，但寻找新招数、新想法却也不是人人都可以做到的。对于创业企业，新招数、新颖构思乃至新产品的开发，需要的是巧劲，而不是拙力。当一个重要的创意从你的脑子里激发出来，你肯定会无比的激动与兴奋，这时候，你不要着急马上就付诸实践，创意可不是盲目的标新立异，它要以企业实际为基础，要适合企业自身的发展要求，你应该对新的创意冷静思考，放在市场的基础上，审视它的可行性与科学性，经过反复考证，思路成熟了，第一个环节就完成了。

确定一个招数、想法是否有前景，不在于这个招数或想法的本身是否够新奇、够独特，而是它的存在是否有需求。很多创业者也曾经新奇招数不断，但最终不是无人喝彩，就是过早夭折，原因就在于创业者将这些新思路和新招数孤立在自己的想象中，没有考虑到人们对之是否存在需求。

所以，新项目、新招数、新思路，是否可以存活，可以经得住市场的验证，唯一的衡量标准就是其中是否蕴含市场需求。而新项目、新招数、新思路乃至新产品的出现，都等

---

① 摘编自百度创业吧《创业开局六绝招》。

于开辟出了一个相对空白的市场，这种相对空白的市场，即使有着极大的需求，也需要有一个让市场认知、了解的过程。这一过程也常常是创业者最为难过的一关。

个案研究

餐饮湿巾的成功面世①

白俊辉原是上海一家小毛巾厂的业务员。一次和朋友聚餐的时候，他偶然听到无纺布发展很快。他知道现在的小毛巾大多都是化纤的，而无纺布与化纤相比，具有不掉毛、自然降解、成本低廉等优点。如果用无纺布生产小毛巾有一定的前景。

白俊辉像发现新大陆一样高兴。他赶紧找来毛巾技术人员，将自己的想法与他们进行了交流，并得到了大家的认可。于是，他聘请了毛巾设计和制造方面的专家，经过苦心研究，终于研制成功了一种新型的一次性餐饮用品——餐饮湿巾。

与许多创业者不同的是，他在推销产品时多花了一些心思。新产品再有市场，但对于一个初创且一文不名的小企业来说，从零开始的推销却不容易，很多创业者都面临这样的结果，新产品推出后，需要一点点地普及知识，慢慢地培育市场，但新创企业本身资金匮乏，偏偏又经不起长时间的等待。要想让自己的产品迅速"窜红"，除了产品本身"新"，还要在迎合需求上做点巧功夫。

白俊辉的做法是，先对餐厅做一番调查。许多朋友、亲戚到饭店吃饭是为了相互聚餐融洽感情的。但是，仅仅靠吃饭还不能满足这种需求。如果使小餐巾成为一种烘托气氛、融洽感情的工具，不仅使自己的产品在同类竞争中不愁销，而且餐厅饭店也会增加客流。如何才能让自己的餐饮湿巾达到这种功能呢？他左思右想，突然闪现一个念头：在湿巾外包装上印刷幽默笑话和漫画。

白俊辉带着新型餐饮湿巾，敲开了他的第一个客户——上海崇明岛的乐岛大酒店的大门。成本更低廉，卫生更有保证，同时包装袋上印有幽默的笑话、漫画等活跃气氛的内容，不但增添了餐厅气氛，还可以掩盖服务上的不周到：如客人太多，上菜不及时，客人通过阅读幽默笑话打发等待时间，一席话一下子就打动了这家店的老板，他当即定下了两箱。

5天后，他接到了这个老板打来的电话，急需10箱餐饮湿巾，还再三叮嘱他马上送过去。老板说："这种湿巾消费者反映特别好，用着舒服、放心，特别是包装袋上的幽默笑话、漫画引人入胜，别有一番风味。"第一个客户就这样稳定了。随之，第二个、第三个，白俊辉逐步将餐饮湿巾推广到了上海十多家餐厅、饭店，迅速在创业伊始就站稳了脚跟。

可见，奇妙的创意，精巧的新思路，如果没有科学地转化成利润，就像一辆昂贵的名牌轿车被弃置于农舍。如果创业者想利用"新"开始自己的创业，就一定要解决三个问题：第一，新招数、新想法是否与自己的特长、经历有着巧妙的契合，是否可以利用自己的专长将这个"新"从简单的想法转变为现实中的产品；第二，新招数、新想法、新产品，是否可以生存下去，首要考虑的是是否有需求，是否有人愿意掏腰包购买；第三，真正可以利用新招数、新想法使自己的创业"开门红"的，除了项目与产品，迎合消费心理的巧思

---

① 改编自慧聪网《创业项目以"新"制胜》。

也极为关键，要使用巧劲儿叩开市场之门。

3. 抢先机，得先机者得厚利

能不能抢占先机事关创业的获利能力。对于创业者来说机会无时不在、无处不在。变化就是机会。环境的变化会给各行各业带来良机，人们透过这些变化，就会发现新的前景。变化可以包括：产业结构的变化；科技进步；通信革新；政府放松管制；经济信息化、服务化；价值观与生活形态变化；人口结构变化。

抢占先机的突破口其实并不难找，可以从"低科技"中把握机会，机会并不只属于"高科技领域"。在运输、金融、饮食、流通这些所谓的"低科技领域"也有机会，关键在于开发；盯住某些顾客的需要就会有机会。机会不能从全部顾客身上去找，因为共同需要容易认识，基本上已很难再找到突破口。

在寻找机会时，应习惯把顾客分类，如政府职员、菜农、大学讲师、杂志编辑、小学生、单身女性、退休职工等，认真研究各类人员的需求特点，机会自现。或者可以从追求"负面"中找到机会。所谓追求"负面"，就是着眼于大家"苦恼的事"和"困扰的事"。因为是苦恼、是困扰，人们总是迫切希望解决，如果能提供解决的办法，实际上就找到了机会。

大千世界千姿百态，人们的消费意愿、消费需求五花八门，层出不穷，而每一种新意图、新需要的背后，又都蕴藏着一个可以让人一展身手的新商机。能否与机遇撞个满怀，关键就看是否有见微知著的"生意眼"，是否能够敏感地去发现，并且抓紧不放，乃至借题发挥。

众所周知，蔬菜的销售实在不是什么暴利的行当，而且由于近年来各地对蔬菜种植的重视，因此蔬菜的销售早已进入微利时代。这种情况下，从蔬菜中获取暴利还有可能吗？

📚 个案研究

"龙乡菜"：创业成功在于抢占先机[①]

邯郸的王山海在一本杂志上看到这样一个故事。故事说的是上海市有一位姓庄的老太太，退休在家没有多少事可做，那些来不及买菜的双职工经常请她帮忙，庄老太太为人热情，每次把菜买回来之后还帮择洗干净，时间长了，人们过意不去，主动给老人一些报酬。开始老人不收，经大家一再解释，她便按分量收取少量的手续费。托她帮忙的人越来越多，后来老人家成立了一个"庄妈妈净菜社"，生意非常红火，一时传为佳话。

王山海萌发了学习庄妈妈的想法，他计划在邯郸市也开办一个面向工薪阶层，专门加工净菜的服务机构，找来几个朋友一商量，大家一拍即合。

他们通过深入的市场调查进一步认识到，邯郸市是一座富有悠久历史文化的名城，是冀南地区的政治文化中心，有着丰富的矿产资源和发达的加工工业。随着人们物质生活水平的不断提高以及工作节奏的加快，如何尽量节省在厨房操劳的时间，已经成为许多家庭所考虑的问题。

---

① 辛保平，程欣乔，宗春霞. 老板是怎样炼成的[M]. 北京：清华大学出版社，2005.

天天"下馆子"毕竟不是大多数人经济上所能承受的，而且饭馆的卫生状况也总让人有点儿不放心。尤其是一些年轻的夫妇，烹饪手艺不高明，家中来了客人，切几盘熟食做凉菜还可以，炒热菜就犯愁了。切洗干净齐整、配料齐全、价格适中的"方便菜"有着非常广泛的市场需求。几个志同道合的朋友一致认为，有消费需求就有商机。他们决定合伙创办一家公司，生产集"方便、味美、卫生、经济实惠"于一身的方便菜，下决心要在这个行业中闯出一条路来。

经过精心策划，他们给自己的公司起了一个乡土味很浓的名字——龙乡食品公司，把产品定名为"龙乡菜"，让人一接触就耳熟能详。他们转遍了邯郸市的大街小巷，经过反复比较，选定一个工薪阶层居住比较集中的小区，租赁了一家倒闭的食品加工厂的厂房，门口挂起了一个写着"龙乡菜"的大灯箱，亮堂堂地照红了半条街。

他们请全市有名的厨师拟定了上百个菜谱，经过严格考核，招收了六十多人分别担任配菜师、择洗工和送货员。开业不久，他们的产品就在那个小区站稳了脚跟，不到半年，凭借一个普通、廉价、富有个性化的产品和服务项目，龙乡公司就创造出了一个红红火火的崭新局面，年底结账时，一起创业的几个朋友都舒心地笑了。

点评："先机"来自理性思考

由于龙乡公司切中了市场脉搏，"龙乡菜"的市场在那个小区四周开始了墨浸宣纸式的扩张。后来，在邯郸市出现了大量的追随者，然而此时他们给后来者留下的只是一杯残羹。

到底是什么才能创造意外的财富呢？独特的创意。在第一时间把握创业机会是必不可少的甚至是至关重要的。雅虎的创始人提出一个互联网应用的新概念，于是使雅虎就像神话中的一粒种子一样，几乎在一夜之间成长为参天大树。

无数人看到苹果落地，但却只有牛顿能产生地心引力的联想。所谓的机缘凑巧第六感的直觉，主要还是因为创业者平日培养的敏锐观察力，因此，能够先知先觉形成创意构想。管理大师杜拉克主张，可以透过有系统的研究分析，来发掘可供创业的新点子。这种以科学方法进行系统化分析，进而产生大量创业点子，正是知识经济时代社会创业活力的主要来源。所谓经由有系统研究分析，大致可以分为以下六种方式。

（1）经由分析特殊事件，发掘创业机会。例如，美国一家高炉炼钢厂因为资金不足不得不购置一座迷你型钢炉，而后竟然出现后者的获利率要高于前者的意外结果。

（2）经由分析矛盾现象，发掘创业机会。例如，金融机构提供的服务与产品大多只针对专业投资大户，但占市场七成资金的一般投资大众，却未受到应有的重视。这样的矛盾，显然提供一般大众投资服务的产品市场必将极具潜力。

（3）经由分析作业程序，发掘创业机会。例如，在全球生产与运筹体系流程中，就可以发掘极多的信息服务与软件开发创业机会。

（4）经由分析人口统计资料的变化趋势，发掘创业机会。例如，单亲家庭快速增加、妇女就业的风潮、老年化社会的现象、教育程度的变化、青少年国际观的扩展等，必然提供很多的创业机会。

（5）经由价值观与认知的变化，发掘创业机会。例如，人们对于饮食需求认知的改变，造就美食市场、健康食品市场等新兴行业。

（6）经由新知识的产生，发掘创业机会。例如，当人类基因图像获得完全解决，可以预期必然在生物科技与医疗服务等领域，带来极多的新事业机会。

虽然大量的创业机会可以经由有系统的研究来发掘，不过，最好的点子还是来自于创业者长期观察与生活体验。

二、渠道制胜战略

模式安全指数：★★★★
持续赢利指数：★★★★★
创新能力指数：★★★☆

渠道即血管，抢在别人前面把血运送到需求者的眼前，就是胜利。渠道同样是个重要的传播过程。

销售渠道是小企业创业的命门，对创业企业来说，由于产品和企业的知名度低，很难进入其他企业已经稳定的销售渠道。因此，很多企业都不得不暂时采取高成本低效益的营销战略，如上门推销，大打商品广告，向批发商和零售商让利，或交给任何愿意经销的企业销售。这种渠道开拓的方式通常是慢功夫，很难使创业企业尝到"开门红"的喜悦滋味。

1. "无中生有"变渠道

利润从哪里来？人人都知道是从客户的钱包里来。任何企业的运行，都离不开客户关系的把握。但对创业企业来说，获取客户是最难跨出的一步。可以利用"无中生有"将原本不存在的销售渠道借助造势呈现出来，将原本不属于自己的客户借助造势吸引过来，变被动寻找经销商、代理商为经销商、代理商自己找上门来。这并非是简单的谋略，它需要对市场有着深入的了解，有着深刻的体会，并且抓住关键环节。

经过深入研究，我们发现，无中生有的关键就是给自己的产品加以明确的定位，并从定位中找到渠道开拓的突破口。从孤家寡人式的沿街叫卖，到 10 天后 300 家代理商组成亚琪 MIS 企业信息管理系统销售体系，没有一分投入，一个账面资金只有 10 万元的小公司玄机百变，很快成为全国著名的 IT 企业，可谓是将无中生有开拓渠道运用到了极致。与巨人集团当初的一战成名有异曲同工的效果。

个案介绍

亚琪的反其道而行之[①]

20 世纪 90 年代末，只有六七个人的大连亚琪公司开发出一套企业信息管理系统软件。但没有代理体系，只在自家店面零零星星卖着。如何把现有的不是很优秀的产品卖出去成了当务之急。作为亚琪创始人的胡诚深知，要打开市场，只有通过各地的软件代理商才能最快速地把产品送到用户手中。

---

① 辛保平，程欣乔，宗春霞. 步步为赢：高效突破创业 7 关[M]. 北京：清华大学出版社，2006.

按照业内通行的做法，发展代理商只有两种方式：登门游说，或者电话游说。然而，这两条路都不甚理想，耗时长，费用高，对于小小的亚琪将全面陷入被动，甚至只有赊货才能打动代理商。如果僵陷于此，代理体系将成为制约亚琪发展的无法逾越的障碍。

那么，怎样才能以最小的代价让这些代理商成为协助亚琪腾飞的翅膀，而且最好是代理商主动来找我，而不是我去找他？胡诚经过彻夜的思索，一个"无中生有"的渠道计划呼之欲出——同一个上午，《计算机世界》《电脑报》《中国计算机报》《软件报》《中国电脑教育报》五大IT媒体广告部先后接到来自大连的电话："我是大连亚琪电脑公司总经理胡诚，我们计划最近一个月内每期在贵报刊登一期整版广告，同时希望与贵报建立长期的良好合作。作为合作的起点，我们唯一的要求是每个月底刊后支付广告费。如果可行，请您将广告发布合同传真给我。请相信，作为中国知名的IT厂商，大连亚琪有足够的资金和实力，并愿承担一切违约责任。"

当时在中国软件市场，除了微软这样的外资企业，国内软件厂商限于资金、限于胆量、也限于略显沉闷的市场需求，几乎没有启动像样的广告。大家即使在全国性媒体上打广告，一般也都是"豆腐块"，突然凭空杀出一个大连亚琪公司，而且广告一上来就是连续的整版，这样的大客户，怎能不让人心动？更何况刊后付款是优惠老用户的行业惯例之一。胡诚情真意切，理由充足；五大媒体正中下怀，亦步亦趋，于是亚琪的广告大战就此拉开序幕。

胡诚亲手撰写广告。这些后来被软件业人士笑为"傻大黑粗"的广告，上面没有好看的画面，没有高深莫测的夸张，甚至没有普通广告必不可少的煽情，他只是用大篇文字详细介绍亚琪MIS的功能和优点。

但是，这些连篇累牍、篇幅巨大的广告和亚琪的代理体系有什么直接关系吗？它除了能花掉亚琪40万元广告费用之外，真能给亚琪带来胡诚期盼的销售渠道吗？事关整个战役成败的点睛之作是这样的：在这些广告的结尾，胡诚把事先精心挑选、涵盖全国的三百多家软件代理商的信息硬生生复制下来，所有代理商的详细名称、详细地址、具体联系方式都一一开列。

胡诚在广告中最后强调："亚琪MIS全国有售，如有需要，请致电我公司各地代理商查询、购买。"胡诚的逻辑是这样的：其实中国老百姓最喜欢的购物方式，还是一手交钱一手交货。而这些正是胡诚"无中生有"开列代理商名单的最大目的——他要把整个销售过程反其道而行之，让用户主动发动代理商，让用户催促代理商进货！与此同步进行的，是亚琪MIS软件的生产。

一切如法炮制，胡诚和加工商、印刷厂甚至录像带销售商一一签下正规合同，当然，唯一的要求同样是延期30天付款。亚琪资金一分未动，胡诚计划如约展开。一周后，第一轮广告全面刊出，第一批亚琪MIS准备就绪。在广告刊出后的第四天，第一家代理商就主动找上了门。至此亚琪仅用10天的时间就迎来了创业的"开门红"。

2．"撒豆成兵"布网络

在红桃K鼎盛时期，其在全国2000多个县每县设有100名员工建制。数万名员工走向农村天地，见人发报纸，见墙刷墙标，使红桃K的业绩发生核裂式的飞跃，成为保健品市场老大。红桃K的意图非常简单，渠道即血管，抢在别人前面把血运送到需求者的眼前，就是胜利。渠道同样是个重要的传播过程。永远不能责怪消费者不懂、无知、不靠近，而应主动靠近消费者，告诉你为他准备了什么产品和价值。

《封神演义》写闻仲与姜尚大战岐山，由于商朝军队得到申公豹一帮道友相助，西周军队渐渐不支。关键时刻，姜尚得到燃灯古佛相助，撒豆成兵，反败为胜。这一概念如今被许多企业运用自如。但在很多小企业的思维方式中，撒豆成兵是需要资金堆砌的，因此往往不敢企及。

所谓撒豆成兵，就是通过推广体系组织的功能推展经营活动，达到接受产品的目的。这里面有两方面的含义：一是要经营好组织，也就是要组建、管理好一个有特色的根据地。二是要善于发挥组织的功效。二者相辅相成。社会发展史告诉我们，人只有组织起来，才能产生倍增的效应。

比如 1 万个无组织、无纪律、自行其是的人，必然是一盘散沙，毫无战斗力。但当 1 万人按一定组织原则和秩序排列成方阵，则可以产生气壮山河、震天撼地的伟力。我们常说团结就是力量，实际上就是讲组织起来的力量。一定的组织都是一定的社会成员为了达到特定的共同目标而自觉形成的有一定秩序和功能的排列组合体。

对于小资本运作的小型企业来说，只要项目有特色、有需求，利用连锁迅速扩张市场，获得利润并非难事。小企业经商，建立推广体系，其首要问题，也是要根据自身产品的性质，选准加盟对象。人是构成组织的基本条件，角色定位不准，往往一无所获。

在这方面，许多小企业很容易陷入一个误区，即亲情误区。一说要建网点，赶忙打开自己的关系联络图，找老同学、老战友、老熟人、老朋友或三亲六眷。但这种网点建得越多，也如沙上垒塔，一触即垮。结果是产品推出去，货款收不回来，最终友情也受到破坏，赔了夫人又折兵。

所以，建立在友情基础上的所谓网点，就如草上霜、瓦上霜，太阳一出不久长。比如北京的某厂，当初依靠关系建立了 100 多个点，的确也热闹了一番，但到年终，不但产品销不出去，还陷入债务危机，产品很快报废了。最关键的是，并非所有的企业都适合复制这套"撒豆成兵"的战术，这需要跃跃欲试的小企业做出清醒的商业判断。

点评：根基来自市场调查

你可以将无中生有的利用理解为是创新之举，但是却不可以简单地认为这只是耍小手腕就可以做到的。准确定位，寻找到市场需求的切入点才是决定成败的关键。而是否有需求、需求的特点等诸多因素，必须要经过周密的市场调查得出。所以，在你准备利用"无中生有"使自己的企业迎来"开门红"之前，一定要先做好市场调查。而且市场调查工作必须有计划、有步骤地进行，以防止调查的盲目性。

三、与巨人同行战略

模式安全指数：★★★★★
持续赢利指数：★★★
创新能力指数：★★★
找到与大行业或者大企业的共同利益，主动结盟，将强大竞争对手转化为依存伙伴，实现借船出海，借梯登高。

如果我们把企业视为生物种群，不同种类的企业与企业之间，就像生物种群之间可能存在着寄生或共生的关系。所谓企业的寄生是根据生物中的"寄生"定义推理出来的，借喻一个能依法独立经营的公司而不独立经营，专门从另一个独立经营的公司获取利益的一种"经营"方式。所谓企业的共生或共栖，也是从自然界中两种都能独立生存的生物但又以一定的关系生活在一起的现象，借喻企业与企业之间优势互补、共同存亡的经营模式。

相对于独立生存能力很强的大公司来说，中小企业的孤军作战能力较弱，巧妙地利用"寄生"或"依附"的原理，显得尤其重要。当企业初创时，力量还不够大，势单力薄时，靠自己单枪匹马奋战，难以得到长足的发展，甚至会因为互相撞车而自取灭亡。硬拼不行，创业企业应当怎么办呢？只有以巧取胜，凭借自身的优势，取长补短，依附大企业成长，充分利用大型企业的资源发展自己。

1. 利益共享，借船出海

海边的渔夫，如果只在海边撒网，是无法捕到大鱼的，下到海里去又太危险，如何才能安全可靠地捕到大鱼呢？他可以登上一条大船，借船出海。大企业有通畅的产品流通渠道，有广大的客户群体，就像一条牢固的大船。而创业企业无论在资金、技术方面，还是在人力资源和管理经验等方面都存在许多不足，就像海边的渔夫。如果创业企业能找到与大企业利益结合点，与他们结成联盟，借大船出海，也可以跟随他们一起捕到大鱼，获得丰厚的利润。

我国沿海的许多中小企业，在短时间内迅速崛起，采用的也是依附成长的策略，通过为大企业的出口产品生产相关的配套产品，达到出口的目的，赢得了较为丰厚的利润。对大企业来讲，出口产品有小企业的附加产品，在国际市场上竞争能力更强；对小企业来说，在大企业产品出口的同时，自己的产品也随之出口国外，双方都有利可图。

此外，他们还通过代工生产的方式，借助大公司的强大销售网络进入国际市场。或者是与外商合作，借用外商的资金、技术、渠道和管理，搭乘"顺风车"，通过借东风来提升品牌，把前期开拓和最艰苦的事情让别人去做，而自己依靠个体优势去摘别人已有的成果。这些企业都是聪明的渔夫，懂得利用海船的强大和牢固，在大海里安全地进行捕获，赢得满船的金银财宝。

借船出海，也得有眼光辨别，有能力把握，要是选择了一艘破船，就可能船沉大海，一切尽失，要是碰到一艘海盗船，甚至有可能被别人丢到海里喂鲨鱼，性命不保，那么，怎样才能成为成功的"搭乘者"而"坐享渔利"呢？

没有共同的利益和目标，是不可能走到一起的，共享赢利，是依附成长的前提，必须找到利益的契合点，才能和人家去合作；另外人家是大企业，你不找他，他可以找到千万个你，所以小企业得学会主动和人家套近乎。

2. 依附发展，保持自我

对于很多小企业来说，既然没有希望与行业龙头企业竞争，干脆参加进去，成为行业龙头企业经营集团中的一员，但要注意的是，这里所说的"依附"是指参与大型企业集团的生产经营，作为大型企业生产经营网络上的一个环节，企业在产权上还是独立的。

是依附而不是归并，这是最重要的一点。依附的小企业是处在大型企业的松散层，与大型企业集团只是生产经营上的联系，仍然享有较大的经营自主权，并可以同时依附几家不同的大型企业集团。这样，由于大型企业集团的生产经营相对比较稳定，因此，小型企业就有相对比较稳定的生产经营环境，并且能够随着大型企业集团的发展而得到发展。

个案研究

琦璐文具与山城超市

杜健创办的重庆琦璐文具连锁公司是坐落在重庆市渝中区大坪虎头崖的一家专业从事文具连锁店的企业。琦璐开业之时仅仅只有一个10平方米的小门面，以经营小百货为主，靠卖烟酒、饮料、副食等小商品获取微利生存，有时还入不敷出。一个偶然的机会得到了山城超市招租文具门面的消息，琦璐由小巷子里面的小店搬进了山城超市。由于山城超市门面大、地理位置好，人流量也大，琦璐第一个月就盈利，以后月月攀升。

山城超市正处于"青壮年"时期，从渝中区开到了杨家坪，接着又是石坪桥、沙坪坝、观音桥、上清寺、牛头角……连锁店一家接着一家地开，然而这时的琦璐只是刚刚学会走路的孩子，能不能像山城超市那样分店一家接着一家开呢？

这时，琦璐果断地将自己依附在山城超市上，不但吸取他们的管理经验，也吸取他们的管理模式，山城超市开在哪里，琦璐就开在哪里，依托山城超市的发展，琦璐现在已经发展成了拥有30多家连锁店，员工200多人，年销售收入近5000万元。

事实上，琦璐的"依附"行为就像孩子在婴幼时期需要哺育一样，需要不断地吸取营养。如果站在小企业的角度研究企业的发展历程，依附甚至是任何一个小企业发展的必经阶段。小企业审时度势，可依附核心企业，借势生存。小企业也可以接纳大企业转移出的部分产品生产线，在大企业的技术指导和质量监督下，其成品以大企业的品牌包装进入市场，这对于力量薄弱的小企业不失为一种积累实力、谋求生存空间的捷径。

仔细分析发现，不管是小企业依附核心企业的发展模式，还是小企业"借船出海"的营销模式，对大型企业和核心企业来讲，小企业的"依附服务"要么具有附加价值，要么具有分工专业化的收益。所以准确地说，这应该不算是纯粹的寄生，而是半寄生半共生行为。

在琦璐与山城超市的合作中存在一个从寄生到共生的过程。先期，由于琦璐什么也没有，缺乏资金、缺乏管理、缺乏人才、缺乏渠道、缺乏人流量，这时琦璐"合法"地依附于山城超市，不断地学习、不断地吸取，在吸取过程中不断地消化，同时，资金积累了，知识丰富了，业务扩大了，这时琦璐就将自己积累的优势和山城超市共享，形成了共生关系。

在山城超市的发展过程中遇到了困难，琦璐首先帮助解决，原因很简单，一旦山城超市垮了，店面没了，琦璐也就跟着垮了。同理，一旦琦璐有什么困难，供货中断了，山城超市的文具也就空缺了，而以文具为主要业务的山城超市的利润也就枯竭了，所以山城超市也要帮助琦璐解决困难，因为他们是共生的关系，谁也离不开谁。

依附大企业可以制胜，依附市场也可以制胜。近年来，随着高校扩招，每年从全国各地来武汉就读的大学生成了一个庞大的消费群体，越来越多的单位和个体都在争抢这块诱人的大蛋糕。从武汉车辆厂下岗的赵大佑师傅凭着灵活的头脑，依托市郊大学分校集中地，走出了一条"靠校吃校"的经营路子。几年来，尽管只面对大学生，但他择机而变，几经转行，生意越做越大，成了业内闻名的"学生王"，积攒了近百万元的资产。

老赵创业的一个重要体会是：任何消费群体都有它特定的地域性和共同点，是一座挖不完的金矿。"傍"就是立足于根本，发现其服务上的空白点，提供便利，从中盈利。如果能"傍"出"名分"，借船出海，就可以由游兵散勇发展成正规军。

知识链接

"鲫鱼模式"

"鲫鱼模式"是依附创业和与巨人同行战略的具体体现，其本质在于，大企业有通畅的产品流通渠道，有广大的客户群体，就像一条庞大凶猛的鲨鱼，而中小企业无论在资金、技术，还是在人才等方面，都存在着诸多先天不足。如果中小企业能找到与大企业的利益结合点，与大企业结成联盟，就可以有效弥补自身的短板，自然也就可以分享大企业的利润大餐。"鲫鱼战术"对中小企业来说，可借鉴程度较高，是一种有效的赢利模式，是与巨人同行战略的具体表现；而其方法可以多种多样，例如，做代理、做指定供应商、寄生/共生、专卖店/特许经营等，参阅第三章第五节依附创业模式。

在大海之中，鲨鱼是一个十分凶狠的家伙，非常不好相处，许多鱼类都是它们的攻击目标，但有一种小鱼却能与鲨鱼共游，鲨鱼非但不吃它，相反倒为它供食，这种鱼就是鲫鱼。鲫鱼的生存方式，就是依附于鲨鱼，鲨鱼到哪儿它就跟到哪儿。当鲨鱼猎食时，它就跟着吃一些残羹冷炙，因为它会为鲨鱼驱除身体上的寄生虫，所以鲨鱼不但不反感它，反而十分感激它。因为有鲨鱼的保护，所以鲫鱼的处境十分安全，没有鱼类敢攻击它，能够攻击它。这种生存方法和生存哲学，说起来让人十分泄气，但却十分有效。

四、产品领先战略

模式安全指数：★★★★★
持续赢利指数：★★★★★
创新能力指数：★★★★☆

凡是做生意的人都有体会：在市场上先人一步往往左右逢源，灵动异常；滞后一步则步履维艰，困难重重。而先人一步可分为两个层面：一是做在前面；二是想在前面。创业者要突围微利，就一定要是"先知先觉"的人，他们把市场中丰厚的"油脂"蚕食掉之后，给"后知后觉"的人留一杯羹。

小企业千万不要想着做大池塘里的小鱼，一定要做小池塘中的大鱼，因为一些大企业看不上这些小池塘，不愿意跟你竞争，而这正可以成为让你成功获取创业"开门红"的巨大空间。对于小企业来说，如果那些大企业说这个市场前景非常大，将来肯定不得了，那你干脆不要做了。因为一旦被大企业看中的市场，你又怎么可能血拼得了呢？唯一的生存之道就是独辟蹊径，开创自己的独有市场。

在我们的现实生活中，常有一些只得到局部满足，甚至根本未得到满足或正在孕育即将形成的社会需求。这样的需求盲点构成了潜在的市场空间。发现和预测潜在需求，是一项难度极大、艺术性极强的工作。小企业一旦发现前景良好的潜在市场空间，就应着手开发、生产、销售等工作，以迅速建立扩大自己的优势，加固经营壁垒，提高后来企业进入障碍，提高垄断能力，延长中小企业垄断这一市场区隔的时间，以期获得丰厚的经济效益。

1．造就无竞争空间

一位经济学家在飞机场的高档酒店里喝了一杯咖啡，喝完之后一结账，要价98元，经济学家一算，这不是牟取暴利吗？于是对机场的有关部门进行愤怒声讨，一时引发了众多媒体讨论应和，最后结果怎么样呢？一切依然如故，没有丝毫改变。原因就在于，机场、宾馆、游乐场等地方，本来就是高档消费场所，他们拥有独享的资源，你能奈何得了人家吗？反过来看，小企业在创业之初也可以让自己享受到这种独享的暴利，只要可以找到一个属于自己的生存发展空间。

在山东沭河岸边有一个柳编之乡，这里拥有丰富的柳编资源，由于气候和地域原因，这里柳树韧性强、洁白度高、质地优良，是柳编的绝好材料。一家小企业看好这一独特的资源优势，在此投资建厂，投资并不大，但回报丰厚，几年下来利润成倍增长，企业越做越大。

所谓资源独享就是要占有稀缺资源，或开发独家产品，把竞争对手排除在外，建立起买方的独家市场。有了偷不去、买不来、拆不开、带不走、溜不掉的独家资源，谁还能在该市场上胜得过你呢？

个案研究

降 氟 牛 奶

河北沧州乡谣公司是一个奶制品小厂，由于遭遇娃哈哈、乐百氏等大品牌的冲击，销售艰难，处境非常危险。为此，这家小厂专门找到了专家进行分析，专家经过考察后发现，娃哈哈、乐百氏在当地影响很大，要想翻身必须有特别鲜明的独特卖点，否则将很难生存。

通过大量阅读资料，专家们发现，河北沧州是我国最严重的高氟区之一，当地的引用水源含有过量的氟，对人体健康非常不好，很多沧州人得的地方病就和当地的水质有关系，这个资料搞清楚以后，马上跳出一个大胆的想法：能不能生产一种降氟牛奶？只要消费者知道他们的病和高氟水有关，降氟牛奶就有戏！于是乡谣公司马上与北京食品工艺研究所合作，开发具有降氟功效的新产品。乡谣牛奶新产品在沧州一经面市，就在当地引起了较大的反响，公司很快打开了市场局面。

最为关键的是，由于降氟牛奶是只针对河北沧州市的水源情况专门设计的牛奶，因此，娃哈哈、乐百氏这样的大品牌绝对不屑于为了一个小市场而改变产品加工的整个流程。乡谣公司反而乐得在这个小小的池塘中，过起了大鱼的轻松日子。

2. 独有限产模式

独家优势只有独自享用，才能在竞争中取胜，赢得比别人更多的利润，那么怎样才能把独家优势变为自己的孩子，独自享受他的孝顺呢？显然最关键的是利用这种优势，开发出自己的独家产品，做成唯独我有，把竞争对手排除在外，构建自己的独家市场，才能唯"利"是图。毛笔在某些方面的缺陷，或许就是一个潜在的商机，黄季霜恰恰看到了这点。

个案研究

黄季霜草笔——独有限产①

20世纪80年代初，黄季霜还是一名煤矿职工。因为书画特长，每天工作之余写写画画，便成了他生活中最有意义的事情。因为长期使用毛笔，黄季霜发现：毛笔由于不透气，画出来的线条容易发腻，极大地限制了作画人的创造性。于是，他就琢磨，能不能用其他材料制作笔，写完后，既合乎传统的艺术审美理念，同时又富有特色。他辞掉了工作，开始专心做起了草笔的研究工作。九年后，黄季霜终于拿着用草做好的第一支笔，做了一幅画。

草笔制作的成功，让黄季霜兴奋不已，因为事实证明，草笔的使用性能已经远远超出了毛笔。当黄季霜想将其推向市场的时候，他却发现了新的问题：他的草笔从外观上看，和毛笔十分相似，没有明显的个性特征，也就失去了它的卖点。

为了使草笔与毛笔从外观上可以有明显区别，黄季霜又在笔杆上动起了脑筋。最后，他选择了当地特产的一种铁杆草，铁杆草通身泛绿，不论在室内还是强光照射下始终是绿色。

此时黄季霜的草笔已名副其实，因为不仅草笔笔头用的是当地特产的野生茅翎草制作而成，就连笔杆也选用了东北特产的旱地苇杆。草笔的使用性能与外观设计确定后，黄季霜开始营造自己的草笔市场。

黄季霜认为，一个新产品上市，100个外行人说100个好，不如一位专家说一句好，同时专家的评价也是草笔市场价值定位的关键。他首先想到的是中国书协、中国美协的名家们，于是，黄季霜先是拜访了书法大家大康先生，并得到大康先生对草笔的高度赞扬和认可。接着，他又拜访了书画家沈鹏、欧阳中石、李成业、程中元等，无一例外，得到了他们认可。

21世纪初，黄季霜将草笔投放市场后，收到了较好的效果，按说应扩大规模，但他的做法却与常规不同，黄季霜不但不去扩大生产规模，却常常有意识地限制草笔的生产数量。他深谙物以稀为贵的道理，大批量生产，势必导致质量不稳定和价格的下滑。

黄季霜之所以能够成功地运作这种销售方法，原因在于他实施之前就已经为草笔申请专利，从而才能自如地限制草笔的生产数量。现在尽管草笔的市场价格远远高于毛笔7~8倍，卖到160元一支的高价，但产品仍然供不应求。

这里的独创产品是指具有非同一般的生产工艺、配方、原料、核心技术，又有长期市场需求的产品。鉴于该模式的独占性原则，掌握它的企业将获得相当高的利润。比如祖传

---

① 辛保平，程欣乔，宗春霞. 步步为赢：高效突破创业7关[M]. 北京：清华大学出版社，2006.

秘方、进入难度很大的新产品等。

独创产品模式是产品领先战略的具体再现，实际上也是很多创业企业在创业之初可以大力借助的模式，"独创"的魅力所能带来的高额利润早已不是什么秘密。但是独创产品模式并不是进入利润区的"万能钥匙"，它也有很多局限性。

第一，因为独创，即意味着"前无古人"，所以往往需要很大的研发费用和很长的研发时间。

第二，因为独创，即意味着市场认知度不高，也即意味着打开市场，获取市场认同需要花更多的钱。

第三，尽管你事前可能做过很细致的调查，但一个独创产品在真正进入市场之前，是很难测度市场是否最终会接纳它的。常常发生的一种情况是：你花了很多钱，花费了很大的力气拿出了产品，结果却不获市场认同。这样，你所有的投入就都打了水漂。所以说，依靠独创产品打市场具有很大的风险性。

第四，由于对产品缺乏细致的了解和认知，国家有关部门很难对某一种独创性产品提供完善的保护，生产者将面临着诸多带有恶意的市场竞争，这种竞争经常会使始创者陷入困境。

保护和延长独创性产品的生命周期，延长利润产出周期的办法有如下几种。

（1）提高专利意识，积极寻求国家有关部门的保护。

（2）增强保密意识，使竞争者无隙可乘。

（3）进行周期性的产品更新，提高技术门槛，使后来者难以进入。

（4）使企业和产品更加人性化，增强消费者的忠诚度。

（5）有饭大家吃，在产能或投入不足的情况下，积极进行授权生产或技术转让，让产品迅速铺满市场，不给后来者机会。这一点，一般不为经营者所注意，但却是一种十分有效的办法。

五、跟随制胜战略

模式安全指数：★★★★

持续赢利指数：★★★

创新能力指数：★★

策略跟进即强者跟随，与"跟风"的盲目性、哪里热闹就往哪里钻不同。策略跟进需要经营者对自己做出正确评估，并分析清楚自己的优势、劣势之后，对未来走向做出判断。

跟随战略与前面讲的抢占先机、产品领先战略各有利弊，并不存在哪个更好的问题，重点在于分析什么情况适用抢先机、产品领先战略，什么情况适用跟进策略，以及如何运用这些不同的战略，如此更有意义。

台湾企业的经营管理概念中，有一种叫"老二哲学"的说法，就是不做第一，不做第三，而只是紧紧跟在排名第一的后面做老二，瞄准机会再冲刺第一。或许是暂时不愿做"出头鸟"，或许是想挂在后面搭个便车，但最终是没有一家会甘居第二的，"老二"也只是个过渡。创业者在创业之初，要学会做"老二"。事实上，会做"老二"并非真的是甘居人后，而是可以从做"老二"中尝到更多的甜头，从而使自己的创业在一开始就可以借"蹭车"获得利润。

1. 找对"火车头"，学会"蹭饭"

不做火车头，就是人无你有的不要做。有一个最典型的例子，万燕是做 VCD 行业的龙头，但最后钱都让步步高、爱多他们赚了。当年万燕花了大把的钱，告诉消费者：VCD 是好东西。直到市场培育好了，大家都知道 VCD 是个好东西时，步步高、爱多出手了，建立自己的品牌，完善自己的营销网络，再把价钱降下去，成功了！万燕呢？一把鼻涕一把泪地当"革命先烈"去了。

生存第一，对于小企业来说，"慢半拍"才是捷径。比如一个投资 12 万元的餐饮店，"硬件要上水平""服务要领先"，而且要"全方位导入企业形象设计"，这种"星级酒店水平"对它合适吗？一家年销售十几万元的初创企业，有人建议它技术领先，成立"单片机"研究开发部门，申请 ISO 国际质量认证，要知道这个公司目前连个专业技术人员也没有。一个市场，10 年以后的前景被描述得非常好，问题是你怎么让这个企业挺过这两三年？

眼下，不少企业者认为开发新产品应采取"先人一步"的战略，此种先发制人的举措无可厚非，而"步人后尘"者则不应视为落伍者。这类"落伍者"之中，大多是处于创业之初的中小型企业，他们在开发新产品中，由于受到资金、技术力量、人才储备等诸多因素制约，新产品开发艰难，很难尽快形成生产规模效应，这些也正是他们所苦恼的和刻意加以解决的难题。而有些小企业本无"先人一步"的能力，也拼命向前冲，不仅新产品开发没有形成气候，投入市场后难免存在各种问题，结果使企业处于困境。"先人一步"必须具备一定实力方可行事，"慢人半拍"也非无能，尤其是那些技术力量单薄、资金不雄厚、技术人才缺乏的初创企业，更应令企业当家人三思而后行。

对于那些创业者来说，在开发新产品时，创造较好的经济效益关键不在先人一步和慢人半拍，而在谁抓准了、抓住了开发新产品的"时间差"，打出好的"落点"，从别人产品中吸取优点和长处，不断改进自己的缺点和不足，扬长避短，在市场上也能唱响后发制人的好戏。也就是说，小企业不做火车头，却一定要找对火车头，也就是找对新兴的市场。对于创业企业来说，准确寻找火车头，就意味着准确寻找到利润的方向，并且可以及时搭上这趟列车去迎接"开门红"的到来。

请客吃饭，来的人中通常有两种：一是应邀前来的；另一种是硬要前来的。初创的小企业，要资金没资金、要技术没技术，因此在品尝市场大餐时，很少能够被"邀请"。不过，这并不意味着这顿饭就吃不到嘴里。在大企业"应邀"时，小企业学着"蹭顿饭"也未尝不可。而且还别小看了这"蹭饭"，小企业专门为这顿饭而去，就只管埋头吃饭，到最后吃到嘴里的反而比大企业还要多。

个案研究

别样红蹭了红牛的美餐

山西别样红饮料就曾经踏踏实实地蹭了一顿美餐。红牛饮料刚刚进入山西市场时，整个市场中使用金罐子的饮料只有红牛一家。由于红牛强大的广告攻势和相对偏高的价格，因此在山西消费者心目中形成了一个概念，用金罐子的饮料都比较高档。此时别样红抓住了这个机会，也使用金罐子包装上市，马上给当地消费者造成一种视觉冲击，认为别样红和红牛一样，都是高档饮料。其结果就是这样，别样红节省了一大笔费用，并迅速敲开了市场的大门。

现在我们可以明显地看到，身处一个明星当道的时代中，只有明星特别是全球明星，才能在竞争激烈的社会中拥有更多属于自己的利益。迈克尔·乔丹只有一个，第二名，尽管天分可能相差无几，但也只能拿到1/10甚至1/100的收入。日益发达的交通和通信设施，和正在成熟的网络经济时代，正在改变人类的生存状态，也使得企业间的竞争变得越来越残酷。第二也好，第三也好，只有找出路、先生存，才可能再谋发展。毕竟登上塔顶浪尖的企业少之又少，对于大多数公司来说，在第一、二名的光环外找到自己的生存空间，无疑是更现实的解决之道。

2. "市场、技术、品牌"三跟随

《孙子兵法》曰：不战而屈人之兵，乃上策也。技术创新"跟着走"（技术跟随）便是不战而屈人之兵的上策。近年来，我国一些企业在技术创新中，也开始使用这一策略。日本索尼公司在不久前曾向外界公布了一个秘密，带给我们很多启示。过去，索尼在研发上投入很大，但往往只开花不结果，花了九牛二虎之力将新产品推出后，别的公司却每每已经掌握了相关技术，所以，索尼公司成了冤大头，为他人做嫁衣裳。

为此，索尼公司改变了策略，紧跟市场，待别人推出新产品后，索尼马上研究其不足，通过进一步的技术创新，开发并迅速推出其第二代产品，在性能、价格、设计等方面都优于对方的第一代，结果取得了"青出于蓝而胜于蓝"的技术创新和市场竞争效果。显然，这种"跟着走"的技术创新策略是相当巧妙的。它所具有的"螳螂捕蝉，黄雀在后"的市场竞争之利也不言而喻。

技术创新"跟着走"虽然是条捷径，但也并非是一蹴而就的易事，他要求"跟着走"的信息一定要灵，动作一定要快，否则，就会跟不上。我国的国产手机，也曾采取在发达国家同行后"跟着走"的技术创新策略，但由于在跟踪的过程中犯了大公司病，反应迟缓，动作不快，结果产品出厂时已届市场饱和点，致使事倍功半，留下了长久的遗憾。这一教训十分深刻。小企业在实施"跟着走"策略时应该认真吸取。

对于创业者来说，不仅是技术创新，还有品牌战略，也要学会做"老二"（品牌跟随）。"老二"如何制订和发展自己品牌战略并建立品牌竞争优势，则需要综合审视自身实力、竞争者情况以及市场变化。

首先，"老二"应心明眼亮自身品牌在市场的地位以及在顾客心目中的位置，再针对"老大"相对较弱的环节，确定相应的进攻战略，进行有足够攻击力的产品、服务、渠道创新，并实施整合广告营销传播，向"老大"发起一场卓有成效的品牌竞争战役，从而赢得顾客，赶上甚至超过"老大"品牌的认知度、美誉度及客户忠诚度。从百事可乐挑战可口可乐的佳绩、佳能在复印机市场超越施乐，以及电脑行业戴尔的崛起，我们看到了"老二"们的希望。

创业者学会做"老二"并不是目的，而是一种手段，目的是为了成为"老大"。不积跬步，无以至千里；不积小流，无以成江河。创业者不学会"扫一屋"，就难以顺利地"扫天下"。学会做"老二"，是一种现实选择，是生存的需要。有限的资金，捉襟见肘的实力，技术及人才资源的不足，创业者如果不学会做"老二"，被雄心勃勃、豪情壮语、大干快上的"创业激情"冲昏了头脑，无疑是不自量力，"以卵击石"。学会做"老二"，是一种经营谋略，"上兵伐谋"就是这个道理。

个案研究

姜贵琴的成功跟随[①]

20世纪90年代中，姜贵琴到城里的亲戚家小住几日。看到副食店中卖酱鸭翅的柜台前竟然排着长长的队伍。亲戚说，酱鸭翅就是姜贵琴所在的郊区县里一个小工厂生产的。一连几天，姜贵琴每每经过这家副食店，就会看到那条排队的长龙，而且经常是晚到的人买不到。

姜贵琴看着别人像开印钞机一样赚钱，很羡慕。她也想照着做。但是，她很清楚虽然自己能吃苦、肯学习，可最大的弱点是对市场一窍不通，而且市场敏感度差，又没有过丁点经营管理的体验。这些都是做生意忌讳的事。

于是，她就找到了这个小厂子，软磨硬泡、托人送礼进了厂子，当了一个车间工人。姜贵琴一共工作了两个月，白天将小厂的货源、制作工艺、酱料的调配、送货渠道摸了一清二楚后，晚上再回家偷偷试着制作。终于等她将自己的酱鸭翅调弄的差不多了，请来品尝的人都说好后，她马上辞职回家，开始着手准备自己生产。

这家厂子不是做得很好吗？不是已经在城里打出名气了吗？不是已经有了现成的模式了吗？干脆在创业时全部向该厂看齐。该厂从哪里进鸭翅，她就去哪里进，这样可以保证原料品质和该厂一致；该厂生产的酱鸭翅味道是什么样，她也向着靠拢，这样可以缩短消费者认知的过程；该厂在城里的哪个街道铺货，她就尽量选同一个街道的另一家副食店，这样可以省下了自己开拓市场的成本；唯一不同的是她总比这家厂晚一个小时送货，这么做的目的，是为了告诉这家厂，自己仅仅是一个无关紧要的尾随者，不会因此而对她加以防范，甚至采取破坏性举动。

跟进的结果使她的创业过程特别省心、顺利。由于很多人想买而买不到，所以姜贵琴这种跟着铺货的方式正好让她捡了一个漏，省下了她开拓市场的成本。最关键的是，那家厂厂长知道后，根本没放在心上，还和姜贵琴开玩笑说："你就跟着吧，我们吃肉，也不能拦着你喝碗汤啊。"

看到对方根本没把自己的小作坊放在眼里，姜贵琴心里踏实了。开始时，她每天只送一家，后来慢慢发展到5家、10家，不到一年的时间，只要是这家厂在城里选的销售点，走不出二三百米就一定可以找到姜贵琴的酱翅售卖点。仅仅一年时间，姜贵琴靠跟在人家后面卖酱鸭翅赚了17万元。

---

① 程欣乔. 八种创业赢利模式——创业赢利模式：鲫鱼模式[J]. 科学投资，2004（6）：16-20.

后来，那家厂又开始增加一些类似酱烧鸭掌、酱烧鸭头等其他产品，姜贵琴并没有马上跟进。她知道跟在后面的人最大优势就是在后面能清楚看到前面所发生的事情，以及这些事情所带来的后果。所以，她交代送货的伙计，让他们每天送完货后不要马上返回，一定要等到该厂的售卖点商品卖完后再回来，晚上再统一向她汇报"侦察"的结果。例如，哪些售卖点是最先上新产品的、哪些新产品畅销、哪些新产品不太受欢迎。

姜贵琴将伙计们的反馈一一记在小本子上。等到该厂的新产品销售半个月之后，姜贵琴才考虑是否要增加新品种，先增加哪些品种，增加的品种先送到哪个售卖点。就这样，不紧不慢地跟在该厂的后面，姜贵琴轻轻松松地发着自己的财。

到 20 世纪末，姜贵琴最初依靠一口锅开出的酱食小作坊已经发展得与那家厂不相上下。她开始小规模地着手拓展那家厂以前没有铺货的街道和社区。此时她也已经琢磨出了一种新鲜的酱料，生产的鸭翅味道更香浓。但是，她并不急于将这种鸭翅推向市场。她一边等待时机，一边继续研制着新品种。

1998 年春节前，姜贵琴的资金积累已经达到了将近 50 万元，新厂房也已经竣工，而姜贵琴对市场销售渠道、销售环境等更是烂熟于心。她准备发力，一举超过那家厂。

农村很多厂在春节期间都给工人放假，停止生产，姜贵琴则将厂里的工人组织到一起让他们加班，每天多付 3 倍的工资，当天的加班费当天就结清，年三十加班每人再另发 500 元奖金。同时，姜贵琴又将那家厂放假回家的工人招来了 15 个，承诺在放假的这段时间里，每天的工资是那家厂的 2 倍。从阴历腊月二十到正月十八，姜贵琴将产量提高到平日的 5 倍，产品品种由 5 种增加到了 11 种，其中不但有老品种，还新增了她自己研制的新品种。同时将送货的时间进行了调整，不但每天下午的送货时间提前了整整两个小时，而且还专门增加了一次上午的送货。

春节期间是副食消费的旺季，大家无事在家，亲朋好友难免要喝点酒助兴，而姜贵琴生产的酱货成了最好的下酒菜。春节前后短短一个月，姜贵琴工厂的利润相当于平时的 6 倍还多。而那家厂等春节后再恢复生产时，发现顾客都跑到姜贵琴那边去了。

如今，姜贵琴当初紧跟的那家厂，早已不是姜贵琴的对手。现在姜贵琴盯上了城里的一家酱食连锁店。她悄悄地跟到后面，慢慢地积蓄力量，等待时机成熟时一举超越。

案例解读

在马拉松比赛中，经常可以看到运动员会形成"第一方阵"和"第二方阵"。一个有趣的现象是：最后取得冠军的往往是开始居于"第二方阵"的运动员。因为"第二方阵"的运动员在大部分赛程中多处于"跟跑"的位置。所以可以清楚看见第一方阵运动员的一举一动，并根据其变化很好地安排赛程，调整自己的节奏。

另一方面，作为"第二方阵"的成员，他们所承受的心理压力也相对较小，又因为一直处于引弓待射、蓄而不发的状态，积蓄的体能有利于在最后冲刺阶段爆发。所以，"第二方阵"中的运动员获得冠军并非偶然。

姜贵琴在创业的过程中重复了马拉松比赛中经常发生的这一幕：在成长的道路上，瞄准一个目标，紧跟其后，时刻关注对方的一举一动，学习她的长处，寻找其弱点，等待时机成熟时一举超越。

甘居人后是大赢家的制胜谋略。前面的最怕有人超过他，因此也最痛恨紧跟其后的人，甚至会不惜一切手段打压后者。这时，如果你懂得"示弱"，表现出不能也不想和前面对手竞争的态势，对手就可能放过你，而且可能反过来帮你。姜贵琴总是比对手晚一个小时送货，希望传达的也就是这样一个信息，即：我所追求的仅仅是你们剩余的空间，根本无心也无能力与你们抗争。因此从一开始对手就没将她放在眼里。这给了姜贵琴成长的空间和时间，使她能够在对手的眼皮底下悄悄地壮大。

从策略上讲，"跟跑"实际上是压缩投入成本的最好方法。姜贵琴可谓是将"跟跑"策略发挥得淋漓尽致。第一，她不用费心地去考虑市场环境，消费者爱好什么，厌弃什么，因为对手已经为她做了这一切。初出道者因为经验不足，对于市场的需求往往把握不住，采取观望态度，审慎地注视对手的一举一动，进行跟随，是一种明智的策略。

像姜贵琴，她只需要跟在对手身后，对手在哪里卖得火，她就在哪里卖；卖的同时，讲究策略，丝毫不引起对手的注意。姜贵琴巧妙利用了前者开拓的市场，一步就跨越了新产品上市消费者所需的认知过程，将风险降到了最低，节省了大量市场开拓的成本，同时也减去了产品反复试验所带来的损耗，相应提高了利润。

第二，在实力逐渐累积之后，如何策略地攻占对方市场也有大讲究。这表现出了姜贵琴富于心计的另一面。在与对手发展得旗鼓相当时，她先采用侧面迂回的方法，在对手尚未来得及涉足的市场试水，利用开拓新市场空间的办法，在实力不济或尚未有完全把握争胜之时，避免与对方在有限市场空间里正面交锋。等到时机成熟，再进行强力反扑。因为蓄势而来，待机而动，对手根本无还手之力。

从利润角度讲，"跟跑"者向来比跑在前面的要省力，因此利润率也相对要高。在商业活动中，每一个商业行为都有成本的代价，拣取胜利果实等于将成本最小化了，从而也就等于获得了最大化的利润。

"跟进"哲学是一种应变哲学，绝不是懦夫哲学，甘当"第二方阵"目的在于在次位上充分谋求利润，避免自身劣势，充分发挥优势。

六、服务制胜战略

模式安全指数：★★★★
持续赢利指数：★★★★
创新能力指数：★★★☆

所谓服务制胜，说白了就是一种感动消费者的服务。以商品为道具，围绕着顾客，创造出值得顾客回味的活动，通过触及顾客的心灵共鸣来实现。这其中，商品是有形的，服务是无形的，新创造出的服务过程体验是顾客难忘的。当顾客的体验超过顾客的期望时，顾客才能感动。因此做好感动服务可以从三个方面考虑：第一，顾客没想到的，企业为顾客想到、做到了；第二，顾客认为企业做不到的，企业却为顾客做到了；第三，顾客认为企业已经做得很好了，企业要做得更好。

在微利时代，资源是有限的，甚至是相同的。对创业企业来说，怎样运用资源将直接影响到企业的获利能力。换句话说，在赢利模式的设计上，"有限的资源"是一个边界条件，谁能把有限的资源放在最有效的地方，谁就能从微利中突围，甚至胜出。

在市场上,我们经常发现一些企业的产品,甚至知名品牌的产品,其性能和质量都很好,价位也合理,但行销效果却不理想;而一些同类型的产品,却能吸引顾客,走俏市场。对此市场专家研究认为,产品的行销效果,除了与自身的质量与性能等因素相关外,其附属特质对产品的行销起着重要的诱发作用。产品附属特质的有效发掘,并不是所用企业经营者都能做得到的,只有那些有心的人时时追踪与评估目标消费者的需求与产品的特质之间的动态组合,才能设计出理性的产品行销策略。通常情况下,这一招只要指对了地方,不但可以让消费者很痛快地掏腰包,也可以使企业利用这种超值的服务突破微利的包围。

1. 服务创造新利润

一个产品的价格,实际是由"生产成本+附加值"构成的。为什么同类型的产品,如手表,有的价值仅几十元,而有的却可以卖到数万元?而同样工艺质量的产品,如西装,有的仅仅卖到 800 元,也有卖到 2000 元的?这其中就是"附加值"起着关键的作用。产品的"附加值",既可以是核心技术,也可能是品牌信誉;既可能是经营手段,也可能是企业文化。

如果不做任何的限定,通过"附加值"给产品增值的方法,可以说非常之多,如开发自己的核心技术、培育顾客对品牌的美誉度、细分市场带来的差异化服务等。然而,社会和市场发展到今天,人们发现原来所能用的方法,在今天似乎已经非常艰难了。现代企业的生产和管理技术水平,已经使企业间在产品实体方面的差距缩小到了可以忽略不计的程度,能够取得差异优势的只能是产品销售过程中的服务范围和质量。

在今天,我们已经不知不觉地进入了后物质时代,消费者已经越来越关注个性化的服务。对于这样一种变化,制造业远不如信息业这一新兴产业敏锐,似乎反应得很迟钝。也许空调业能够让我们看到这种迟钝。空调产品的同质化已是不争的事实,为了使同质化的产品尽快获得消费者的认可,空调企业不是从提供个性化的"服务"入手,而是打起了昏天黑地的价格战,或是认为消费者是弱智,绞尽脑汁地编制着各种各样的、天方夜谭式的新名词和新故事。

以"服务"作为产品附加值,会让我们看到现在竞争环境下,"服务"是多么的重要无比。传统的纸箱包装业,已经几乎是透明的、没有秘密可言的行业了。然而,沿海的一家纸箱企业,却用"服务"做出了高利润。一家需要做五层瓦楞纸箱的企业,带着他们自己的技术设计,找到了这家纸箱企业。但经过分析他们发现,客户自己设计的这种包装箱存在缺陷。这并非是无意中发现的,而是他们把给客户的"服务",提前到了企业的第一道工序——设计!为客户的服务从设计就开始了。

此时,他们并没有为了短期利润而照单生产,而是派专人到客户那里进行实地调研,得出的结论是用五层纸箱并不是理想的选择,相反,由于包装设计的性能指标及成本都已经超过了实际的需要,反而造成了不必要的浪费。他们对客户提出,把原来五层瓦楞纸改为三层,并使用国外高强瓦楞原纸在进口生产线上生产的建议,这样既满足了客户的要求,节省了包装成本,又同样为企业带来利润。这样一个由"设计服务"引出的建议,不但产品以优质的性能获得了客户认可,同时使用户的纸箱包装成本降低 30%。

他们不仅仅是把设计变成了服务,而且把"技术"也变为了"服务"。把技术变为服务的关键点，就是要找到满足客户需要的技术，为客户提供优质的服务，从而也使自己有更大的市场占有率。他们对企业的一条柔印生产线进行了改造后，使之能生产出"高清晰彩色柔印瓦楞纸箱"，印刷效果可与胶印机效果相媲美。这是一种不但能提高客户产品包装精美程度，同时也能使企业的纸箱包装成本大幅降低的技术。结果是不言而喻的。

以"服务"作为产品的附加值和主要竞争手段，并非是权宜之计。今天的市场竞争环境，已经是拥有核心技术越来越难、生产环节渐趋同质、生产缝隙越来越少、竞争手段渐趋透明；企业的理念，也已经由"我生产什么、你就买什么"，进入到了"你需要什么、我就生产什么"的阶段。现在和将来，企业最主要竞争的手段，最有可能是"服务"，而不是其他什么。

2. 超级服务，超级利润

超值服务，顾名思义就是在对消费者的购买动机进行探讨和研究后，从而发觉消费者的消费习惯，并创造他们想得到的价值。说来令人难以置信，一种名为比萨饼的意大利快餐在必胜客被卖到了60元一块，再大一点的120元一块。这些比萨饼不过是九寸餐盘大小的大饼，加上鱼、菜、肉沫烤制而成。如此昂贵的饼却依然要天天排长队等座位，为什么？

在必胜客享受比萨饼处处体现一种温馨的异域情调。选择比萨饼，无论中号小号，可以一张饼要两种口味。买了饼，你可以在那里泡上半天，体味居家休闲的气氛。若是打包，一个纸盒，中间还有一个托架，既保温又不致使饼与盒子粘到一块，而且外表像一个精致的装饰品。美国必胜客在中国的总代理称这是"一本万利"的赚钱秘诀。所谓"本"不是做生意的"本钱"，"利"也不是利润的"利"，而是一个以顾客为上帝的"基本"的服务模式被一万次地"利用"。

可见，这种超值服务套餐的理念很值得商家们研究。虽说现在是微利时代，生意越来越难做，有人甚至戏言"一台电脑现在只有一把大葱的利润"，但缘何必胜客的比萨饼就能一块卖到60元，还顾客盈门呢？市场研究人员们通过调研发现，引发消费动机、产生消费行为的产品特质，可能是产品本身或者包装的一部分，也可能与产品没有关系，而是与消费者购买产品的体验有关。

对创业企业，超值服务是突围微利竞争的良方，特别是对于没有树立自己品牌，尚未形成自身市场的产品来说，超值服务所起到的作用是在原有成本不增加或仅仅少许增加的情况下，以更为贴心的服务观念赢得消费者的青睐，并且脱离原先的微利竞争环境，从而达到利润的成倍增长。

个案介绍

小小喜糖做出大名堂①

余根川是一名下岗工人，经过多方考察和调研，看中了婚庆喜铺这一新兴的行当。卖喜糖并没什么特别的，而且当时市场中喜糖的利润极低。要想从微利中突围，就要在喜糖

① 辛保平，程欣乔，宗春霞. 老板是怎样炼成的[M]. 北京：清华大学出版社，2005.

的服务上打打主意。"喜糖的包装决不能马马虎虎。"在这方面余根川也是很有心计的。他用晶莹剔透的玻璃瓶把喜糖一瓶一瓶地包起来，搁在灯光灿烂的玻璃柜上，这些喜糖顿时美得像装饰品一般。余根川就像嫁女儿一样，把"花嫁喜铺"里的每一种喜糖都打扮得漂漂亮亮，难怪顾客看到这里的喜糖都会爱不释手。

　　而最为关键的就是喜糖的外包装盒就像"嫁衣"一般重要，目前"花嫁喜铺"经销的喜糖已有 100 多款造型别致的包装盒，但余根川并不满足。他发现，糖果生产厂家提供的原包装虽然都很漂亮，但里面的喜糖品种太单一。于是他就想到自己配糖，这就需要从社会上采购外包装盒，但从社会上采购来的外包装盒款式又比较落后，且由于没有印上喜糖的生产厂家，顾客信任度较差。于是他就自己设计了几个喜气洋洋的款式，糖盒上不仅有"花嫁喜铺"的店址电话，还有一句独具匠心的"借问糖家何处多，嫂嫂遥指潮王村"。这样一来，"花嫁喜铺"便有了自己独特的定配喜糖。

　　【点评】

　　换个包装就可以财源滚滚，这可绝对不是什么歪点子或突发奇想的结果。早在 20 世纪 70 年代初期，百事可乐公司针对消费者购买与可乐类饮料相关的情况进行了仔细的研究。他们惊讶地发现，消费者购买碳酸饮料的数量，并非以口味喜好而定，而是根据数量上合适、重量上能带回家多少而定。由此，百事可乐公司认为，重量是影响消费者的一项重要特质，因此决定用塑料瓶代替玻璃瓶，以多瓶包装代替 6 瓶装的方式，挑战市场的领导者可口可乐。百事可乐换新包装的做法，在那个时代取得了极大的成功。

　　"花嫁喜铺"靠的也正是仔细观察、创意性地思考消费者的购买行为。分析产品附属特质的发掘路径，主要有以下方面：找出消费者的其他需求，消费者购买的是商品的使用价值；分析消费者的购买方式；观察消费者使用产品的情形。

第四节　制胜战略：商业模式设计

　　从起点出发，受尽苦难周折，却又回到起点。这是很多创业企业面临的最大困扰。是什么原因导致大量的创业企业甚至连进入利润区的大门都找不到呢？《科学投资》历时数月，对多年建立的创业企业案例库中的数百家企业进行统计，得到了这样一组数据：在创业企业中，因为战略原因而失败的只有 23%，因为执行原因而夭折的也只不过是 28%，但因为没有找到赢利模式而走上绝路的却高达 49%。

　　商业模式，也称赢利模式，是近年来企业界和学术界经常谈论的一个话题，也是挂在创业者和风险投资者嘴边的一个常用词，是在投资决策时非常关注的要点之一。几乎每一个人都确信，有了一个好的商业模式，成功就有了一半的保证。那么，到底什么是商业模式？它包含什么要素，又有哪些常见类型呢？

一、商业（赢利）模式的含义

　　所谓商业模式，说白了就是企业通过什么途径或方式赚钱？换言之，就是企业赚钱的方法，而且是一种有规律的方法。它不是那种东一榔头、西一棒槌的打游击，更不是抖机灵。它是这样一种东西：能够在一段较长时间内稳定维持，并为企业带来源源不断的利润。

饮料公司通过卖饮料来赚钱；快递公司通过送快递来赚钱；网络公司通过点击率来赚钱；通信公司通过收话费赚钱；超市通过平台和仓储来赚钱等。只要有赚钱的地儿，就有商业模式存在。

随着时代的发展，会不断地迸发新颖甚至是新奇的商业模式，草根创新英雄会崛起。例如，在当今大数据时代，消费互联网的商业模式是以"眼球经济"为主，即通过高质量的内容和有效信息的提供来获取流量，然后通过流量变现的形式，最终形成完整的产业链条。

商业模式或曰赢利模式，就像人体的血管。血管有毛病，血液通行就不可能顺畅，一个人就不可能活得健康、舒适。企业也一样，没有一个合理的商业模式或曰赢利模式，不管你这个企业名气有多大，多么能折腾，你所能做的，也只是苟延残喘。对于企业经营者来说，这是一件多么痛苦的事！

企业赢利有没有规律可循呢？答案是肯定的。经过对大量案例和对众多成功创业者的走访，发现在企业战略与企业运营之间存在一个容易被人忽视的规律。这个规律就是企业的赢利模式。寻找到这个模式，并根据企业自身的情况进行改造，企业就可以找到自己的赢利点，摆脱不死不活的局面。

📝 身边的故事

究竟什么是赢利模式呢①

有一个故事可以给大家启发：一只猴子在四处寻找食物。他从一个岩石的间隙中看到在岩石那边有一棵结满果子的果树。于是拼命想从岩石狭小的间隙中钻过去。如果对于猴子来说，岩石那边的果实是它渴求的利润，猴子会怎么做呢？它选择的是意志坚定地一直使劲钻，身体都被岩石磨破了好多处。因为劳累和饥饿，猴子瘦了。就这样，在第3天时，它竟然很轻松地钻了过去，并美美地吃上了果子。等树上的果子全部吃完后，猴子准备继续寻找食物，这时他才发现，因为太饱了，它又钻不回来了。这只可怜的猴子因为没有找到赢利模式，结局一定是很悲惨的。因为，当它终于饥饿、疲惫地从岩石的间隙中钻出来后，它甚至已经无力再去寻找新的食物了。其实它可以选择这样的赢利模式：在自己辛苦钻过去后，把果子先搬到岩石的那一边，然后再钻出来，边吃边寻找下一棵果树；他也可以叫一个小一点的猴子钻过间隙，把果子运出来一起分享。显然，赢利模式不同，结果就会天壤之别。

商业模式是一个比较新的名词。尽管它第一次出现在20世纪50年代，但直到20世纪90年代才开始被广泛使用和传播。今天，虽然这一名词出现的频度极高，关于它的定义仍然没有一个权威的版本。目前相对比较贴切的说法如下。

商业模式是一种包含了一系列要素及其关系的概念性工具，用以阐明某个特定实体的商业逻辑。它描述了公司所能为客户提供的价值以及公司的内部结构、合作伙伴网络和关

---

① 程欣乔. 八种创业赢利模式——创业赢利模式：鲫鱼模式[J]. 科学投资，2004（6）：16-20.

系资本等借以实现（创造、推销和交付）这一价值并产生可持续盈利收入的要素。

李振勇[①]为商业模式下的定义：为实现客户价值最大化，把能使企业运行的内外各要素整合起来，形成一个完整的高效率的具有独特核心竞争力的运行系统，并通过最优实现形式满足客户需求、实现客户价值，同时使系统达成持续赢利目标的整体解决方案。

人们在文献中使用商业模式这一名词的时候，往往模糊了两种不同的含义：一类作者简单地用它来指公司如何从事商业的具体方法和途径；另一类作者则更强调模型方面的意义。这两者实质上是有所不同的：前者泛指一个公司从事商业的方式，而后者指的是这种方式的概念化。后一观点的支持者们提出了一些由要素及其之间关系构成的参考模型，用以描述公司的商业模式。

商业模式是一个非常宽泛的概念，通常所说的跟商业模式有关的说法很多，包括**运营模式、赢利模式、B2B 模式、B2C 模式、"鼠标加水泥"模式、广告收益模式**等，不一而足。商业模式是一种简化的商业逻辑，依然需要用一些元素来描述这种逻辑。

二、商业模式设计方法

出海需要船，同样，设计和完善企业商业模式，需要借助有效的分析手段。商业模式的五大要素：① 利润源即企业顾客；② 利润点即企业提供的产品或服务；③ 利润渠即产品或服务的供应和传播渠道；④ 利润杠杆即生产产品或服务的内部运作；⑤ 利润屏障即保护产品或服务的战略控制活动等。商业模式就是以上述五大要素的某一至两个要素为核心，五大要素相互协同的价值创造系统。无论是设计还是完善企业商业模式，都必须遵循商业模式设计完善的五步法。

第一步，界定和把握利润源——顾客。

企业利润源是指购买企业商品或服务的顾客群，它们是企业利润的唯一源泉。企业利润源及其需求的界定，决定了企业为谁创造价值。企业顾客群分为主要顾客群、辅助顾客群和潜在顾客群。好的目标顾客群，一是要有清晰的界定，没有清晰界定的顾客群往往是不稳定的；二是要有足够的规模，没有足够的顾客群规模企业的业务规模必然受到局限；三是企业要对顾客群的需求和偏好有比较深的认识和了解。

设计商业模式的时候，首先需要分析顾客需求，目的就是要为产品寻找能够比较容易呈现价值的顾客群。一般来说，企业赢利的难度并非在技术与产品端，而主要还是在顾客端。有时纵然是把握好企业顾客的一点点需求，也可能产生巨大的顾客价值。

在复印机行业，施乐公司的利润源主要是大型企业与专业影印公司，因此他看不到个人客户对于影印便利的需求，所以失去开发桌上型复印机的先机。佳能在资源规模上无法与施乐竞争，因此采取差异化策略，重点对个人客户这一利润源进行了系统分析和研究，根据个人客户的价值需求，发掘尚未被满足的特殊顾客群，最后才导致开发简便型桌上复印机的创新构想。

---

① 李振勇，中国创新商业模式理论体系建立者、中国成功商业模式设计系统创始人。清华大学、北京大学、浙江大学、武汉大学等 EMBA/总裁班课程教授。主要著作有《商业模式：企业竞争的最高形态》等。

佳能在 1976 年推出简便型桌上复印机，这项新产品的技术创新程度较为落后，不但影印速度慢，影印品质不佳，提供的影印功能也极为有限。不过在顾客看来却是一项能带来重大价值的成功产品，因为它能提供经理人与个人工作者在工作上极大的方便，这些顾客不需要为影印一页文件，专程跑到影印中心，只需要简单的操作，在家中或个人办公室中即可满足影印需求。

如果商业模式无法找到相对明确的顾客需求，那么这项新事业将会遭遇无法创造利润的潜在风险。利润源不清晰，也就是企业顾客和顾客需求不明确，是导致企业商业模式不健全的首要原因。

大量经营实践表明，设计和完善商业模式时，分析和把握顾客需求，并寻求产品在市场中的最佳定位，是设计商业模式的一项首要工作。

第二步，不断完善企业利润点——产品。

利润点是指企业可以获取利润的、目标顾客购买的产品或服务。利润点决定了企业为顾客创造的价值是什么，以及企业的主要收入及其结构。

好的利润点是顾客价值最大化与企业价值最大化的结合点，它要求：一要针对目标顾客的清晰的需求偏好；二要为目标顾客创造价值；三要为企业创造价值。有些企业的产品和服务或者缺乏顾客的针对性，或者根本不创造利润，就不是好的利润点。

微软的商业模式是国际公认最为成功的商业模式，但回顾微软不断完善企业利润点的历史，就会发现微软并不是一开始就能设计出具有竞争力的产品。看一看微软开发图形操作系统就会发现，根据顾客的需求对产品持续改进是微软商业模式的竞争力所在。

当微软推出 Windows 1.0 时，这个产品比数字研究公司的 GEM 图形用户界面好不到哪儿去。只有在 1990 年 Windows 3.0 发布时，微软才拿出了内存管理方面的改进成果，从而可以让用户利用 286 和 386 微处理器的能力。1993 年微软又用了另外三年时间改进了与 Windows 95 界面类似的 NT，新产品强大的管理控制功能使得 Windows NT 在 IT 社区中流行起来。

在网络浏览器业务上，微软又用了三次长期的努力才赶上网景。微软建立了伟大的商业模式，原因是微软倾听客户反映，修复了产品中的不足，微软成就的原因并不是因为它开发出了"轰动一时"的技术。

微软完善了一个整合客户反馈和改进企业利润点的系统，这可以解释为何微软长期以来成为这个领域的第一号企业。

第三步，打造强有力的利润杠杆，构筑商业模式内部运作价值链。

打造利润杠杆，规划企业内部运作价值链是商业模式设计与完善的重要内容，它决定了产品或服务是否为企业带来价值和带来价值的多少。企业利润杠杆主要包括以下几种：组织与机制杠杆、技术与装备杠杆、生产运作杠杆、资本运作杠杆、供应与物流杠杆、信息杠杆、人力资源杠杆等。这些内部运作活动可以清楚界定企业内部运作的成本及其结构以及计划实现的利润目标。

设计良好的利润杠杆可以使商业模式极具竞争力。美国西南航空公司创下了连续 29 年赢利的业界奇迹。能取得这样的成功，在于西南航空始终坚持"低成本营运和低票价竞争"

策略，在自己竞争对手不注意和注重的内部价值链上下功夫，找到了属于自己的财富增长点。

将没有竞争优势的企业内部价值链外包，是打造利润杠杆的一条有效途径。很多公司意识到在一个非常长而复杂的企业内部价值链上，他们也许只能在价值链的3～4个环节具有高度竞争力，但要想在所有环节上都具有竞争力是不太可能的，而一旦认识到企业内部价值中的优势环节，就应该把公司定位在那个位置，将其他部分以签约方式外包给别的公司，从而使利润杠杆更加有力。

十几年来，耐克在美国运动鞋行业中一直处于领先地位。对于耐克而言，营销和新颖的设计是其专长，而对于制造，耐克则采取外包策略，耐克还外包部分财务运作。

劳斯莱斯将其主要精力集中于发动机的核心竞争力上，而对于车身等部分则完全外购，从而取得价值最大化。宝马（BMW）公司控制着与其核心竞争力密切相关的关键部件，如发动机、车辆平台的设计，其他非关键零部件则外包出去。

同样的产品，由于利润杠杆不同，或者说由于企业内部运作价值链的差异，导致了产品的成本迥异，一个企业可能赚钱，另一个企业可能亏损。这足以说明，利润杠杆决定了企业利润的多寡。

第四步，疏通拓宽利润渠，构筑商业模式外部运作价值链。

利润渠，即企业向顾客供应产品和传递产品信息的渠道，是商业模式得以正常运作必不可少的外部价值链。产品或服务的价值传递是企业把产品和服务传递给目标客户的分销和传播活动，目的是便于目标客户方便地购买和了解公司的产品或服务。

戴尔构建了成功的商业模式，它的利润渠本身就为戴尔创造了巨大的价值，首先，直销模式大幅降低成本，戴尔的"直销模式"实质上就是简化、消灭中间商，这样避免庞大的渠道成本。戴尔因直销而减少了20%左右的渠道成本。其次，直销模式加快了戴尔的资金周转速度。利用代销商销售电脑的各大电脑公司从制造到销售一般需要6～8周。而戴尔从订单到送货到客户手中的时间为5天，从发货到客户电子付款在24小时以内，戴尔的资金周转天数已降到11天。

1963年家乐福在巴黎郊区创办第一家超级市场。在30年内，家乐福发展成为一个年销售额290亿美元、市值200亿美元的国际连锁超市集团。其成功的关键是为客户提供了优异的渠道。家乐福、沃尔玛的成功是因为它为众多商品生产企业构筑了高效的流通渠道，而这对几乎所有的商业模式都是必不可少的。

第五步，建立有效保护利润的利润屏障。

利润屏障是指企业为防止竞争者掠夺本企业的目标客户，保护利润不流失而采取的战略控制手段。利润杠杆是撬动"奶酪"为我所有，利润屏障是保护"奶酪"不为他人所动。

比较有效的利润屏障主要有建立行业标准、控制价值链、领导地位、独特的企业文化、良好的客户关系、品牌、版权、专利等。

利润屏障对商业模式的价值从Beta与VHS对行业标准的争夺战可见一斑。20世纪70年代中期，索尼发明了Beta摄像制式，技术领先，先期进入市场，还拥有强大品牌支撑，但索尼坚持"不让其他厂商作OEM（定点生产，俗称代工）"，埋头单干，结果最终成了市场上的孤家寡人。1985年，索尼不得不退出家用摄像市场。

JVC 在索尼之后创建了 VHS 摄像标准制式，在性能及价格上当时都不具备竞争优势，但 JVC 信奉"优秀技术大家共享"，在摄像机产业的上链与彩电行业强强联盟，在下链与录像带租用店和音像制品商广泛合作。JVC 的 VHS 最终被市场逻辑性地选定为行业标准。

另一个不能让人忘却的例子是苹果电脑。在 20 世纪 80 年代的大部分时间和 20 世纪 90 年代早期，苹果拥有一个图形界面的使用系统，比微软先进得多。然而竞争的结果是，1000 亿美元的股东价值从苹果转移到微软，因为微软全力以赴使自己的操作系统成为行业的标准。

商业模式也是一种企业创造利润的思维方式，虽然有许多不同的创造利润方式，但每个企业最终只会从中选择一种方式，而企业的主导思维架构将是决定商业模式的主要因素。许多技术创新面对的是一种不确定性极高的未来环境，而市场信息也无法全盘取得，因此没有一个商业模式能确保未来利润一定会被实现，也没有所谓最佳的商业模式。经理人在设计与执行商业模式的时候，一定要保持未来需要弹性调整的心态。也就是说，商业模式的内涵需要因应环境变动，在执行时保持高度的弹性。

三、商业赢利模式案例

有多少企业就有多少赚钱方法，但只有最优秀的（而不一定是最大的）企业才谈得上模式。模式因为它的规律性，所以可以把握、可以学习、可以仿效、可以借鉴。本章第二节介绍的低成本、专业化和差异化等三大竞争法宝和第三节介绍的创意制胜、渠道制胜、与巨人同行、产品领先、跟随制胜和服务制胜等六大基本战略都是典型的商业模式，下面再介绍四种基本商业模式。

1．利润倍增模式

模式安全指数：★★★★
持续赢利指数：★★★★
创新能力指数：★★★★

借助已经广为市场认同的形象或概念进行包装生产，可以产生良好的效益，这种方式类似于做乘法。利润倍增模式是一种强有力的赢利机器。关键是如何对你所选择的形象或概念的商业价值进行正确的判断。

几年前，几个中国人倒腾出了网上即时交流平台 ICQ 的中国版 QQ。随后 QQ 以迅猛的速度得到发展，注册用户超过 1 亿人，每天独立上线人数达到 1200 多万，独占中国在线即时通信软件市场 95%以上的份额，几乎覆盖所有中国网民。而 QQ 的卡通形象——一只憨态可掬的小企鹅也渐渐被数以千万计的网民所熟知和喜爱。此时，以经营礼品进出口业务起家的广州东利行公司，看准了 QQ 小企鹅形象在商业领域拓展的前景，在 21 世纪初与 QQ 的所有者腾讯公司签署了为期 7 年的 QQ 形象有偿使用协议。

一个企鹅的形象能够带来多大的利润空间？这对一直经营礼品进出口的东利行来说再清楚不过。所以从一开始，他们就已经有了一个清晰的赢利设想。这个赢利设想或曰赢利模式的"专利"并非属于东利行。他们的思路来源于运用卡通形象获得最大利润的迪士尼公司，他们需要做的只是将模式移植，这样可以更好地保证他们的成功。

美国迪士尼公司是这一模式的缔造者和忠实实践者。它将同一形象以不同方式包装起来，米老鼠、美妮、小美人鱼等卡通形象出现在电影、电视、书刊、服装、背包、手表、午餐盒上，以及主题公园和专卖店里。每一种形式都为迪士尼带来了丰厚的利润。

个案研究

东利行与QQ[①]

在签署协议前，东利行对 QQ 用户进行了深入调查，发现通过 QQ 聊天的用户以年轻人为主，而他们对时尚产品的购买能力极强。于是，东利行提出"Q 人类 Q 生活"的卡通时尚生活概念，把衍生产品消费群定位在 14～26 岁青少年。

随后，东利行相继开发出精品玩具系列、手表系列、服饰系列、包袋系列等十大类 106 个系列，约 1000 种带 QQ 标志的产品。

如果你以为东利行会拿自己的钱进行投资，生产这些产品，那你就错了。多年从事进口业务的经历，使他们很清楚在国外十分流行的一种创造利润的手法：形象授权。实际上，东利行正是凭借这个授权而掘到了他们在 QQ 上的第一桶金。所谓的授权生产，就是将某一形象或品牌的使用权通过收取一定的使用费授予生产厂家。厂家得到的好处是，可以通过已经为人们所熟知的形象或品牌迅速打开市场。

东利行在 QQ 上的获得是累加式的，先通过授权获得一笔收入，当授权产品种类达到一定数量后，东利行的第一家"Q-Gen"专卖店在广州最繁华的北京路步行街开业。专卖店铺一开张就受到 Q 迷们的大力追捧，日营业额已逾 10 万元，超过了同一条街的原有"铺王"佐丹奴专卖店。

东利行还有第三步，即广招加盟。开专卖店并不是东利行获取利润的最终方式。在他们的计划中，最大的利润将来源于加盟商店。说白了，广州北京路上的专卖店不过是东利行的一个样板店，它的用处是向潜在的加盟者展示可观的商业效益。换句话说，广州北京路上的专卖店不过是东行利抛出的一个饵，他们的目的是钓后面更多的鱼。短短数月，"Q-Gen"已经拥有了 100 多家加盟商，遍布全国各大城市。

一个小小的卡通形象，就让东利行在极短的时间内尝尽了甜头，由于 QQ 的知名度，部分 QQ 商品的毛利率达到 50% 以上。

利润倍增模式解读

实际上，这种做法在出版界更为盛行，如随着成君忆《水煮三国》的走红而出现的"水煮"系列，随着《把信送给加西亚》，出现的"加西亚"系列，还有以前随着《谁动了我的奶酪》出现的"谁动了我的……"系列，所卖的都是一种已为人们所熟知的概念，甚至为人们已经习惯认知的几个简单文字。这种模式的风险来自于形象或概念拥有者不加区别的广泛授权，对于一些难定归属的形象或概念，如上述的"水煮"之类，则风险更大，其

---

① 程欣乔. 八种创业赢利模式——创业赢利模式：鲫鱼模式[J]. 科学投资, 2004 (6)：16-20.

利润乘数很可能小于1，甚至为负值。也就是说，对于这类形象或概念，你不用比用更好。你不用，还有可能赚到钱，你用了，就只能干等着赔钱。

利润倍增模式的利润来源十分广泛，可以是一个卡通形象，可以是一个伟大的故事，也可以是一个有价值的信息，或者是一种技巧，甚至是其他任何一种资产，而利润化的方式，则是不断地重复叙述它们，使用它们，同时还可以赋予它们种种不同的外部形象，如世界上最昂贵的猫——Hello Kitty（凯蒂猫）、世界上最著名的狗——Snoopy（史努比）、世界上最受欢迎的熊——Winnie Pooh（维尼熊）等卡通形象，都是利润乘数模式最经典的案例。

凯蒂猫、史努比狗、维尼熊之类卡通形象是如何使企业实现利润的呢？仔细研究不难看出，对人们所熟知的卡通形象的使用，使企业得以降低产品研发或开发成本，缩短研发或开发的时间。最关键的一点是，通常大多数研发都生产不出任何有价值的适应市场的终端产品，而使用这些形象则不存在这个问题。借助为人们所广泛熟知的形象，可以使产品更迅速地深入市场，降低了企业风险，提高了企业的成功率。东利行正是运用了这种利润乘数模式，得以迅速地发展。

这是创业成功的一条捷径，但也存在种种问题。正如我们前面所言，此类形象或概念授权一般范围都比较广，产品线往往拉得很长，这需要注意以下几点：第一，要清楚容易接受该形象或概念的人群集中在哪些地方，并关注这些人的喜好。如果当初东利行把QQ产品定位于中年消费者，或是做成一个实用而非时尚产品，肯定是死路一条。第二，由于同质产品的泛滥或将来可能的泛滥，你需要将你的产品极度个性化，并保持这种个性化。要不你就要有能力创造出一种别具一格、别人难以模仿的经营方式。此外，你还可以有一个选择，就是将产品迅速铺满某一个细分化的市场，不给后来者提供机会，但前提是需要有相当大的投入。第三，借助于某一流行形象或概念进行产品生产和市场营销，在国外已经十分成熟，但对于国内的企业经营者还是一个十分陌生的领域。它需要有一些很专门的人才，同时还要有一些专门的或独属的手法。如果你打算在这方面发展，那么，最好寻找到这样一些专门人才来帮助你。第四，流行形象或概念大多属于易碎品，你需要对它们精心呵护，尽量避免将其应用到可能威胁其形象或概念的产品中去。

2. "配电盘"模式

模式安全指数：★★★★☆
持续赢利指数：★★★★☆
创新能力指数：★★★★

配电盘模式说白了就是吸引供应商和消费群两方面的关注眼光，并为两方提供沟通渠道或交易平台，从中获取不断升值的利润。这个模式对于操作者来说要求很高，而且前期的投入成本很大，风险也很高。

配电盘模式是对渠道制胜战略的延伸和具体运用。那么，究竟什么是配电盘模式呢？配电盘模式的作用类似于配电盘，其功能是在不同的供应商与客户之间搭建一个沟通的渠道或是交易的平台，从而降低买卖双方的交易成本；而提供中介业务的企业以及身在配电盘中的供应商都可以获得较高的回报。阿里巴巴就是目前最大的电子商务平台。

个案研究

方轶与气质美人店[①]

方轶酷爱时尚，而且是那种喜欢自己从头到脚的每一个细节都带上精致女人标签的女孩。大学毕业后在上海的一家外企公司工作了 3 年后，因为母亲身体不好，她这个独生女不得不放弃在上海都市的时尚生活，回到了广西老家。

在一次中学同学的聚会上，方轶的容光焕发让在场的女性都十分眼红，她们纷纷问方轶，怎么让皮肤这么细腻？为什么你的头发看上去这么好？同样的衣服怎么你就可以配出不同的感觉？你的指甲怎么做得这么漂亮？怎么让自己的举止如此得体？

当方轶一一作答后，她看到的竟然都是茫然的表情。这次聚会让她在家乡发现了一个潜在的庞大市场。开一家专门打造美女的气质美人店的念头脱颖而出。

可是怎么运作这家店呢？仅仅是从各地进货然后销售吗？这不是她所擅长的，她甚至厌烦每天盘货、记账、计算库存这样琐碎的工作。但是如果做零售业，这些工作不到位就根本不可能赚到钱。她想，气质美人店应该是可以满足女性装扮最全面的店铺，是一个女性主题的小百货商场。

只要是想将自己装扮得更加漂亮的女人，都会到这家店得到专业指导，选购商品。这样的话，就可以吸引各类女性商品的品牌代理到这个店租专柜。方轶要做的只是在收取各品牌代理的租金外，利用她的专长让更多女性关注这个店，并且到这里购物就可以了。于是，一个"配电盘"模式的雏形在她脑海中形成了。

"配电盘"模式解读

实际上方轶的赢利模式仅仅体现了配电盘模式的一个部分。方轶属于搭建配电盘的中介，她所取得的利润来源于几个方面，首先租赁柜台让她可以每年获得一定的利润率。500平方米的店铺每年的维护费用 5 万左右，人员开支每年约 20 万元；而一个标准柜台的租费平均每月 3000 元，一年 3.6 万元。商户在租下柜台后，每个标准柜台配备两个售货员，售货员的工资和奖金由租户承担。所以她只要租出 6 个标准柜台就足以支付全年的费用支出。500 平方米一般可以分出 30～40 个柜台出租。

另一方面，开设各种女性感兴趣的培训课程，通过这种方式，除了可以达到宣传目的，每年培训利润亦可达到 10 余万元。通过做配电盘，她每年获取的利润是比较高的。但需要说明的是，这种模式的投入比较大，并不适合资金量小的创业者。方轶为做这家气质美人店，前期投入将近 60 万元，风险较大。

之所以说配电盘模式对创业企业来说是值得借鉴的模式，是因为它有很大的市场空间和强烈的市场需求。绝大多数初创企业在市场开拓上都会存在困难。一些创业者有好的产品却找不到合适的消费者，而一些消费者有消费需求又找不到合适的产品。通过配电盘模式，可以将供需双方连接在一起，让初创企业直接面对他们的客户，做成生意的可能性大大提高。

[①] 程欣乔. 八种创业赢利模式——创业赢利模式：鲫鱼模式[J]. 科学投资，2004（6）：16-20.

以北京为例，目前北京设立了很多专题性购物街区，如东直门的餐馆一条街、三里屯酒吧一条街、马连道茶叶一条街等，以及各种专业批发市场，如天意小商品批发市场、西直门服装批发市场，实际上这些专题街区、市场的建立，就等于是为创业者提供了一个配电盘。由于专题购买使得这些街道人气鼎盛、生意火爆。选择这样的市场，自然会大大缩短创业者开拓市场的周期。

老话讲，货卖扎堆，说的就是这种情况。当一个"场"形成了规模，自然带动人气的直线上升，身处这个环境的商家也就省掉了宣传、推广费用，并且大大缩短了客户对其的认知周期，从而提高进入利润区的速度。

据统计，运用配电盘模式在单位时间内，可能做成的生意数量会达到传统运作模式的2~3倍。而由于配电盘模式的运用，等于集合了供应商与客户之间的力量，因而宣传成本、运作成本都得到很大幅度下降，因此，在单位时间和单位努力程度所带来的利润也是传统模式的7~10倍。

除了像方轶一样自己做配电盘，创业者不妨来一个反向思维，寻找一个适合自己的配电盘加入进去。对普通创业者来说，这是对配电盘这种赢利模式更为有效的运用，可以降低初创企业的成长风险，加速成长过程。

3. 产品金字塔模式

模式安全指数：★★★★☆

持续赢利指数：★★★★☆

创新能力指数：★★★☆

为了满足不同客户对产品风格、颜色等方面的不同偏好，以及个人收入上的差异化因素，从而达到客户群和市场拥有量的最大化，一些企业不断推出高、中、低各个档次的产品，从而形成了产品金字塔，在塔的底部，是低价位、大批量的产品，靠薄利多销赚取利润；在塔的顶部是高价位、小批量的产品，靠精益求精获取超额利润。

在南京的一条街上，曾在一年间冒出了多个泰迪熊专卖店。对于泰迪熊这一比较单一的商品，中国市场的容量虽然很大，但对于一个城市市场容量却是有限的，于是，这几家店的竞争很快就进入了白热化。

一下子出现如此多的泰迪熊专卖店有它的原因，从20世纪90年代开始，港台地区迅速席卷一股来自欧美的收藏泰迪熊的热潮。很快，日本、韩国等地陆续建立了泰迪熊主题公园和泰迪熊博物馆，也让这种对泰迪熊的喜爱迅速升温。而随着泰迪熊的制作订单被大量地送到劳动力便宜的中国生产，也同时带动了中国消费者对泰迪熊的关注。

泰迪熊是一种很特殊的产品，它像芭比娃娃一样，可以被设计成不同的造型；并且不同厂家、不同品牌设计的款式，市场价格差距也很大。加之每年3个专门为最新设计的泰迪熊而设置的国际大奖，催生了很多经典收藏的款式，激发了全球更多人的收藏，因此泰迪熊的价格一路攀升。在中国生产的出厂价不过30元的商品，在国际市场上竟然可以销售到60美元甚至更多。如此大的利润空间当然不会被中国的商人们忽视。

📚 个案研究

制胜泰迪熊[①]

当多家泰迪熊专卖店聚集在一起时，中国刚刚发展起来的泰迪熊收藏市场由于空间还很有限，市场一下子就饱和了，几家店的日子都越来越难过。其中拥有泰迪熊的数量很多、库存量最大的一家店的店主，开始寻找新的赢利模式，以摆脱目前的现状。

经过长时间调查他发现，大多数购买泰迪熊的消费者都是20岁以上的高薪收入阶层，主要盯紧中高档泰迪熊，每次新款一出来，连价都不问就会买下来。这个群体也会偶尔购买中低档次的泰迪熊，不过，绝大多数是为了买给孩子，或者用作馈赠普通朋友的小礼物。所以对中低档次的泰迪熊，他们反而会讨价还价。与此同时，很多购买低档泰迪熊的人随着拥有泰迪熊数量的增多，就会开始希望选择更好的更有特色的产品。

发现这一特点后，这个店主决定改变一下销售方式。由于中国市场销售的泰迪熊绝大多数都是加工厂家在完成出口订单后，剩余的小批量尾货，所以虽然款式繁多，但是数量都很有限。通常是这家包下来几十个，其他人就无法拥有相同的商品。所以这个店主将店中的泰迪熊重新选择了一番，选出尾货数量比较多、别家店铺也有的中低档款式直接以进价大批量销售，以吸引人气和有效销售，同时使店中的资金流动起来。

而那些只有他才能提供的泰迪熊则相应提高了价格。除此之外，以前他每月到江浙、广州一带寻找新货源，现在改为几乎每周一次，以确保第一时间获得厂家新推出的款式。没到一个月，店铺的生意就开始好转起来。

他的这一举动让其他几家经营同类产品的店顿时乱了手脚，相互之间不得不开始比拼价格。而由于这家店主每周都有新款式的泰迪熊上架，吸引了大量的泰迪熊收藏爱好者，也使得很多厂家主动地与他联系，提供给他独家的货源。为了更广泛地推广他的产品，他找人专门制作了一个网站，随时更新新款泰迪熊，让更多人开始关注他的店铺。

随着生意的逐渐好转，店主手头的资金也开始充裕起来。于是，他采取了一个大胆的举动，专门选购了一批价位在150元以上的中档泰迪熊；另外与外贸公司联系，花重金进了一批单价在千元以上的泰迪熊。

这样一来，他的店就形成了产品的梯次架构，形成了一个产品金字塔。中高档次泰迪熊的品质和收藏价值，低档泰迪熊的物美价廉，都让不同层次的泰迪熊爱好者开始关注这个小店。甚至有人每天下班路过时，都要进来看看。很快其他店铺就纷纷败下阵来，转租的转租，关门的关门。

产品金字塔模式解读

这就是在面对充分竞争时，一些商家最经常采取的战略——构建产品金字塔。之所以他可以在竞争中胜出，正是因为他利用低档泰迪熊的有效销售建立了一个防火墙，使其他店主在价格上无力与之竞争。在产品金字塔模式中，利润的最大来源是中、高档产品；也

[①] 程欣乔. 八种创业赢利模式——创业赢利模式：鲫鱼模式[J]. 科学投资，2004（6）：16-20.

就是说，靠低档产品的低价位占领市场，吸引人气，靠中档产品、高档产品赚取利润。如果仅仅是在低层设置防火墙，而没有在上层构筑的利润来源，企业的竞争将很难持续。

将产品金字塔模式演绎得最为完美的是美国的马特尔公司。现在中国也有很多芭比娃娃的购买者会抱怨，仅仅购买一个芭比娃娃并花不了多少钱，但是如果要按照包装上提示的，将芭比娃娃的各种小配饰购买全，就不得不花费比一个芭比娃娃多出几倍的价钱，甚至芭比娃娃的一个小小化妆盒都比芭比娃娃本身价格高。

马特尔公司就是著名芭比娃娃的生产商。在该公司推出芭比娃娃后的几十年时间里，他们都要面对各种各样的模仿者，面对一波又一波的低价产品的冲击。经常遇到一个尴尬的局面，刚刚推出一个 20～30 美元的芭比娃娃，模仿者马上就制造出 15 美元的仿制品。该公司的芭比娃娃市场一度面临危机。

为了彻底扭转这种被动的局面，该公司研究了一个方案，即建立一个价格仅十美元的芭比娃娃。这样的价格几乎无利可图。但是这款 10 美元的芭比娃娃进入市场后立即吸引了全美国女孩子的目光，使她们纷纷走进该公司设立的各个芭比娃娃专柜。这一招对于模仿者显然是致命的，市场上的仿造品很快就消失了。

与此同时，马特尔也陆续收到来自全国各地专柜的捷报，那些一开始仅仅购买 10 美元芭比娃娃的女孩子们，会继续购买其他辅助性的玩具设备以及其他类型的玩具，使该公司从这些辅助设备和玩具中大获其利。

不过，这还不是该公司运用产品金字塔模式最经典的地方。在捷报频传的同时，该公司也开始重新寻找其他获利的产品。经过努力，看准了价值 100～200 美元一个的芭比娃娃的市场机会。价格昂贵的芭比娃娃的目标客户不再是那些小女孩们，而是小女孩的妈妈。

这些妈妈们在 20 年或 30 年前就是玩着芭比娃娃长大的，他们会怀着无比愉悦的心情记住这些芭比娃娃，而现在他们都拥有了自己可以支配的金钱。这些妈妈会给自己买上一个精心设计的芭比娃娃——精良的工艺和独特的设计，唤起自己对过去美好年华的回忆。这种芭比娃娃已经不单纯是玩具，而是一件收藏品，就像瓷器茶壶或珍贵的邮票一样，爱好者情愿花大价钱购买。这既给顾客带来了极大的满足感，又给马特尔公司带来了丰厚的利润。

如果循着这个思路想下去，你会发现，产品金字塔模式不仅仅是玩具公司的一个伟大创意，它甚至可以成为很多想从恶性价格竞争中摆脱困境的创业者的一个经典模式。

但是，这个模式的运用必须有一个前提条件，就是在一个成系统的产品或者领域中运用，而且必须要与客户的市场定位紧密联系，并且高中低档商品的客户群之间必须拥有一定的联系因素。例如，购买中高档泰迪熊的用户一般同时会选择购买一些低档商品，作为朋友之间馈赠礼物；又例如，给女儿购买 10 美元芭比娃娃的母亲，一般也会同时给自己购买一个价值 100～200 美元的芭比娃娃，作为对自己的奖励。

关键是构建的金字塔不仅仅是不同价位产品的简单罗列。一个真正的金字塔是一个系统，其中较低价位产品的生产和销售，将为你赢得市场和消费者注意力。对于拥有完善产品线的企业来说，你的竞争对手根本不必指望可以依靠比你更低的价格抢走你的市场份额。

4．战略领先模式

模式安全指数：★★★★☆

持续赢利指数：★★★★

创新能力指数：★★★★★

起步领先不代表你永远领先，不能确保你永远赢利，因为马上就会有后来者参与激烈的竞争。所以适时改变你的竞争策略，由一个静态到一个动态的飞跃，可以确保你从起步时的飞跃领先到战略上的始终领跑，使你的利润源源不断。

战略领先模式是对产品领先战略和创意制胜战略的升华。俗话说："创业不易守业更难。"在商场中滚打过的生意人对这点都深有体会。

如果你跑到了最前面，大大拉开了与后来者的距离，你就会有知名度，会有追星族。如果你跑得比别人更快，你就能得到领先奖赏，赚得更多。所谓早起的鸟儿有虫吃，说的就是这个道理。

有这样一个故事：一个小伙子有一天坐火车去另一个城市。当火车绕过一座大山的时候，车速慢慢地减了下来。这时候他看见了一栋光亮亮的水泥平房，就把它记在了心里。在办完事回来的路上，他中途下了火车，走了一段山路，找到了那座位于高山上的房子。他向房主提出想要买下这栋房子。房子主人很痛快地答应下来并以2万元成交。

小伙子回到家后，很快写好了一个方案，复印了很多份，递交给许多知名的大公司。3天后，可口可乐公司迅速与他取得联系，并专程派代表开车驶往房子所在地，经过一天周密的考察和分析，当场和他签订了一年18万元的广告合同。为什么2万元的房子可以换来18万元的收入？原来房子有一整面墙正对着铁路，每天都会有数十趟火车经过这里，又因为是上坡，每当火车经过这里时总要减速，这时就会引起许多好奇或无聊的眼光向窗外张望，而在这个前不着村后不着店的荒凉地方，唯一能长时间吸引他们目光的就是那幅可口可乐的巨型广告。

不过这已经是很多年前的事情了，现在，你再坐车经过这个地方时，就会发现山坡上的农舍已经被各种各样的广告遮满了。这也证明了一点，只要有人做出了第一，就会有蜂拥而至的追随者去争抢剩下的空间。

这个故事告诉我们，对于创业者来说，开创第一虽然是件好事，但领先永远只是暂时的。如果你在领先的时候不抓紧时间赚到钱，你就有可能赚不到钱，或者即使赚到钱，也会比你应该赚到的少得多。

目前，创业者要做到战略领先已经越来越不容易了，这种时间战的竞争对创业者的要求也越来越高。如果你准备运用这种模式，不妨从以下三个方面动动脑筋。

第一是主业领先。创业者在决定企业核心主业时，千万不要贪慕虚荣，非选风华正茂的"绝代佳人"不可，不妨寻求暂时市场竞争和挑战不大但有发展前途的领域，抢在他人前面，摘个大苹果。

第二是技术领先。有新鲜的技术，企业才会有生命力。合肥奇正实用技术研究所创始人李守亮凭借空调专用清洗剂，在绕开一直困扰他的恶性市场竞争的同时，还抢占了一个新领域的利润。

第三是人才领先。同样是做服装行业，别人请国内知名设计师，我请国际知名设计师，哪一个更胜一筹呢？湖南圣得西开始时只不过是个小型的个体服装加工企业，后来一步步壮大，成为全国有名的服装品牌，它的成功经验就是其决策者懂得运用人才领先的战略领跑赢利模式。他们请来了意大利著名设计师，有了世界一流的设计师，当然就会有一流的品质、一流的品牌。圣得西顺利进入利润区也就成了顺理成章的事情。

本章思考题

1．什么是企业的竞争优势？如何形成企业的竞争优势？

2．开局制胜战略有哪些基本形式？各有什么特点？难易程度如何？

3．开局制胜战略与企业赢利模式有什么联系和区别？有哪些典型的赢利模式？

【阅读材料 5-1】风险投资与创业融资

【阅读材料 5-2】创业企业的风险管理

阅读材料 5-1

阅读材料 5-2

尾声

走出创业失败的误区

想创业，但是不敢。"我的存款可怜，不超过 5 位数""城里的好地段门面太贵""想去银行里借点小钱，可银行里没有哥们"！反正，好多好多的问题烦着呢。在创业过程中，普遍存在的问题包括：创业初期选项目时，对项目可行性和创业风险的恐惧；在创立企业时，对烦琐的企业注册程序以及随后而来的税务问题的恐惧；在初创或发展过程中，对创业方式的恐惧；在进入市场时，对竞争对手的恐惧。反之，是在创业初期，计划不明、仓促上阵；在创业过程中，用心不专、目标游离，急功近利或临阵脱逃；在创业后，头脑发热、好大喜功，坐享其成、挥霍浪费，机构膨胀、管理失调，极度扩张、财务失控。下面我们来具体分析这些问题并寻找解决之道。

一、创业前的失败误区

在不同的国家，甚至在不同的历史时期，创业的发展路子是不完全相同的，但如果我们从管理学的这一角度去认识，对企业进行评判和分析，我们还是可以从一些成功创业的企业发展中找出一些相同的因素。这些因素主要包括选择有利的行业并在有利的时机进入市场，依靠创业者非凡的才能，创业者立意高远，吸引与激励了一流的人才。

每年都有数十万的自营企业成立，每年也有数十万的自营企业宣告失败。这也就是说，在激烈的市场竞争中，能够坚持到最后的成功创业的企业寥寥无几，大部分企业最后都失败了，甚至是无声无息地失败了。

也许，你可能就经历过或看见过一些企业的失败。你家附近的一家商店或者商场倒闭了，在你上下班的路上，许多街道的门面在不断地变换，许多餐馆的招牌也在不停地更替，今天经营粤菜，明天换了一个主人，经营川菜了，后天的一位主人又要经营西餐了。想想你曾经光顾过的公司和餐馆，了解一下它们为什么会失败，你也许可以得出自己的结论。

1. 悲观主义与临渊羡鱼

绝大多数创业者承认，他们对创业感到恐惧是因为对自己产生了怀疑：顾客真的需要我的产品吗？我的公司能熬到赚钱那一天吗？我的市场促销方式对吗？我能战胜竞争对手吗？我的创业可以成功吗？

曾经有科学家专门对一些成功人士的心理做过研究，他们发现，成功者都具有以下特点：有积极的人生态度，有赚钱动机，内部冲突很少，勇于为结果承担责任，同时还具备风险控制和耐心这两个关键的因素。而失败的投资人普遍具有以下特点：有悲观主义倾向。

当事情转坏时，总爱责怪别人，遇挫折容易灰心丧气。

每个正常的人内心深处都有一点悲观主义，每个人一生中，难免有些时候会受到人生虚无的飘忽感的侵袭。不同的反应是：有的人被悲观主义的阴影笼罩住了，失去了行动的力量；而有的人则以行动抵御悲观主义，为自己的生命争得了或大或小的地盘。创业的过程中，难免遇到挫折和困难，如果创业者是一个悲观主义者，碰到暂时难以解决的难题就灰心丧气，再无当初的激情和雄心壮志，尤其是作为企业的领导者，当你身上有了悲观主义的迹象时，你的整个团队都会被一种悲观主义的情绪所笼罩。要知道越是危机的时候，乐观对于一个创业者就越显得重要，然而悲观主义的人在危机中失去了激情，失去了面对现实变幻的灵活和机智，尤其是当一个团队都处于被危机压倒的状态中时，失败是在所难免的。我们反对头脑发热、过分的乐观，但一个过分悲观的人同样难成大事。

古代有"临渊羡鱼，不如退而结网"之说，意思是与其面对深渊里充满诱惑力的鱼群心痒痒想捕，还不如回家去织一张网管用。有些人看到成功者品尝"甜果"时，心中好生羡慕。殊不知在"甜果"中，浸满了成功者的汗水和辛劳。应该说，一切成功都是从"苦"中得来的，创业尤其如此。

汉朝史学家司马迁，因事触怒了皇帝，被逮捕入狱，在狱中受到酷刑而致残。但这并没有动摇他写《史记》的决心。他忍辱负重，历时十三载，完成了这部流传千秋万代的不朽巨著。明朝医学家李时珍为了取得第一手资料，曾冒着生命危险，试服有毒草药。正因为付出了这样的代价，他才撰写了留传后世的《本草纲目》。

这样的事例举不胜举，从这些成功者的身上我们可以看到：凡是成功者，在他们前进的路上离不开艰辛的劳动。世界上没有一个因贪图享受而能成功的人。

2. 计划不明与仓促上阵

凡事预则立，不预则废，机遇从来都是垂青有准备的人，同样失败之神也很少放过那些胸无成竹的人。创业，是走一条创新之路，走一条冒险之路，创业期间的任何一步都要深谋远虑加机智灵活方能踏过，如果只是空有一番雄心，而无明确且符合实际的完美计划，那么你的创业之路是很难走远的。

计划不明就意味着你是盲目的，至少你在前行的过程中视力是有问题的，碰壁对你来说其实应该是正常的事。如果一个盲目的人成功了，那只能说是歪打正着，是一种侥幸，而不能作为走下一步的经验来遵循。管理学中有一个公式：成绩=目标+效率。在这里明确的目标就代表着明确的计划，学过管理学的人都知道目标是一个计划的先导和核心。西方学者认为"做正确的事情（do the right things）"比"把事情做正确（do the things right）"更重要，后者只能代表效率，前者才是事情的关键。

资源不足、计划不明与仓促上阵主要表现在以下六个方面。

1）低估了创业起步阶段所需要的时间

一家公司，从无到有，从小到大，有时候需要一个较长的时期。而在这一时期，你的公司只有投入，而不会有任何盈利。而且，从创业过程来看，一家公司在盈利之前，必须完成大量的工作：寻找厂房、装修门面、安装设备、购入存货、接待顾客；同时，还要有许多的事情，如办理各种证件和手续，要和国家的许多部门打交道。而且在创业初期，很可能没有几个顾客来光顾、访问你的公司。你要对这一点有足够的心理准备，否则，你想在较短的时间使你的公司产生效益，但实际上又不可能，这时候就很可能会失败。创业的起步成本不能过高。面对整个社会的浮躁和高消费，有些创业者在创业初期，追求豪华甚至奢侈，要有高级的办公室，出门要坐高级轿车，领上漂亮迷人的秘书小姐等。如果你真是这样，你的公司离倒闭的一天就已经不远了。

2）缺少市场，或者对市场过于乐观

创业之所以能够成功，在很大程度上是依赖市场，没有市场也就没有创业。这一点我们在前面已经说过多次。所以说，你的产品没有市场是你的企业失败的首要原因。你如果在创业之前错误地估计市场，那么这种错误的估计就会导致你整个企业失败的命运。有一些产品，尽管它是一种创新，而且也很管用，但是它可能因为高昂的价格而无人问津。所以，如果一家自营企业的主要产品没有市场，创业就注定了要失败。

3）缺乏足够的流动资金

在现代社会，空手套白狼的创业奇迹越来越少了。在中国除非你有相当大的背景，如果没有足够的流动资金，很可能你的企业在创业初期就会失败。但是，一般的创业者在创业阶段的资金往往都比较缺乏，或者十分有限，如果一开始在固定资产、原料存货上投入过多，更容易造成资金匮乏。而没有了现金，你的公司可能运转一天都很困难。实际上，公司必须有足够规模的销售量发生之后，才会有资金的回流。所以，创业者务必在创办公司时充分估计到资金的需求量，而对创业初期资金的需求量做出尽可能大的估计，这两点有助于你的公司渡过最初的难关。

4）创业缺乏"地利"

中国人办任何事情时，都要讲究一个"天时、地利、人和"。如果我们把"地利"勉强地理解为选择自营企业的所在地的话，那么，它在你的创业中所起到的作用就十分重要了。选择自营企业的所在地是一门学问，你在选择的时候，房屋的租金、社区的环境、与目标顾客群的地理关系、与供应商的地理关系等，这些问题都应在你的考虑范围之内。在这些问题上你选择的原则是：与企业的形象、业务范围相适合。例如，房租的价格不要选择过高的，但如果你考虑到对你的企业特别重要，你就要考虑租用价格较高的写字楼；最好离你的目标顾客群较近，或者能够方便他们接近你的公司；如果你的企业离供应商特别远，你就要充分考虑到运输成本。最好能通过开业前的市场调查来确定合适的营业场所的位置。

5）缺乏创业经验

一家企业从无到有，从小到大，其间有许多需要我们学习的地方，也需要有创业或者是管理经验。要从零开始创建一个企业，实际上对创业者提出了严峻的挑战。这时候，你作为一个创业者，需要去做许多不同领域的事情，例如，销售、采购、财务、设计、广告、生产、送货等。可能创业者在有些方面是有经验的，但在另一些方面却是一点经验都没有。此外，作为企业的所有者，可能一开始还不适应这个新角色。这不仅不利于企业的经营，而且很可能会使创业者犯一些低级错误，但有时这些低级错误实际上就是致命的错误。

6）对竞争对手缺乏应有的估计

在现代社会里，任何一个行业都存在着激烈的竞争，任何一家公司都有许多的竞争对手存在。所以，当你决定进入某个市场的时候，首先要考虑该市场的现有状况，以及现有的、潜在的竞争对手的情况。有些创业者对于竞争状况不能做出一个合理的估计，不能正确地评估自己企业的竞争力，不了解竞争对手是谁，不懂得自己与竞争对手优势与劣势的比较，甚至，有些人会认为自己的能耐最大，竞争对手都不值得自己去研究。有时，一个企业进入一个看起来似乎很缓和的新市场中，但当你真正进入之后，有可能会引起价格战或促销战，这样的事例在我国企业界并不少见。因此，你要创业，就必须对市场情况进行综合考察，确定现有的消费规模能否对该市场服务的大量企业和公司起到足够的支撑作用。

二、创业中的失败误区

创业中失败的原因很多，归根结底还是在于创业者自身，或是选项失误，或是管理不善，或是缺乏市场意识等多种原因都会导致创业失败。面对每天数以万计的倒闭企业，面对在亏损中苦苦挣扎的企业经营者，每一位创业者心情都显得越发沉重。据一项媒体资料显示，目前我国注册成立的企业，3 年后依然能够生存下来的只有 32.4%。面对这触目惊心的数字，不知正欲创业的您会作何感想？处在创业过程中的人往往也会在不知不觉中进入另一些失败的误区。

1. 目标游离与用心不专

"有志之人立长志，无志之人常立志。"人的精力有限，你不能像走马观花一样频繁更换你的目标，你需要坐下来，调整你的目标，然后坚定不移地朝着你确定的目标前进。

很多时候，我们并没有一个明确的目标。今天看见别人经商成功，我们也想经商；明天看见有人出国留学、移民，于是，也拼命考托福。结果呢？你可能花了很多的金钱和时间，却没能得到你想要的成功。这是为什么？除了能力、努力、天时、地利、人和等许多因素，你大约忘了一个最根本的原因：这些是你的真正目标吗？你做这些事，是因为你的真正目标在此，还是只因为别人在做，并且已经取得了成功？如果这不是你的真正目标，或者并非真正适合你，你只是不断追随潮流，那只会使你疲于奔命，一无所成。

我们这一生，真的有很多时间是在漫无目标中甚或在彷徨中度过。如果我们将这些无效的时间都用来做有效的事情，我们每个人的成就都会比今天大。

目标游离与用心不专主要有以下三种情况。

第一种是花心病。当企业有了一定实力，就开始"对外搞活"，不再专情于主业，移情别恋，想再找点儿能挣钱的项目干干。这种愿望很好，但发展思路超越了企业经营能力和企业实力，往往以失败告终。

第二种是多动症。如一家生产白酒的企业，觉得碳酸饮料能挣钱，就上项目。后来发现果汁饮料是未来发展趋势，又改生产柠檬茶，随后又改这个汁那个汁，都不是系列化产品，而是狗熊掰棒子，手里总是只一个，变来变去，变没了企业形象、品牌形象，从而失去了最重要的核心竞争力，丢掉了企业辛辛苦苦创就的品牌形象。

第三种是虚胖症。和花心病"相似"，"创业"成功，形成多业并举的态势，主业辅业不分，亏本的多，挣钱的少，基本就是拆了西墙补东墙，说起产业来如数家珍，其实都是"夹生饭"。

2. 知难而退与孤军奋战

任何成功的创业者都必须具备创业精神，这是成功的必要条件。反过来看有一些失败的创业者之所以失败就是因为缺乏创业精神。不怕苦、不怕累，勇往直前，不达目的决不罢休，这就是创业精神。任何人做任何事，都没有一蹴而就的，创业尤其如此。在创业期间，其困难和挫折是无法预料的，诸如销路问题、质量问题、管理问题、资金问题、人员问题等。没有创业精神的创业者，在这些困难和挫折面前，会停滞不前，灰心丧气。很难相信，一个没有创业精神的创业者会取得成功。

同时，我们也要意识到：现代社会，人与人之间的联系越来越紧密，社会的专业化程度越来越强，人与人之间，公司与公司之间的相互依赖性也越来越强，现代社会不会有鲁滨逊式的人物，谁也不可能生活在孤岛上，或不同任何人发生联系就取得成功。我们需要同客户打交道，需要同政府部门打交道，需要同合作伙伴打交道，这许多事情根本不是凭着一个人的单独努力可以完成的。因此我们需要有一个良好的社会网络，需要有一个有力的团队，成功培训大师戴尔·卡耐基说：一个人的成功，只有 15% 来自于专业上的技能，另外的 85% 则来自于人际关系上的成功，这种来自于同事、团队、合作伙伴等方面的支持与互动，对我们的成功起着非常关键的作用。孤军奋战只会令我们疲于应付，根本不可能令我们取得大的成功。

在一个人最初创业或想做些什么的时候，就要逐渐开始建立这些支持，一开始你不可能就有个有力的团队和社会网络，但你可以从一点点做起，慢慢地扩大自己的联系范围，当这个强有力的团队和网络建立起来以后，你会发现，再做起事情来，如鱼得水，游刃有余。

私营公司要想做大，不能单打独斗，要有可靠的合伙人。一个不能联手经营的公司，永远只能是个"小虾米"，终有一天会被大鱼吃掉。但是，"一年合伙、两年红火、三年散伙"这一民营企业走不出的怪圈，却又让许多创业者谈起合伙就色变。"亲兄弟、明算账"，通过书面的合伙契约明确双方的权利和义务可有效解决这个问题。

3. 急功近利与画饼充饥

有人曾说，世界上只有两种人，用一个简单的实验就可以把他们区分开来。假设给他们同样的一碗小麦，一种人会首先留下一部分用于播种，然后再考虑其他问题；而另一种人则不管三七二十一会把小麦全部磨成面，做成馒头吃掉。

我们每个人都想做一个成功的人、优秀的人，只不过在馒头的引诱下，我们失去了忍耐的性子。成功是要讲究储备的，仓库里的东西越充足，成功的机会就越大，也才可能走得更远。成功的路是那样的遥远与艰辛，路边倒毙的每一具"尸体"都曾是一个在起点上充满信心、跃跃欲试的活生生的年轻人，对路的尽头有无限的憧憬。口袋里的馒头固然可以令他们在起程以后跑得飞快，不过吃了眼前的，恐怕就没法指望下一顿了。馒头中的卡路里终究有一天会消耗殆尽，没有播种我们就没有收获，没有粮食的保证，我们将过早地凋谢。

创业的成功之路更像一场马拉松赛跑而不是 100 米冲刺，前 100 米领先者不一定就能成为全程的优秀者，甚至都不可能跑完全程。在这遥远的征途上，基础的积累将会起到决定性的作用，如果你自觉先天不足而又已然踏上征程，那就更要格外注意随时给自己补充营养。

凯恩斯有一句名言："在长期中，我们都要死。"正因为生命短暂，时间有限，所以每一个不笨的投资人，都无法忍受其投资的企业总是没有利润。而对于经理人来说，企业利润即使永远是一个目标，而非"现在进行时"，也不影响他们目前的生存状态。因为，只要能够参与经营，他们就有收益，如工资、福利、在职消费，以及个人无形资产的增值等。投资人的收益只能从利润中获得。更加具有讽刺意味的是：如果企业"在长期中"没有利润，"要死"的都只顾着"长期"投钱的投资人，而不是那些"长期"赚钱的经理人。

稍懂一点经济学的人都知道，只要有投资，经理人就不会有利润的压力，所谓"只要国家肯投资，为了振兴民族××业，没有利润我们也会全力以赴，即使累死在工作岗位上，也在所不辞"，就是一种真实的写照。套用经济学的话语：假使资源不存在稀缺性，便没有成本的概念。所以，经理人在使用投资人有限的资本时，不得不考虑投资的成本，也就是投资的回报。这个回报从哪里来呢？只能从利润中来。没有利润就没有回报。长期没有回报，投资人就要"死"。

让资本变出利润来，总是离不开一个美好的商业故事，而这个故事不论多么曲折、多么复杂、多么长远，其结局一定是利润。投资人之所以愿意去相信经理人的一个个美好的故事，愿意赌明天、明年，或者更长一点的时间，只是说明他们对利润感兴趣，并不说明他们对故事本身感兴趣。他们要的是利润，赌的是故事中的"利润可能"，而不是故事的情节与细节。换一句话说：没有利润的故事是没有人来投资的，而且实现利润数额如果太小、周期又太长的话，愿意投资和"赌一把"的人总是趋少。

尽管任何投资人都看不到百年以后的企业，但考虑长远目标的投资人还是有的，而且绝大多数投资人也希望自己投资的企业能做成"百年老字号"。然而，有一点是可以肯定的，谁都不会让经理人上一个百年以后才有利润的项目。这和投资人的远见卓识是两码事。因为，第一是投资人等不起；第二是在项目运行百年的过程中有多少变数，谁也预测不了；第三是一个企业运行百年，在没有利润的情况下，需要追加多少投入，是一个很大的未知数，你就是有那么长的寿命，也没法儿探到他的底；第四是正如"实践是检验真理的唯一标准"一样，利润是检验经理人经营管理能力的唯一标准。因此，一个从来就没有做出过利润的人，他如果对投资者说："把钱给我，我帮你做'百年老字号'企业。"那是胡扯！事实上，成功的企业家都是从短期利润做起的，有了做短期利润的经验，才有可能去涉足长期利润，而更重要的是，长期利润在总量上一定要超过短期利润的总数。从这个意义上说，利润之重要，不仅对投资者来说是这样（那些不关心企业利润，或者不把企业利润当回事的人，他们肯定不是企业股东，所以，可以坐着说话不腰疼），而且对企业家来说，也是这样。

我们所处的这个时代，的确是一个容易使人急功近利的浮躁的时代。在此之前的计划经济时代，是不讲利润的，因此也造成了社会经济效率的低下，资源的严重浪费。现在搞市场经济，又似乎有些矫枉过正，人们变得对投资缺乏起码的耐心，巴不得投下的每一分钱，到了第二天就有回报。这固然是一种不利于造就大企业的文化心态。但是，中国人从不讲利润到讲利润，这种历史性的进步不容否定。而且，重要的是，讲利润作为市场经济的原则之一，并不必然造成浮躁和急功近利。也就是说，浮躁和急功近利并不是市场经济原则的过错。正确的解释应该是，在市场经济形成时期，由于社会资本有限，加上人们对市场秩序不确定的担心，无法形成对长期利益的预期。也就是说，既等不及，也输不起，才是产生浮躁和急功近利的根本原因。

三、创业后的失败误区

有人说，企业发生危机是异常情况。其实，企业随时都可能碰到危机，各式各样的危机；有大危机，也有小危机。这是一种正常状态，而不是异常状态。在成功创业之后，企业进入到快速成长时期，此时企业也最容易出现各种失误与危机。谈到企业快速发展过程中的危机与失误，是探讨企业成功创业并发展到一定规模时所必然遇到的问题，有其表现形态的特殊性和必然的成因。

有资料表明，美国平均每年要注册 50 万家企业，可只有不到千分之一的企业能上升到中型企业，或者称之为稳定企业。1000 家企业里有 999 家都是在这个水平线上退下来的，其中 95% 的企业在三年之内必定破产，其余的企业就永远停留在小老板的行列中。毋庸讳言，这里有很多企业从一开始就选项不好、管理也不行，注定发展不起来。我们暂时不谈这样的企业，而是说那些选项不错，一开始管理和发展也不错的企业。这些的确也红红火火了一阵子的企业，为什么会在一夜之间垮掉？！如唐氏兄弟的德隆系、顾雏军的格林柯尔系以及巨人集团、亚细亚、红高粱、盛兴超市、家世界等。究其原因，主要有四条：其一是机构迅速膨胀，管理力不能渗透到底；其二是财务的过度扩张导致财务失控；其三是人性的弱点，坐享其成、不思进取；其四是成功的狂热，进入亢奋状态，头脑发热、好大喜功、导致失败。

1. 机构膨胀与管理失调

管理既是一门科学，也是一门艺术。许多快速发展中的企业之所以失败，是因为管理者缺乏管理方面的知识与技能。在企业的规模比较小的时候，他们还可以管理好自己亲手创办的企业，他们能够胜任当时的工作，但是，随着企业经营规模的不断扩大，他们管理起来就会越来越吃力，到最后甚至可能无法控制企业。在这样的企业里，整个公司和办公的环境非常混乱，没有秩序和条理，员工们没有几个人能够说清楚自己的明确职责到底是什么，更无法说明到底应该如何去履行自己的职责。

机构迅速膨胀是企业快速发展的一般必然结果，而机构膨胀使企业管理面临如下挑战。

（1）管理问题。随着企业快速发展，业务范围扩大、经营地点变多、人员大幅扩增，这就使得管理跨度变大、管理层次加深、管理结构变得复杂，为此管理难度也就大大地增加了。这种增加不是简单的线性关系，而是级数关系。如此一来，原来的管理力度被大大地削弱，管理思想和精神也就很难贯彻到底。即或被贯彻到底，也许已经完全走了样。企业管理出现问题，员工工作涣散、效率低下、竞争力减弱成为必然。

（2）文化问题。随着机构的扩张，公司人员急剧膨胀，成分日益复杂，也必然带进各种文化和价值观。是公司文化同化了他们，还是他们引起公司文化的变形，要看双方力量的对比与消涨。企业文化由此面临着严峻的考验和巨大的挑战。

（3）人才问题。企业发展过快，人才储备就会显现严重不足，主要表现在严重缺乏受过本企业文化熏陶的企业快速发展所需的各类人才，尤其是中高级管理人才。因为在企业小的时候，你无法储备大量高素质的管理人才。即使你有心去做，但由于企业本身缺乏足够的事业吸引力，同时企业财力也不允许，以至于难以实现。在这种背景下，企业所需的大量干部如果硬是从企业内部提拔，所谓矮子里挑将军，必然使企业的整体管理水平下降；而如果大量从外部引进空降部队，必然面临企业文化和管理方式的巨大冲突。

个案研究

宏基龙腾国际的失利[①]

宏基在快速发展的阶段提出了龙腾国际十年发展计划，开始大量引进空降部队，公开大量招聘国际化各类人才。空降部队最多时，达四十几位的副总，由此可见一斑。人员膨胀使体制变弱、效率恶化，而且由于工作习惯与工作方式的不同，空降部队还带来了与宏基第二代管理人员的内部冲突。最后以空降职位最高的刘英武辞去了宏基关系企业总经理、宏基北美洲总公司董事长和总经理等职务而告终。

2. 过度扩张与财务失控

财务过度扩张是快速发展企业普遍存在的现象，其结果导致企业财务状况恶化。

（1）财务结构不健全。财务扩张过度，容易导致财务失控。经营企业有很大一个误区，就是老板常常搞不清手上的资金，究竟是自己的、银行的，还是供应商的钱。只要看到钱就认为是自己的，径自拿去投资，忘了它们其实是应付账款或是短期负债。企业能借到钱或融到资，就会扩大投资。发展顺利，就再扩张，造成信用过度膨胀。只要有一个回合遭遇不顺，如现金流出问题，企业就像骨牌效应一样整个垮掉。亚细亚、红高粱等就是在过度膨胀过程中垮掉的典型事例。一根稻草可以压死一头骆驼，巨人大厦的倾覆就是又一个有力的佐证，由一笔相对于其资产来说是很小的流动资金而引发的连锁反应造成。

（2）项目准备不充分。常听人说，我要有钱就好了；我要干这个，我要干那个，等等。但是如果你没有足够的真正的好项目做准备，突然来了一大笔钱，反倒是一件坏事，因为你不知道该如何用好这笔钱，却又面临着要有投资回报的压力。这时就要出问题了。资金多了要投资，以前也没有运作过这么多的钱，项目准备也不充分，容易从急功近利的角度出发，投资分散。多元化没有了规律标准，财务失控也就到了眼前，这很危险。巨人集团就是在多元化时出了问题，涉足面过广而倒闭的。

（3）多元化失控。某自动识别技术领域的领导企业，在国内知名度很高。1992 年被国家批准改造为股份公司，资产由几百万猛然扩充到近亿元。由于准备的项目不够充分、不够多，来了巨额资金不知该往哪里投；却又面临股东要投资回报的压力和准备上市对企

---

① 刘平. 借鉴宏基[J]. 经营管理者，2003（2）：18-21.

业利润的要求。为此开辟了很多全新战场，什么热门做什么，进入了房地产、通用电器、空调等行业；主要资金没有投在主业上。结果可想而知，现在该企业又萎缩回了自动识别技术领域，但时机已经错过了，目前只是停留在了一个维持生存的小企业上。

还有一些企业所犯的财务错误很低级。例如，一些自营企业的创建者，有一种错误的观念，认为既然是自己的公司，就没有必要天天记账，因为这是一件很麻烦的事情，甚至这是一种毫无意义的形式主义。这种想法实在是很要命的，对于创业来说，没有比这个错误更大的错误了。很多企业就是因为账目管理混乱，甚至没有记账的"习惯"，导致创业者对于自己公司的经营状况一点也不了解，所以走向了失败。

3. 坐享其成与挥霍浪费

坐享财富和自满不进是此阶段人性弱点的典型表现。

（1）懒惰本性。对创业者来说，当拥有 1000 万元资产的时候，就容易产生惰性：一是坐享财富；二是自满不进。而这种自满不仅一个人会产生，企业的许多人都会以各种不同的形式产生自满，于是导致贪图安逸、计较名利得失、妄自尊大、奋斗精神减弱等，失去了前进的动力，也就失去了创新精神，失去了开拓进取。企业失去了创新力，也就等于失去了继续发展的推动力。企业在商海里则如逆水行舟，不进则退。

（2）财富的消蚀作用。1988 年宏基股票的成功上市，使很多人一夜之间暴富，产生了一批百万富翁、千万富翁，甚至亿万富翁。公司员工上上下下都沉浸在股票成功上市、财富大增的喜悦中，班上班下谈论的都是股票。员工们开始买车、购房，开始了自满自足的享受生活。工作热情减退、创业精神消失，工作效率低下和企业衰退也就不足为奇了。

有些创业者在事业刚刚成功之时就失去进取心，就像当年李自成进北京一样，坐着辛辛苦苦打下来的江山，不去考虑如何巩固江山，如何开拓新的领域。当然，或许还有一些别的主客观原因使他们只满足于现状而不思进取；或者采用一些拙劣的手段、省事的途径维持现状。

有很多创业者，手里拿着钱不知该做什么，于是他们四处打听，到市场上看，看到哪家企业正在大把大把赚钱，他就跟着一起来做。如果跟对了，无疑为他们减少投资风险；如果跟错了，就会掉进投资的陷阱。照搬照抄的创业者，一般不会深入研究市场与供求，只是看别人怎么做，自己也怎么做。由于他们看到的和学来的都是表面现象，自己的内部管理和经营理念等深层次的经营要素跟不上，所以，别人成功了，自己却失败了。千军万马来挤独木桥，其结果是搞垮了一个很有前景的行业。

在创业初期，大多数创业者都能做到开源节流，艰苦勤俭，因为当时根本就没有东西供他们浪费，手里的钱省着花还不够用。可是当成功创业之后，企业有了资源，有了资金，在有些方面多花一些和少花一些并不在意，而且有些创业者以为苦尽甘来，放松了过苦日子的意识，甚至认为"不花不值得""不花白不花"，因此，花得安心，花得坦然，花得肆无忌惮。

具体表现：一是贪图享受，经常出入豪华酒楼、宾馆和夜总会之类的高消费娱乐场所，吃喝玩乐、一掷千金，有的甚至堕落到赌博、嫖娼、包"小蜜"，殊不知，这方面是无底洞，消费多少钱，很难估算，更重要的是消磨了创业者的意志和精力，很可能导致事业的中途夭折；二是讲究排场，购买豪华轿车、高档通信器材，用巨款购买或装修住宅、办公楼等，大把花钱；三是盲目投资，一些项目缺乏科学、严格的考察论证，就盲目投入巨资，结果是打了水漂。

"成由勤俭败由奢"，"奢"实在是败业败家的罪魁祸首。创业成功了，生活水平应当随之提高，这是正常的。但要反对的是脱离企业实际发展水平的过高消费，反对的是奢侈消费。但凡成功的企业家、成就大事业者绝不会挥霍浪费。

4. 头脑发热与好大喜功

成功的亢奋是企业快速发展阶段出现危机的催化剂。

（1）目空一切：不断的成功容易使经营者变得自以为是，同时更由于周围人的颂扬、媒体的渲染，此时经营者就更以为自己了不得了，做什么都行，什么热门都要去做。

（2）成功的负担：经营范围做大了，什么都做，而且习惯用过去成功的方法做未来的事情，问题也就随之而来了。因为用过去成功的方法做未来的事情不担风险。做好了，自然不用说；做坏了，别人也说不出什么。如果你用新方法去做，做好了还行；做不好，麻烦就大了。因此也就严重影响了创新。往往是当用过去成功的方法使企业陷入困境时，才想起创新；或说不得不创新，否则只有死路一条。

当创业的企业初具规模、小有成就时，许多企业容易被自己营造的局部知名度冲昏头脑，手里趁着有几百万或上千万的积蓄，不顾发展实际，盲目开拓超越实力的大市场。甚至打算将这几百万、上千万投入中央电视台广告，孤注一掷，勇气可嘉，广告词铺天盖地，知名度高速攀升，企业销售收入短期内得以大幅增长。但这种依赖媒体和资金极力催肥的增长却犹如昙花一现，随着消费者的热情消失，其增长会电梯般地直线下滑。接着就是货款无收，供货商逼债，流动资金短缺，企业无力顾及生产经营，只好坐以待毙。

曾经夺得中央电视台广告标王的孔府宴、秦池、爱多，无一不是在通过媒体广告追求到极度辉煌的光环后慢慢窒息而亡。如秦池，这个曾一度辉煌的品牌，就在它以 3.2 亿元中标的那一刻起，其命运就急转直下。相当于当时全年利润 6.4 倍的巨额广告费更让它背负艰辛，2000 年 7 月，当年家喻户晓的"秦池"商标因 300 万元债务而被拍卖。还有一些企业患上自恋症：靠拥有一个"好产品"风光一时，不能居安思危，等市场格局一变，"好产品"过时了，又没有技术储备，产品垮了企业也跟着垮了。

从主导创业者个人角度来看，有以下两大方面原因。

一是个人英雄主义导致企业决策出现完全的独断。因为获得前期的成功，创业者的个人价值被社会公众所承认，其能力也被高度肯定，自然个人自信心也快速提升。若不能正确看待个人的作用，自我意识极度膨胀，渐渐丢掉创业时期的风险感和谨慎心理，直接后果是听不进反对意见，甚至有的企业里根本不允许反对声音存在。个人英雄主义的另一面就是认为自己无所不能。在某一行业偶然成功，就轻易闯入另一个陌生的行业，以为只要凭自己的智慧同样可以成功，且不说隔行如隔山，就是相似行业，细微差异没有把握好，结局也会相差千里。例如，曾经有一位老板，做房地产代理时如蛟龙跃海，但做房地产开发时却如身陷沼泽。究其原因，就是他对两个行业的资金需求周期认识不够，以致后来把他经营多年的有一定实力的企业也全赔了进去。

二是经验主义导致经营决策僵化和教条化。人都喜欢总结成功的经验。多次成功会使成功者形成固定的思维方式，当他碰到类似或表面类似的情况，会习惯地使用过去已经成功的方式。企业都有自己的成文和不成文的规矩，而这些规矩因为过去使用成功而在企业内部有着稳固的基础。但当外界环境发生变化时，它的惯性就有可能成为一种新的障碍。如上面所讲的"秦池"，由于初期广告效果良好，秦池酒的销售收入节节上升，1995 年年底就以 6666 万元夺取第二届标王，1996 年销售额从 2.3 亿元猛增至 9.5 亿元。于是，它又以 3.2 亿元夺得了第三届标王。悲剧就这样开始了。

大多数创业者思想解放、个性浪漫、敢作敢为，这种个性使他们在创业初期的商业浪潮中获得了成功。但随着企业规模的增大和实力的增强，个人追求财富欲望的膨胀，再加上市场环境日渐规范和竞争更加激烈，他们浪漫的个性开始显示出脱离实际的倾向。企业行为也围绕着个人的喜好而波动。加入世界贸易组织把我国的企业家推到了国际化舞台上，跨国公司涌入中国进行大量行业并购，引发了国内一些拥有较高知名度的企业跑马圈地的野心；更有一些企业把追求规模、知名度、市场占有率作为首要目标。

每当我们看到类似的消息，心情总有些矛盾，一方面希望逐步市场化的中国能产生自己的 GE 和麦当劳，同时又希望某些曾经发生的悲剧不再发生。步步为营、稳中求进才能保持基业常青。一位倒下企业的老总说过令人深思的这样几句话："你不该挣的钱别挣，天底下黄金铺地，你不能通吃。这个世界诱惑太多，但能克制欲望的人却不多。"

一些成功的企业为何寿命短暂？究竟是什么原因使得我国一些企业的辉煌期犹如昙花一现？难道等待成功企业家的必然是失败吗？一些企业的多元化经营为何以失败告终？所有这些，并非个别现象，而是有一定的普遍性。

北京玫瑰园第二任开发商曾无奈地说自己是北京最失败的人。20 世纪 80 年代中期他白手起家创建了香港最大的房地产代理商利达行；同样是他，在 20 世纪 90 年代初期进入内地后连续创造了写字楼商铺每平方米售价和日租金的新记录（万通新世界广场每平方米 3000 多美元的销售天价就出自此人之手）。

商海无情，像他这样在获得巨大成功后又遭遇失败的可谓不少，"太阳神"摔下神殿，"三株"叶干枝枯，"亚细亚"烟消云散……前面的还没有爬起来，后面的又趴下了。难道等待成功企业家的必然是失败吗？成功之后的失败究竟败在哪里呢？

这样的企业有共性：企业规模扩张太快，人员、资金、管理三大要素相对落后，企业发展根基脆弱。这三大要素中的任何一个，在某一局部出现问题时都会引发本不稳固的企业整体基础发生塌方。不少成功创业者缺少处理危机的意识和经验，以致个别不和谐音符往往会一直发展成四面楚歌，导致全线崩溃。回顾一下三株集团当年对外公布的几组数字，我们就能看出不少问题。1995 年三株公布第一个"五年计划"是销售额：1995 年达到 16 亿～20 亿元，1996 年达到 100 亿元，1997 年达到 300 亿元，1998 年达到 600 亿元，1999 年达到 900 亿元。1997 年上半年，三株一口气收购了 20 多家制药厂，投资超过 5 亿元。鼎盛时期在全国注册了 600 个子公司，另有 2000 个办事处，各级销售人员达到 15 万。如此空前规模的迅速扩张，如同在海滩上盖高楼，即使没有海浪或暴风雨，也难免自然倒塌。类似三株的还有当年的马胜利、郑州的亚细亚……

知识链接

"危机的必然"①

从企业发展的阶段和管理的方式来研究，此类危机也有其必然性。

（1）发展阶段危机：任何一个企业，从很少的资本起家，但凡达到上千万资产的时候，往往都是处于高速增长期的末尾和稳定增长期的前端。容易产生两个阶段交接上的不适应感，这种不适应感包括在人的融合方面，也包括在管理的转变方面和企业文化的提升方面等，其内部的分化往往从这个时候开始。这种分化会导致企业体质被削弱，酿成企业危机。

（2）管理者惯性危机：这是由于小企业与大企业的管理方式不同，管理理念也有变化。企业大了，管理的难度也大大地增加了。能把小企业管理好的经营者，未必能适应大企业的管理需要。举例来说，小企业可以事必躬亲，大企业可不行。而习惯大企业管理方式的人，也未必能管好小企业。许多企业正是在迈这个台阶时，发生危机而垮掉了，甚至经营者都不知道为什么会突然垮掉。老在想昨天还好好的，展示出蓬勃发展蒸蒸日上的良好势头，今天却突然完了，百思不得其解。管理者没有适应这种阶段的变化而改变管理方式正是肇因。

（3）台阶危机：由百万规模的企业发展到上千万规模是迈上了一个重要的台阶；由千万规模发展到上亿规模是又迈上了另一个重要的台阶。而每迈上一个新的台阶，也就意味着要有一次管理的变革和文化的升华，以适应新规模的需要。在此发展过程中，站稳一个台阶比迈上一个台阶更重要，也更难。往往是迈上了一个台阶，如果站不稳脚跟，会跌得很惨，不是单单跌回到原来的台阶这么简单，可能是永远的一蹶不振，甚至是破产倒闭。

这不是耸人听闻，而是有大量活生生的事实在眼前。如前面提到的巨人集团、亚细亚、红高粱快餐连锁，还有延生护宝液、花旗果茶和在美国股票上市的家庭高尔夫练习中心等。这家美国公司前期发展得很好，很快就有了十几家练习场，股票也成功地上了市，并且扬言要在短期内发展到上百家练习场。但是由于膨胀过快、管理跟不上，不久就垮掉了。

---

① 刘平. 快速成长型企业的危机基因[J]. 中外管理，2006（6）：56-57.

参 考 文 献

[1] 张玉利，薛红志，陈寒松，等. 创业管理[M]. 4 版. 北京：机械工业出版社，2016.

[2] 刘平. 创业学：理论与实践[M]. 3 版. 北京：清华大学出版社，2017.

[3] 常建坤，李时椿. 创业学：理论、过程与实务[M]. 北京：中国人民大学出版社，2011.

[4] 辽宁省教育厅. 就业与创业概论[M]. 2 版. 沈阳：辽宁大学出版社，2007.

[5] 刘平. 企业战略管理：规划理论、流程、方法与实践[M]. 3 版. 北京：清华大学出版社，2020.

[6] 刘平. 搭建投资管道 奔向财务自由之路[N]. 经济参考报，2007-07-17.

[7] 科学投资编辑部. 创业赚钱宝典[M]. 北京：科学投资杂志社，2005.

[8] 刘平. 论大学生就业选择中的若干悖论[J]. 辽宁高职学报，2008（4）：5-6.

[9] 刘平. "孙子兵法"解读"创意经济"[J]. 市场营销导刊，2006（6）：68-70.

[10] 清崎，莱希特. 富爸爸财务自由之路[M]. 龙秀，译. 北京：世界图书出版公司，2000.

[11] 王方华. 企业战略管理[M]. 2 版. 上海：复旦大学出版社，2007.

[12] 张光辉，戴育滨，张日新. 创业管理概论[M]. 大连：东北财经大学出版社，2006.

[13] 施振荣. 再造宏基[M]. 北京：中信出版社，2005.

[14] 刘平. 高成长企业的长赢基因[J]. 经理人，2008（8）：45-49.

[15] 雷家骕，王兆华. 高技术创业管理：创业与企业成长[M]. 2 版. 北京：清华大学出版社，2000.

[16] 刘平. 创业攻略：成功创业之路[M]. 北京：中国经济出版社，2008.

[17] 库洛特克，霍志茨. 创业学：理论、流程与实践[M]. 张宗益，译. 6 版. 北京：清华大学出版社，2006.

[18] 张玉利. 创业管理研究新观点综述[J]. 企业管理研究，2006（5）：1-7.

[19] 时鹏程，许磊. 试论创业学研究的三个层次[J]. 企业管理研究，2006（8）：26-33.

[20] 哈吉斯. 管道的故事[M]. 邓金旭，译. 北京：民主与建设出版社，2001.

[21] 刘平. 就业新思维：自主创业[M]. 北京：中国金融出版社，2008.

[22] 李福华. 创业型就业与创业教育[J]. 软科学，2000（1）：60-62.

[23] 汪银生. 创业教育是比创新教育更为迫切的课题[J]. 教育与现代化，2001（4）：20-24.

[24] 刘平. 快速成长型企业的危机基因[J]. 中外管理，2006（6）：56-57.

[25] 刘平. 家世界的启示[J]. 销售与市场（中旬刊），2007（1）：18-19.

[26] 希斯瑞克. 创业学[M]. 上海：复旦大学出版社，2000.

[27] 刘平. 华尔街之痛：一个个倒下的金融巨擘[M]. 北京：中国人民大学出版社，2009.

[28] 刘平. 保险战争[M]. 北京：电子工业出版社，2009.

[29] 清崎，莱希特. 富爸爸，穷爸爸[M]. 杨军，杨明，译. 北京：世界图书出版公司，2000.

[30] 刘平. 战略管理的辩证法[J]. 企业管理，2005（10）：33-34.

[31] 刘平. 围棋与企业经营[J]. 企业管理，2005（7）：82-84.

[32] 罗天虎. 创业学教程[M]. 西安：西北工业大学出版社，2004.

[33] 刘平. 极度扩张理论与现实的悖论——中国家电连锁快速发展中的反思[J]. 中外企业文化，2006（10）：5-7.

[34] 李政，邓丰. 面向创业型经济的创业政策与结构研究[J]. 企业管理研究，2006（8）：40-46.

[35] 隆内克，莫尔，彼迪. 创业机会[M]. 郭武文，译. 北京：华夏出版社，2002.

[36] 蒂蒙斯. 创业者[M]. 周伟民，译. 北京：华夏出版社，2002.

[37] 刘平. 企业快速发展过程中的危机成因及对策[J]. 中外企业文化，2005（11）：6-9.

[38] 中国商业评论编辑部. 风投中国策[J]. 中国商业评论，2006（8）：42-75.

[39] 陈德智. 创业管理 [M]. 2 版. 北京：清华大学出版社，2007.

[40] 刘平. 到西部去淘金[N]. 第一财经日报，2006-08-22（A2）.

[41] 凌志军. 联想风云[M]. 北京：中信出版社，2005.

[42] 陈惠湘. 联想为什么[M]. 北京：北京大学出版社，1997.

[43] 刘平. 向 GE 学什么[J]. 中国保险，2006（3）：57.

[44] 关国亮. 新华方略[M]. 北京：人民出版社，2004.

[45] 沈超红，罗亮. 创业成功关键因素与创业绩效指标研究[J]. 企业管理研究，2006（8）：47-51.

[46] 索桂芝. 大学生就业指导实务 [M]. 2 版. 大连：东北财经大学出版社，2010.

[47] 迟宇宙. 联想局[M]. 北京：中国广播电视出版社，2005.

[48] 崔义中. 创业学[M]. 西安：陕西人民出版社，2000.

[49] 郁义鸿. 创业学[M]. 上海：复旦大学出版社，2000.

[50] 张桂春，唐卫民，苑景亮. 高等教育理论专题[M]. 大连：辽宁师范大学出版社，2004.

[51] 程忠国. 大学生就业与创业指导[M]. 武汉：华中科技大学出版社，2004.

[52] 姜彦福. 创业管理学[M]. 北京：清华大学出版社，2005.

[53] 卢旭东. 创业学概论[M]. 杭州：浙江大学出版社，2002.

[54] 张涛，熊晓云. 创业管理[M]. 北京：清华大学出版社，2007.

[55] 杨梅英，熊飞. 创业管理概论[M]. 北京：机械工业出版社，2008.

[56] 葛建新. 创业学[M]. 北京：清华大学出版社，2004.

[57] 武春友. 创业管理[M]. 北京：高等教育出版社，2008.

[58] 李时椿. 创业管理[M]. 北京：清华大学出版社，2008.

[59] 刘平. 智能集团是如何拿着钱走向失败的？[J]. 中国改革，2003（2）：56-57.

说明：本书有个别段落文字引用自网络帖子，由于无从考证原文作者的真实姓名，因此，无法在上述参考文献名单中罗列出来，在此一并感谢。